평생에 한 번은 꼭 채근담을 읽어라

평생에 한 번은 꼭 채근담을 읽어라

지은이 · 홍자성 | **엮은이** · 김이리
펴낸이 · 오광수 외 1인 | **펴낸곳** · 주변인의길
편집 · 김창숙, 박희진
주소 · 서울시 용산구 한강대로 76길 11-12, 5층 501호
TEL · (02) 3275-1339 | **FAX** · (02) 3275-1340

jinsungok@empas.com

초판 1쇄 인쇄일 · 2015년 5월 26일 | **초판 15쇄 발행일** · 2024년 5월 25일

ⓒ 주변인의길
ISBN 978—89—93536—43—0 (03100)

*도서출판 꿈과희망은 주변인의 길의 계열사입니다.
*책값은 뒤표지에 있습니다. 잘못된 책은 바꾸어 드립니다.

菜根譚

평생에
한 번은 꼭
채근담을
읽어라

홍자성 지음 | 김이리 엮음

주변인의길

진정 행복한 삶을 누리려면

　현대는 무한경쟁 사회이다. 경쟁자를 누르고 꺾어야만 살아남을 수 있는 상대평가가 만연된 사회이다. 그런 냉혹한 잣대를 들이미는 사회에서 인간의 고귀한 본성을 지키며 살아남는 방법은 없을까? 그러기 위해서 일단 탁월한 경쟁력을 지녀야 한다. 오직 지식만이 유일한 경쟁력이라면 미국과 유럽에서 학위를 받아온 사람들의 미취업 문제가 사회화되지도 않을 것이다. 과학문명은 첨단에 이르렀는데 그 과학을 누리고 살아야 하는 사람의 인성은 위태롭기 그지없다. 그래서 우리는 다시 반문하게 된다. 지금 우리가 과연 잘 살고 있는 것일까? 그 어떤 풍요와 번성에도 마음이 행복하지 못하면 무슨 의미가 있겠는가.

　지식보다 더 중요한 것은 인성이고, 오늘날의 사회는 피라미드처럼 쌓아올린 스펙보다, 됨됨이가 올곧은 전인적인 품성을 요구하는 쪽으로 바뀌고 있다. 우물이 깊어야 맑은 물을 길어 올릴 수 있다는 것을 알아야 한다. 인격을 갖추지 못한 지식은 끝내 욕심을 부둥켜안은 채 추락하고야 마는 사회악이 될 뿐이다. 높은 빌딩을 올리기 위해서는 먼저 보이지 않는 지하의 지반을 탄탄하게 다져놓아야 하는 것이다.

　옛 선인들의 소박한 자족의 삶에서 우리는 그 열쇠를 찾을 수 있다. 콩 한 쪽도 나눠 먹던 여유에서 바른 덕목을 배워야 한다. 동서고금을 뛰어넘어 세계인의 양서가 된 중국 고전을 통해 진정한 행복을 배우고 생명의 소중함을 깨달아, 긍정적이고 진취적인 마인드를 회복하기를 바란다.

　'채근담'은 마음을 다스리는 수양서이다. '나물 뿌리 이야기'라는 뜻으로, 송나라 때의 학자인 왕신인이 '사람이 한결같이 쓴 나물 뿌리를 씹어 먹을 수 있는 마음으로 산다면, 곧 백 가지를 능히 이룰 수 있다.'고 한 말에서 비롯되었다. 이 말은 부귀영화를 탐내지 않고, 쓰디쓴 풀뿌리라도 달게 먹을 수 있는 겸양과 인내가 있다면, 못 이룰 일이 없다는 뜻이다.

마음을 다스리는 양서가 많이 있지만, 그중에서도 '채근담'은 가장 사랑받는 책이다. 그 이유는 메시지가 어렵지 않기 때문이다. 성인은 풀이가 필요 없을 만큼 이해하기가 쉽다. 사상의 바탕은 유교에 두고 있지만, 두루 불교와 도교의 보편적인 진리까지도 조화시키고 있다.

오늘날 '채근담'은 두 가지가 전해져 온다. 명나라 때 홍자성의 어록을 모아 놓은 것과 청나라 때 홍응명이 지은 것이 있는데, 20세기 말 두 인물이 동일인임이 밝혀졌다. '응명'이 본명이고, '자성'은 '스스로 성심성의를 다한다'는 뜻의 자호(自號)라고 한다. 이 책은 홍자성 본에서 원문을 인용해 사용했다. 전집 225장과 후집 134장, 총 359장으로 되어 있는 '채근담'은, 시작부터 끝까지 어디를 펼쳐 읽어도 유익하지 않은 문장이 없다. 일반인 대상의 책이므로 이해를 돕기 위한 예화보다, 원문을 거듭 읽어 그 행간에 담긴 옛 선인의 지혜를 체득하도록 전집과 후집의 원문 전체를 수록하였다.

점점 더 인간 고유의 고귀한 본성을 잃어버리고 살벌해지는 시대에 마음을 닦아, 관용과 배려가 몸에 밴, 성숙한 우리 모두가 되기를 기대해 본다. 그래야 진정 후회 없는 행복한 삶을 누릴 수 있기 때문이고, 행복한 삶이야말로 인간이 추구하고 누려야 할 가장 소중한 덕목이기 때문이다.

엮은이 김이리

·

후집 ● 389

전집
前集

1

차라리 한때의 적막을 택하라

도리를 지키고 덕을 베풀며 사는 사람은 한때 적막하지만 권세에 아부하는 자는 영원히 처량하다. 달인은 사물 밖의 사물을 보며 사후의 명예를 생각하나니, 차라리 한때 적막할지언정 영원히 처량해지는 길은 택하지 않는다.

棲守道德者, 寂寞一時. 依阿權勢者, 凄凉萬古.
서 수 도 덕 자 적 막 일 시   의 아 권 세 자   처 량 만 고
達人觀物外之物, 思身後之身, 寧受一時之寂寞, 毋取萬古之凄凉.
달 인 관 물 외 지 물 사 신 후 지 신 영 수 일 시 지 적 막 무 취 만 고 지 처 량

• • • • • •

마음 하나 바꾸면 부귀영화를 누리고 살 수 있는데 단호히 거절하고 죽음을 택한 역사 속의 충신들이 많이 있다. 몇십 년의 안락한 삶보다 영원히 기억될 깨끗한 이름을 선택한 사람들이다. 현대는 군국주의도 아니고 역사관도 민족주의도 많이 희석되어 '애국'이라는 단어의 엄장함도 많이 줄었지만, 여전히 목숨을 버려 절개를 지킨 충신들의 이름은 빛나고 그 신념과 가치는 소중히 여겨지고 있다.

고려 말 충신 정몽주와 조선 초기 단종의 신하인 성삼문의 곧은 마음을 알 수 있는 시조는 언제나 우리의 옷깃을 여미게 한다. 당리당략에 따라 수시로 이합집산하는 사람들에게는 귀감이 될 것이다.

이 몸이 죽고 죽어 일백 번 고쳐 죽어

백골이 진토되어 넋이라도 있고 없고

임 향한 일편단심이야 가실 줄이 있으랴.

- 정몽주의 '단심가'

이 몸이 죽어 가서 무엇이 될꼬 하니
봉래산 제일봉에 낙락장송 되었다가
백설이 만건곤할 제 독야청청하리라.

- 성상문의 '절의가'

2

능란하기보다는 소박한 것이 낫다

사람이 세상을 살아가는 것은 마치 거친 물결을 건너가는 것과 같다. 세상일의 경험이 얕
으면 세상에 때 묻는 것 또한 적고, 세상일에 경험이 많을수록 남을 속이는 재주 또한 깊
어질 것이다. 그러므로 군자는 능란하기보다는 차라리 소박한 것이 낫고, 치밀하기보다는
오히려 털털한 편이 낫다.

涉世淺, 點染亦淺. 歷事深, 機械亦深.
섭 세 천　전 염 역 천　역 사 심　기 계 역 심

故君子與其練達, 不若朴魯, 與其曲謹, 不若疎狂.
고 군 자 여 기 련 달　불 약 박 로　여 기 곡 근　불 약 소 광

옛날 제나라에 안영이란 유명한 재상이 있었다. 안영의 이름을 들은 초나라의 임금은 자기 나라에 그를 초청했다. 온 세상 사람이 칭찬하는 안영을 놀려 주겠다는 타고난 심술 때문이었다. 초나라의 임금은 간단한 인사말을 나누기가 바쁘게 한 죄인을 불러 놓고 말했다.

너는 어느 나라 사람이냐?"
"제나라 사람입니다."
"흠, 그러냐? 대체 무슨 죄를 지었느냐?"
"절도죄를 지었습니다."
초나라 임금은 안영을 보고 말했다.
"제나라 사람은 원래 도둑질에 능한 모양이오."
그러자 안영은 흔연히 이렇게 대답했다.
"강 남쪽의 귤을 강 북쪽으로 옮기면 맛없는 탱자가 되고 마는 것은 토질 때문입니다. 저 제나라 사람이 제나라에 있을 때는 도둑질이 무엇인지조차 모르고 살았는데, 초나라로 와서 도둑질을 한 것을 보면 초나라의 풍토가 좋지 않은 게 아닐는지요?"

3

재주는
남들이 쉽게 알지 못하도록 숨기라

군자는 자신의 마음을 꾸미지 않아서, 하늘이 푸르고 태양이 빛나는 것처럼 누가 보더라
도 그 마음을 곧 알 수 있게 하고, 자신의 재주나 지혜는 구슬이 바위 속에 감추어져 있는
것같이 남들이 쉽사리 알지 못하게 한다.

君子之心事, 天靑日白, 不可使人不知.
군 자 지 심 사　　천 청 일 백　　불 가 사 인 부 지
君子之才華, 玉韞珠藏, 不可使人易知.
군 자 지 재 화　　옥 온 주 장　　불 가 사 인 이 지

· · · · · ·

　한 관상학자가 소크라테스의 얼굴을 유심히 살펴보더니 이렇게 평을 하
는 것이었다.

　"관상을 보아하니 교만하고, 남을 잘 헐뜯고, 음탕한 사람이로군요."

　듣기 민망하고 지독한 독설이 아닐 수 없었다.

　이 말을 들은 아테네 사람들은 소리를 내어 웃었다. 그리고 당장 소크라
테스가 화를 터뜨릴 것이라고 생각했다.

　그러나 소크라테스는 청중을 조용히 하게 한 후에 이렇게 말하였다.

　"저 관상학자가 나를 바로 본 것입니다. 나는 원래 그런 성품의 소유자입
니다. 다만 그 악한 성품을 철학으로 억제하고 극복하고 따름이지요."

　누구나 불쾌하게 생각할 만한 독설에도 자기의 마음을 드러내지 않고 담
담함을 유지하고, 오히려 자신의 결함을 스스로 고백한 용기를 볼 때 세계
적인 철인의 내적 힘이 느껴진다.

4
가까이하고도 물들지 않는 사람이 더욱 청렴결백하다

권세와 부귀를 가까이하지 않는 사람을 청렴결백하다고 하지만 이를 가까이하고도 물들지 않는 사람이 더욱 청렴결백한 사람이고, 잔재주와 교묘한 방법으로 남을 중상모략하지 않는 사람을 고상하다고 하지만 이를 알면서도 쓰지 않는 사람이 더욱 고상한 인격자이다.

勢利紛華, 不近者爲潔. 近之而不染者爲尤潔.
세 리 분 화　불 근 자 위 결　근 지 이 불 염 자 위 우 결
智械機巧, 不知者爲高. 知之而不用者爲尤高.
지 계 기 교　부 지 자 위 고　지 지 이 불 용 자 위 우 고

세종 때에 우의정·좌의정을 지낸 맹사성은 청렴결백한 명재상으로 조선 전기 문화 발달에도 크게 기여하였다. 성품이 청백·검소하기로 이름이 났고, 효성 또한 지극했다. 시와 문장에 뛰어났으며 마음이 어질고 너그러운 사람이었다.

벼슬이 정승이었지만 오직 나라에서 주는 녹미, 즉 요즘으로 말하면 월급만으로 생활을 하는 청백리다 보니 집안이 찢어지게 가난했다. 그러나 맑고 깨끗한 그의 생활에는 한 점의 티도 없었다. 어느 비 오는 날 한 대감이 그의 집을 찾았다. 그 대감은 속으로 놀랐다

'세상에! 한 나라의 정승이라는 분이 이렇게 초라하게 살다니!'

안으로 들어가서 맹 정승을 만난 대감은 더욱 놀랐다.

여기저기서 빗물 새는 소리가 요란하고, 맹 정승 부부는 빗물이 떨어지는 곳에 그릇 갖다 놓기 바빴다.

대감은 그만 눈물이 핑 돌아 말을 제대로 잇지 못했다.

"대감! 대감께서 어찌 이처럼 비가 새는 초라한 집에서……."

맹사성은 담담한 표정으로 빙그레 웃으며 말했다.

"그런 말 마오. 이런 집조차 갖지 못한 백성이 얼마나 많은지 아오? 그런 사람들 생각을 하면 나라의 벼슬아치로서 부끄럽기만 하다오. 나야 그들에 비하면 호강 아니오?"

부귀와 영화를 누릴 수 있는 정승의 자리에 앉아서도 청렴하게 산 맹사성이야말로 진정한 청백리라고 할 수 있다.

5

거슬리는 말은
덕과 행실을 닦는 숫돌이다

귀에 항상 거슬리는 말이 들리고 마음속에서는 항상 마음에 어긋나는 일만 일어난다면, 이것이야말로 덕과 행실을 갈고 닦는 숫돌이 될 것이며, 만약 들리는 말마다 귀에 즐겁고 하는 일마다 마음을 흡족하기만 하다면, 이야말로 자기 몸을 매어 그 그림자만 지나간 음식을 먹어도 사람이 죽는다는 짐새의 독(毒) 속에 자신을 파묻는 일이 될 것이다.

耳中 常聞逆耳之言 心中 常有拂心之事 纔是進德修行的砥石.
이 중 상 문 역 이 지 언 심 중 상 유 불 심 지 사 재 시 진 덕 수 행 적 지 석

若言言悅耳 事事快心 便把此生 埋在鴆毒中矣.
약 언 언 열 이 사 사 쾌 심 변 파 차 생 매 재 짐 독 중 의

● ● ● ● ● ●

위나라의 문후가 신하들과 술을 마시는 자리에서 말했다.

"나에 대한 생각을 기탄없이 말해 주오."

문후는 신하들에게 차례로 물어 나갔다.

"잘하고 계십니다. 더 드릴 말씀이 없습니다."

모두들 한결같이 임금의 잘한 점만을 들어 칭찬했다.

그러나 임좌는 자신의 차례가 되자 임금의 숨은 약점을 들추어내는 것이었다. 문후가 얼굴을 붉히며 불쾌한 표정을 짓는 것을 본 임좌는 뒤도 돌아보지 않고 급히 밖으로 나가버렸다. 다음에 유명한 적황이 말할 차례가 되자 이렇게 말했다.

"우리 임금은 밝으신 임금입니다. 옛말에 임금이 어질어야 신하가 바른말을 할 수 있다고 했습니다. 방금 임좌가 거칠 것 없이 바른말을 하는 것을 보아 임금께서 밝으신 것을 알 수 있습니다."

문후는 곧 옹졸했던 자기 태도를 반성하였다. 그리고 급히 임좌를 부르게 한 다음, 몸소 뜰아래에까지 나가 그를 맞아 올린 후 상좌에 앉게 했다고 한다. 귀에 달콤한 말을 하는 사람보다도 진심어린 충고를 해주는 사람이 진짜 재산임을 알아야 한다.

6
마음에 즐거움이 있게 하라

거센 바람과 폭우에는 새들도 조심하고, 화창한 날씨와 미풍에는 풀과 나무도 기뻐한다.
그러므로 하늘과 땅의 따뜻한 기운이 없다면 이 세상이 하루도 존재하지 못함을 알고, 사
람의 마음에는 하루라도 즐거움이 없어서는 안 된다는 것을 알아야 한다.

疾風怒雨, 禽鳥戚戚. 霽日光風, 草木欣欣.
질 풍 노 우　금 조 척 척　제 일 광 풍　초 목 흔 흔

可見天地不可一日無和氣 人心不可一日無喜神.
가 견 천 지 불 가 일 일 무 화 기 인 심 불 가 일 일 무 희 신

어느 날 태산을 유람하던 공자는 사슴 가죽으로 만든 옷을 입고 새끼로
만든 띠를 졸라매고 거문고를 타며 노래를 부르는 노인을 보았다.

"선생께서 즐거워하는 까닭은 무엇입니까?"

"나의 즐거움은 많다오. 하늘이 만물을 낼 때에 모든 것들 중에 사람을
가장 귀한 존재로 내었는데 내가 사람으로 태어났으니 이것이 바로 첫째가
는 즐거움이요, 또 사람이 태어나면서 빛나는 해와 달도 보지 못하고 강보
속에서 죽음을 맞게 되기도 하는데 나는 이미 90세나 되니 그 또한 내 즐거
움이요, 가난하게 사는 것은 도를 닦는 이에게 당연히 있는 일이요, 죽음이
란 산 사람에게 있어서 당연한 종말이오. 그러니 이제 나는 당연히 있는 일
에 처하여 살다가 제 명에 죽게 되니 내가 무엇을 근심하겠소?"

"참으로 좋은 말씀입니다. 선생은 스스로 마음을 너그럽게 가질 수 있는
분이십니다."

참 만족은 물질의 많고 적음에 있지 않다. 인격을 닦아 자족하는 법을 알면 즐거움은 소박하고 평범한 일상 속에 늘 있는 법이다. '마음의 즐거움은 양약'이라고 성경에서도 말하고 있다.

7
담담한 맛과 평범한 사람이
진짜 진국이다

잘 익은 술, 기름진 고기와 맵고 단것이 참맛이 아니다. 참맛은 오직 담담할 뿐이다. 신기한 재주를 부리고 별다른 뛰어난 모습을 보인다고 세상의 이치를 아는 사람이 아니다. 세상의 이치를 아는 사람은 다만 평범할 뿐이다.

醲肥辛甘非眞味. 眞味只是淡. 神奇卓異非至人. 至人只是常.
농 비 신 감 비 진 미　　　진 미 지 시 담　　　신 기 탁 이 비 지 인　　　지 인 지 시 상

옛날에는 과거시험에 장원급제를 하면 머리에 어사화를 꽂고 말에 올라 서울 장안을 돌아다녔다. 사람들은 모두 일손을 놓고 길에 나와 부러워하며 구경을 했다. 그런데 한 나무꾼이 걸어와 말했다.

"나도 부모님이 가난하지만 않았다면 공부해 족히 장원이 되었겠소."

나무꾼의 말에 장원은 호기심이 생겼다.

"당신은 어떤 재주가 있소? 그 재주를 어디 한 번 보여주오."

장원은 나무토막 가운데에다 검은 줄을 하나 긋고 쪼개 보라고 했다. 나무꾼이 천천히 도끼를 높이 들어 내리치자 줄을 따라 쫙, 양쪽으로 쪼개졌다. 그런데 구경하던 사람 중 한 기름 장수가 끼어들었다.

"저는 기름 장수지요. 저울을 쓰지 않고 정확히 양을 따를 수 있지요."

기름 장수는 주머니 속에서 가운데 구멍이 뚫린 엽전 하나를 꺼내더니, 병 주둥이 위에 올려놓고 큰 기름통을 기울여 엽전 구멍으로 기름을 흘려

부었다. 따라 놓은 기름을 보니 정확히 한 말이었다. 바로 옆에서 구경하던 아낙네 한 사람이 입이 쑥 내밀고 말했다.

"그게 뭐 그리 대단한 일인가요?"

아낙네는 한 바가지의 쌀과 한 바가지의 좁쌀을 한데 부어 두 손으로 체를 잡고 치기 시작했다. 몇 번인가 치니, 쌀과 좁쌀이 둘로 나누어졌다.

장원의 입에서 감탄하는 말이 터져 나왔다.

"여러분들, 부끄럽습니다. 모두 다 장원이시군요."

장원은 말을 마친 후, 조용히 말에서 내려 집으로 돌아갔다. 드러나지 않은 인재가 많음을 알아 늘 낮은 자리에서 겸손하게 처신해야 한다.

8
바쁜 때일수록 여유를 잃지 말라

천지는 고요하지만 그 활동을 잠시도 멈추지 않으며, 해와 달은 밤낮으로 달리고 있지만 그 빛은 예나 지금이나 변함이 없다. 그러므로 참된 사람은 한가로운 때에 위급할 때를 대비하고, 바쁜 때에도 여유를 잃지 않아야 한다.

天地寂然不動, 而氣機無息少停. 日月晝夜奔馳, 而貞明萬古不易.
천 지 적 연 부 동　　이 기 기 무 식 소 정　　일 월 주 야 분 치　　이 정 명 만 고 불 역
故君子閒時要有喫緊的心事, 忙處要有悠閒的趣味.
고 군 자 한 시 요 유 끽 긴 적 심 사　　망 처 요 유 유 한 적 취 미

● ● ● ● ● ●

독일에 슈피겔이라는 기인이 살았다. 어느 날 아침, 빠른 속도로 마차를 몰아서 달려온 나그네가 그의 앞에서 마차를 멈추고, 다음 도시까지 가는 데 걸리는 시간을 물었다.

"천천히 가면 4~5시간 걸리고, 빨리 달리면 하루 걸린다오."

그는 이런 알쏭달쏭한 대답을 하는 것이었다.

"그게 대체 무슨 말이오? 빨리 달리는 데 시간이 더 많이 걸린다고? 말도 안 되는 소리!"

나그네는 발끈 화를 내며 그곳에 올 때보다도 훨씬 더 빠른 속도로 말을 몰았다. 그런데 그만 도중에서 수레바퀴의 굴대가 부러져 버리고 말았다. 빨리 가고 싶은 욕심이 지나쳐서 마차의 굴대가 부러질 만큼 무리를 했던 것이다. 나그네는 부러진 굴대를 수리해서 바꿔 끼우는 데 시간이 걸려 밤중에 다 되어서야 겨우 목적지에 도착했다. 슈피겔이 말한 대로 꼬박 하루

가 걸린 셈이었다.

우리 몸으로 봐도 너무 잰걸음을 걷다 보면 발이 꼬이는 경우가 있다. 바쁠수록 심호흡을 한번 하고 차분하게 행동해야 한다. 무단횡단을 하는 사람들은 바빠서 그랬을 테지만, '5분 먼저 가려다가 50년 먼저 간다', '바쁠수록 돌아가라'는 말을 기억해야 한다.

9
깊은 밤 홀로 앉아 마음을 살피라

깊은 밤 모두 잠들어 사위가 고요할 때 홀로 앉아 마음을 살펴보면, 비로소 허망한 생각이 흩어지고 참된 마음이 나타나는 것을 깨닫게 되고, 언제나 이런 가운데서 큰 진리를 얻게 된다. 그러나 이미 참된 마음이 나타났음을 느끼면서도 허망한 생각에서 벗어나기 어렵다면, 또한 이 가운데서 큰 부끄러움을 느끼게 될 것이다.

夜深人靜, 獨坐觀心, 始覺妄窮而眞獨露, 每於此中, 得大機趣.
야 심 인 정 독 좌 관 심   시 각 망 궁 이 진 독 로   매 어 차 중   득 대 기 취

旣覺眞現而妄難逃, 又於此中, 得大慚忸.
기 각 진 현 이 망 난 도   우 어 차 중   득 대 참 뉵

어떤 부인이 수심에 가득 찬 얼굴로 정신과 의사를 찾았다. 불평 많은 남편과 숨이 막혀 더 이상 같이 살 수 없을 것 같다는 얘기였다.

의사는 잠시 생각에 잠겼다가 부인에게 말했다.

"부인, 병원 옆에 작은 샘이 있습니다. 신기한 샘물이지요. 샘물을 병에 담아 가져가서서 남편이 귀가하시면 얼른 한 모금 드세요. 절대 삼키시면 안 되고 입 안에 물고 있어야만 효과가 납니다."

부인은 의사의 말대로 샘물을 가지고 집으로 돌아왔다. 밤늦게 돌아온 남편은 또 불평과 불만을 쏟아놓기 시작했다. 남편에게 말 따발총을 쏘아붙이고 싶었지만 그럴 수가 없었다. 입 안에 신비의 물을 가득 머금고 있었기 때문이다. 그날 부인은 남편에게 말대꾸를 한마디도 하지 않았다.

"당신, 내 아내 맞아? 사람이 이상해졌네? 어디 아파?"

남편은 이상한지 고개를 갸웃하더니 방으로 들어가 버렸다. 한 시간 이상 이어지던 잔소리가 오늘은 10분으로 줄었다. 그 후 그 부인은 언제나 남편 앞에서 신비의 물을 입에 머금었고, 남편은 눈에 띄게 변해 갔다. 한 달이 안 가서 잔소리가 거의 없어졌다. 남편의 변화가 너무 기뻐서 부인은 의사를 찾아가 신비의 샘물을 준 것에 대해 감사 인사를 했다.

"기적을 일으킨 건 신비의 샘물이 아니라 바로 부인의 침묵입니다."

10

일이 뜻대로 안 된다고
포기하지 말라

은혜를 입고 있는 중에 재앙이 싹트는 것이니, 만족스러울 때는 주위를 되돌아보라. 또한 실패한 뒤에 오히려 성공이 따르는 경우도 있으니 일이 뜻대로 되지 않는다고 해서 무작정 손을 놓지 말라.

恩裡, 由來生害. 故快意時, 須早回頭.
은 리 유 래 생 해　고 쾌 의 시　수 조 회 두
敗後, 或反成功. 故拂心處, 莫便放手.
패 후　혹 반 성 공　고 불 심 처　막 편 방 수

· · · · ·

중국의 북쪽 변방에 한 노인이 살고 있었는데, 어느 날 이 노인이 기르던 말이 달아나 버렸다. 마을 사람들이 위로하자 노인은 담담하게 말했다.

"오히려 복이 될지 누가 알겠소."

몇 달이 지난 어느 날 그 말이 한 필의 준마를 데리고 돌아왔다. 마을 사람들이 이를 축하하자 노인은 도리어 불안해 하며 말했다.

"도리어 화가 될지 누가 알겠소."

그런데 어느 날 말타기를 좋아하는 노인의 아들이 그 준마를 타다가 떨어져 다리가 부러졌다. 마을 사람들이 이를 걱정하며 위로하자 노인은 "이것이 또 복이 될지 누가 알겠소."라며 태연하게 받아들이는 것이었다.

그로부터 1년쯤 후 전쟁이 일어났다. 전쟁터에 나간 이 마을의 젊은이들은 대부분 죽고 말았다. 그러나 노인의 아들은 말에서 떨어진 후 절름발이가 되었기 때문에 전쟁에 불려나가지 않아 죽음을 면하게 되었다.

11

가난 속에서도
만족할 줄 아는 사람

명아주나물과 비름나물과 같은 들풀로 입을 달래고 창자를 채우는 가난 속에서도 만족할
줄 아는 사람의 마음은 얼음처럼 맑고 옥구슬처럼 깨끗한 사람이 많지만, 부귀를 탐내어
비단옷을 입고 기름진 고기를 먹는 사람 중에는 남에게 굽실거리며 종 노릇 하는 것을 달
게 여기는 사람이 많다. 그러므로 사람의 마음은 청렴결백해야 지조가 깃들어 밝아지고,
부귀를 탐내면 설개를 잃게 된다.

藜口莧腸者, 多氷淸玉潔. 袞衣玉食者, 甘婢膝奴顔.
여 구 현 장 자　다 빙 청 옥 결　곤 의 옥 식 자　감 비 슬 노 안
蓋志以澹泊明, 而節從肥甘喪也.
개 지 이 담 박 명　이 절 종 비 감 상 야

⊗ • • • • • •

　미국의 제강업계를 지배하여 강철왕이라는 별명을 얻은 세계적인 부호
인 카네기의 어린 시절은 비참할 정도로 가난했다. 가족들이 빵 한 조각을
놓고 서로 먹겠다고 싸울 정도였다. 절망적 상황에서 카네기의 부모는 중
대선언을 했다.

　"이제부터는 흩어져 살아야 한다. 가만히 앉아서 굶어 죽을 수는 없다."

　가족들은 빵을 찾아 뿔뿔이 흩어졌다. 그때 소년 카네기는 주린 배를 움
켜쥐고 한 가지 결심을 했다.

　'가난을 영원히 날려 버리겠다. 이 고통의 순간을 절대로 잊지 말자.'

　카네기는 가난을 물리치기 위해 열심히 돈을 벌었다. 그리고 세계적인
부호가 되었다. 어느 날 영국의 한 신문기자가 카네기에게 물었다.

　"부자가 되려면 어떻게 해야 합니까?"

그때 그는 이렇게 대답했다.

"반드시 가난한 가정에서 태어나야 합니다. 그리고 그 가난을 잊지 말아야 합니다."

가난은 잠깐 동안의 시련이고, 풍요는 반드시 '가난'이라는 어두운 터널을 지날 때 얻어진다.

12
마음을 활짝 열어 너그럽게 하라

살아 있을 때는 마음을 활짝 열고 사람들을 너그럽게 대하여 불평을 듣지 않도록 하며, 죽은 뒤에는 은혜가 길이 이어지게 하여 사람들로 하여금 부족했다는 생각이 들지 않도록 해야 한다.

面前的田地, 要放得寬, 使人無不平之歎.
면 전 적 전 지　　요 방 득 관　　사 인 무 불 평 지 탄
身後的惠澤, 要流得久, 使人有不匱之思.
신 후 적 혜 택　　요 류 득 구　　사 인 유 불 궤 지 사

여흥 부원군인 민제는 조선 태종의 장인인데 마음이 너그럽기로 유명했다. 어느 날, 민제는 여느 날처럼 평상복으로 갈아입자마자 이웃집에 바둑을 두러 갔는데, 주인을 기다리며 정자에 올라가 있었다. 그때 갑자기 녹사가 여흥 부원군의 집으로 찾아왔다. '녹사'란 중앙 관청의 하급 관리이다. 이웃집에 놀러 갔다는 말을 들은 녹사는 이웃집으로 가서 주인을 불러도 안 나오자 할 수 없이 정자로 올라갔다. 정자에 앉아 있던 부원군을 보자 녹사가 물었다.

"노인장은 누구십니까?"

"이웃에 사는 사람이오."

장난기가 도진 녹사는 이렇게 한 마디 했다.

"얼굴에 주름이 많은데 실로 얼굴 가죽을 꿰매어 쭈그린 게 아닙니까?"

"허허, 그랬나 보오."

마침 그 옆에 바둑판이 놓여 있는 것을 보고 녹사가 다시 물었다.

"노인장, 바둑 둘 줄 아시면 저와 한 판 두시겠습니까?"

"그럽시다그려. 그런데 여긴 무슨 일로 오셨소?"

"부원군을 모시러 왔습니다."

"내가 부원군이 되면 안 되겠소?"

"그럼 내가 임금님이 되겠소!"

녹사가 어림없다는 듯이 말했다. 이야기를 주고받으며 바둑을 두는데 집 주인이 헐레벌떡 뛰어나왔다.

"아이고, 영공께서 여기 계신 줄 모르고……!"

그때야 노인이 부원군임을 깨달은 녹사는 신발을 든 채 줄행랑을 쳤다.

"좀 짓궂기는 하지만 배짱 좋은 씩씩한 사람이오."

민제는 녹사를 후히 대했다. 이렇듯 민제는 성품이 너그러웠다.

13

맛있는 음식은
덜어서 나눠 먹으라

좁은 길에서는 한 걸음 물러서서 남을 먼저 지나가게 하고, 맛있는 음식은 혼자 먹지 말고 일부를 덜어서 남들과 나누어 먹으라. 이런 마음이야말로 세상을 편안하고 행복하게 살아 가는 길이다.

徑路窄處, 留一步與人行. 滋味濃的,
경 로 착 처　 유 일 보 여 인 행　 자 미 농 적

減三分讓人嗜. 此是涉世一極安樂法.
감 삼 분 양 인 기　 차 시 섭 세 일 극 안 락 법

'내가 사는 곳에는 눈이 많이 쌓이면 짐승들이 먹이를 찾아서 내려온다. 그래서 콩이나 빵부스러기 같은 먹을 걸 놓아준다.

박새가 더러 오는데, 박새한테는 좁쌀이 필요하니까 장에서 사다가 주고 있다. 고구마도 짐승들과 같이 먹는다. 나도 먹고 그놈들도 먹는다.

밤에 잘 때는 이 아이들이 물 찾아 개울로 내려온다.

눈 쌓인 데 보면 개울가에 발자국이 있다. 그래서 내가 그 아이들을 위해서 해질녘에 도끼로 얼음을 깨고 물구멍을 만들어 준다.

물구멍을 하나만 두면 그냥 얼어버리기 때문에, 숨구멍을 서너 군데 만들어 놓으면 공기가 통해 잘 얼지 않는다. 그것도 굳이 말하자면 나눠 갖는 큰 기쁨이다. 나눔이란 누군가에게 끝없는 관심을 기울이는 일이다.'

법정 스님의 '산에는 꽃이 피네' 중에 나오는 글이다. 사람이 어느 정도 나이가 들면 혼자 포식하는 즐거움보다 덜어서 나누는 즐거움이 더 크다는 것을 알게 된다. 어려서는 받지 못해 속상하지만 성인이 되면 주지 못하고 나누지 못해 느끼는 안타까움이 더 크다. 인간이 지닌 아름다운 본성 때문일 것이다. 본성을 잃지 않고 사는 우리가 되어야겠다.

14

마음에서 물욕을 물리치라

사람이 뛰어나게 위대한 일을 한 것은 없을지라도 속된 욕심에서 벗어나기만 하면, 그것만으로 이름이 헛되지 않을 것이요, 학문을 하는 사람이 비록 공부를 많이 하지는 못했다할지라도 물욕을 마음속에서 물리치기만 한다면 이것으로 가히 성인의 경지에 이를 수 있을 것이다.

作人, 無甚高遠事業, 擺脫得俗情, 便入名流.
작인   무심고원사업   파탈득속정   변입명류

爲學, 無甚增益工夫, 減除得物累, 便超聖境.
위학   무심증익공부   감제득물루   변초성경

❀ • • • • • •

중국 고대의 성제인 요 임금이 천자의 자리를 허유에게 양위하기 위해 말했다.

"해와 달이 솟아 밝은데도 쉬지 않고 횃불을 밝혀야 한다면 이 어찌 난처한 일이 아니겠습니까. 또한, 때 맞춰 비가 내리는데도 오히려 물을 끌어다 논밭에 대야 한다면 이 어찌 헛수고라 하지 않을 수 있으리까. 선생께서 천하를 다스리면 천하가 잘 다스려질 터인데, 허깨비나 다름이 없는 내가 아직 다스리고 있으니, 이는, 제가 보기에는 바람직하지 못한 일입니다. 청하건대 부디 선생께서 천하를 맡아주십시오."

그 말에 허유가 말했다.

"그대가 천하를 다스려, 천하는 이미 잘 다스려지고 있소. 그런데 내가 왜 그 이름을 빌려야 한단 말이오. 이름이란 실질적인 주인의 손님에 불과한 것인데, 내가 왜 손님이 되어야 한단 말이오. 뱁새가 깊은 숲에 둥지를 틀지만 한 가지면 족하고, 두더지가 큰 하천을 통째로 마시지만 작은 배를 채우는 데 지나지 않소. 그 청은 돌려드리겠소. 천하는 내게 아무 소용도 없소. 설사 도포 입은 제관이 제사를 잘 다스리지 못한다고 해서 시축(尸祝, 축문 낭독하는 사람)이 술병과 고기 접시를 넘어가 그를 대신할 수 없는 법 아니 겠소?"

15

사람을 부릴 때는
순수한 마음을 가지라

벗을 사귈 때에는 서로 넉넉히 도우려는 마음을 가져야 하며, 사람을 부릴 때에는 반드시
한 점의 순수한 마음을 지녀야 한다.

交友, 須帶三分俠氣. 作人, 要存一點素心.
교 우   수 대 삼 분 협 기   작 인   요 존 일 점 소 심

수나라 말, 정국이 어수선해지자 두건덕, 두복위, 맹해공, 곽자화 등을 필
두로 하는 반란군이 전국 각지에서 일어났다. 황제는 이연에게 이들을 진압
하도록 명령을 내렸고, 이때 18세의 나이였던 아들 이세민도 참가하였다.

그런데 황제는 이연이 출정한 뒤, 사람을 시켜 그를 감시하게 했다. 이세
민은 아버지에게 직접 군대를 일으킬 것을 권하였다. 그래서 이연은 반란
군들을 회유하여 하나하나 자신의 세력 밑으로 끌어들였다. 이 과정에서
수양제는 우문화에게 죽고 수나라는 막을 내리게 되었다. 당나라가 세워지
고 당고조 이연 이후 이세민이 2대 황제로 오른 이후 중국 통일의 염원을
이루었다.

이세민이 천하를 통일할 수 있었던 것은 그와 생사고락을 같이한 수많은
인재들의 도움이 있었기 때문에 가능했다. 가령 진숙보, 장량, 이정, 이훈,
방현령, 두여회 등이다. 이세민이 재능 있는 인사를 아꼈다는 것은 이정과

의 인연에서 엿볼 수 있다. 일찍이 이연이 병사를 일으키려고 했을 때, 이 사실을 눈치 챈 관리가 있었는데, 그가 바로 이정이다. 이정은 장안으로 가서 보고하려고 하였으나 성공하지 못했다. 이때 이연은 자신의 거사를 망치려고 한 이정을 죽이려고 했지만, 이세민은 아버지를 만류하고 훗날 이정을 재상으로 삼았다. 이정은 평소에도 자신보다 지혜와 능력이 월등한 사람을 보면 자기 자리를 서슴없이 내놓는 사람이었다. 이세민은 그의 이러한 면을 아꼈던 것이다.

16
자신을 다스려 스스로 몸을 닦으라

혜택과 이익에 있어서는 다른 사람보다 앞서지 말고, 자신에게 주어진 일을 하고 사람에게 덕을 베푸는 데는 다른 사람에 뒤떨어지지 말라. 남에게 받는 보수는 자신의 분수를 넘지 않도록 하고, 자신을 다스려 스스로 몸을 닦는 일은 자신의 분수에 넘치도록 행하라.

寵利, 毋居人前. 德業, 毋落人後. 受享, 毋踰分外. 修爲, 毋減分中.
총 리 무 거 인 전 덕 업 무 락 인 후 수 향 무 유 분 외 수 위 무 감 분 중

나카타니 아키히로의 '20대에 해야 할 50가지' 중에서 몇 가지를 소개해 본다. 스스로 적극적인 자세로 삶의 디자인을 해봐야 한다.

신문잡지의 두 줄짜리 구인광고를 주목하라 / 선거운동원이 되어 정신없이 뛰어 보라 / 아무도 청탁하지 않는 일에 매달려 보라. / 하고 싶은 일을 분명히 정하라 / 10개 이상의 자격증에 도전하라 / 원하는 인생의 모델을 찾으라 / 정상에 있는 사람과 만나 보려 시도하라 / 현장에서 먼지에 덮인 아침밥을 먹어 보라 / 10년을 투자해야 이룰 수 있는 일을 시작하라 / 인생의 시간표를 작성하라 / 부모와 함께 여행을 떠나 보라 / 100권의 책을 1년 목표로 독파하라 / 하루에 원고지 한 장을 채워라 / 외국인과의 대화에는 언제나 용감하라 / 자신의 무례함을 매일 밤 반성하라 / 자신의 감정에 솔직하라 / 뱀의 이빨처럼 날카로워라 / 사소한 것의 중요성을 잊지 말라 / 가슴이 찢어지는 듯한 사랑에 빠져 보라 / 자신의 꿈 앞에서 항상 눈을 번쩍

떠라 / 마음의 샤워를 즐기는 법을 익히라 / 불행한 자들의 후원자가 되어 보라 / 기력의 완전한 탕진을 경험하라 / 성경책을 완전히 독파하라 / 평생의 친구를 찾아라 / 팽팽한 긴장의 순간을 즐겨라 / 틀려도 좋으니 당신 생각을 말하라 / 평생 건강의 뼈대를 세워라 / 유비무환의 정신을 일상화하라 / 10년 후의 나와 대화해 보라 / 가장 위험한 작업 현장에 가보라 / 혼자만의 시간을 따로 두라 / 자기만의 사전을 만들라 / 자신의 체력 한계에 도전해 보라 / 기본기에 충실한 선수가 되라

17

한 걸음 뒤로 물러나 양보하라

세상을 사는 데는 한 걸음 양보하는 것을 높게 여기니, 그것은 한 걸음 물러서는 것이 곧 스스로 한 걸음 앞으로 나아가는 토대가 되기 때문이다. 사람을 대할 때는 엄격함보다 너 그럽게 하는 것이 복이 되는 것이니, 그것은 남을 이롭게 하는 것이 사실은 자기를 이롭게 하는 바탕이 되기 때문이다.

處世, 讓一步爲高. 退步, 卽進步的張本.
처세　양일보위고　퇴보　즉진보적장본
待人, 寬一分是福. 利人, 寬利己的根基.
대인　관일분시복　이인　관이기적근기

오늘날은 고소나 고발 사건이 너무 많아서 누가 누구를 고소했다는 소식 은 이미 뉴스거리도 되지 못한다. 그러나 몇십 년 전만 해도 고소는 안타깝 고 놀라운 사건이었다. 세상은 유아독존 식으로 혼자서 살 수 없고, 다양한 사람들이 함께 모여 살기 때문에 마찰도 있고 실수도 있을 수 있다. 이런 때 자기 고집만 주장하다 보면 다툼이 일어나기 쉽다. 자기 욕심대로만 산다 면 얼마 안 가서 아수라장이 되어 버리고 말 것이다.

그래서 양보가 중요한 윤활유가 되는 것이다. 한 발 물러나 상대방의 입 장에서 생각하고 배려해 준다면 삐걱거리는 일이 훨씬 줄어들 수 있다. 양 보가 없어서 고성이 오가는 대표적인 일이 심각한 교통 문제일 것이다. 길 은 좁고 차는 하루가 다르게 늘어만 간다. 양보 운전을 하면 모두가 기분 좋 게 빨리 지나갈 수 있는 것을 욕심 때문에 비켜 주지 않으려고 속력을 내다 가 사고를 내고 만다. 외나무다리 위에서 두 마리의 염소가 만났을 때 어떻게 하는가? 한 염소가 쭈그리고 앉아 등을 내밀어 다른 염소가 타고 지나가게 한다. 그 염소가 지나간 후에야 자기도 다리를 건널 수 있기 때문이다. 양보해 주는 일이 곧 내게 유익으로 돌아옴을 알아야 한다.

18

공로를 자랑하면 가치를 잃는다

온 세상에 알려질 만큼 큰 공로를 세웠더라도 스스로 그 일을 자랑한다면 아무런 가치가 없을 것이며, 하늘에 가득 찰 만큼 큰 죄를 지었더라도 진심으로 깊이 뉘우친다면 그 죄는 용서받을 수 있을 것이다.

蓋世功勞, 當不得一箇矜字. 彌天罪過, 當不得一箇悔字.
개 세 공 로   당 부 득 일 개 긍 자   미 천 죄 과   당 부 득 일 개 회 자

　· · · · · ·

벤저민 플랭클린, 그는 가난한 청교도 집안에서 태어나 평생 학교라고는 1년밖에 다녀보지 못했다. 그러나 그는 어머니의 교육과 다니던 교회 마트 목사의 청교도 교육에 큰 영향을 받아, 어려서부터 근면하게 일하는 것과 독서하는 것을 몸에 익혔다. 그는 미국의 철학회 창시자가 되었고, 피뢰침의 발명가, 그리고 이어서 초대 프랑스 대사로 파견되기도 했다.

"재산을 얻기 위해 덕을 팔지 말고 권력을 얻기 위해 자유를 팔지 말라."

그는 이런 뼈있는 말을 남겼다. 그는 또 어릴 때부터 13가지 덕목을 정해서 평생 지켰는데, 그 덕목의 첫 번째는 '절제'였다.

19

남의 탓으로 돌리지 말고
나의 책임으로 돌리라

명예와 훌륭한 공로는 혼자 독차지하지 말라. 조금은 남에게 나누어주어야 해를 멀리하여 몸을 온전히 보전할 수 있다. 욕된 행실과 이름을 더럽히는 일은 모두 남의 탓으로만 돌리지 말라. 조금은 끌어다 나의 책임으로 돌려야 지혜를 안으로 간직하고 덕을 기를 수 있을 것이다.

完名美節, 不宜獨任. 分些與人, 可以遠害全身.
완 명 미 절 불 의 독 임 분 사 여 인   가 이 원 해 전 신

辱行汚名, 不宜全推. 引些歸己, 可以韜光養德.
욕 행 오 명 불 의 전 추 인 사 귀 기   가 이 도 광 양 덕

• • • • • •

어느 나라에 슬기로운 총독이 있었다. 총독은 혹 억울하게 갇힌 사람은 없는지 감옥을 돌아보았다.

"너는 무슨 죄를 지었느냐? 어서 사실대로 말해 보아라."

죄수들은 총독의 인자한 모습을 보자 저마다 한 마디씩 했다.

"총독님, 저는 너무 억울합니다. 죄를 몽땅 뒤집어썼습니다."

모두 억울하다고 호소하는데, 구석에서 조용히 울고 있는 사나이가 있었다.

"너도 억울한 일이 많은가 보구나."

"아닙니다, 총독님. 저는 말씀드릴 염치도 없는 큰 죄인입니다."

"대체 어떤 죄를 지었느냐?"

"네, 저는 작년에 흉년으로 농사를 망치고 온 식구가 며칠을 굶었지요. 허기져 쓰러진 자식들을 위해 남의 집 양식을 훔쳤습니다."

총독은 들고 있던 지팡이로 사나이의 어깨를 내리쳤다.

"너 같은 죄인을 죄 없는 사람들과 같이 두어선 안 되지."

총독은 엄한 목소리로 관리들에게 명령했다.

"이놈을 당장 끌어내라! 죄인에게 계속 공짜 밥을 먹일 순 없다."

관리들이 사나이의 팔을 붙들어 감옥 밖으로 끌어냈다. 총독은 사나이가 멀리 사라질 때까지 빙그레 웃으며 바라보았다.

20

모든 일에 여유를 두라

모든 일에 어느 정도의 여유를 갖고 여지를 남겨 둔다면 조물주도 나를 버리지 못하고 귀신도 나를 해치지 못할 것이다. 그러나 만일 일마다 반드시 다 이루어지기를 바라고 공들일 때마다 다 채워지기를 원하는 사람은 안으로 변고가 생기지 않으면 밖으로 근심을 불러들이게 될 것이다.

事事留個有餘不盡的意思, 便造物不能忌我, 鬼神不能損我.
사 사 유 개 유 여 부 진 적 의 사   편 조 물 불 능 기 아   귀 신 불 능 손 아

若業必求滿 功必求盈者, 不生內變, 必召外憂.
약 업 필 구 만 공 필 구 영 자   불 생 내 변   필 소 외 우

· · · · · ·

미 8군 영내에서 자동차 정비공장을 운영하고 있던 한국엔진 제3공장에서 있었던 일이다. 크리스마스를 며칠 앞둔 늦은 12월, 퇴근시간 임박해서 미국 민간인 차가 한 대 들어왔다. 공관 대사나 미군 장성의 차도 아닌데 늦게 찾아와 이것저것 해달라고 하니 정비공들이 짜증이 났던 모양이다. 미국인이니까 한국말을 못 알아들을 거란 생각에 정비 반장은 할 말 못 할 말 다해가며 마구 투덜댔다.

"자식, 짱구같이 생겨가지고 도무지 눈치가 없어. 지금이 몇 신데 와서 난리야."

그 손님은 아무 말도 하지 않고 사무실로 가서 의자에 앉아 신문을 꺼내 읽는 것이었다. 그런데 보니 동아일보가 아닌가!

모두들 놀라서 곁눈으로 보고 있는데 정비공이 사무실로 와서 그 차에 '불동액'을 한 통 넣어야겠다고 하는 것이었다. 그러자 사무직원이 "인마,

불동액이 뭐냐? 부동액이지."라고 핀잔을 주었다.

그러자 그 미국인이 " '아니 불' 자지만 그런 경우는 '부'로 발음해서 부동액이 되는 거죠."라고 하지 않는가?

정비반장이 얼굴이 사색이 되어 어쩔 줄을 몰라 쩔쩔 매자, "괜찮아요. 원래 내 머리는 짱구로 생겨서 내 별명이 짱구고, 자식이라는 게 뭐 나빠요. 자식이란 말은 아들이란 말인데 나는 그 순간 하느님의 아들이라고 해석했어요."라며 웃었다. 그는 연세대학교의 원일한(호러스 그랜트 언더우드) 박사였다.

21

부모 형제를 나와 한 몸처럼 여기라

가정에도 하나의 참다운 부처가 있고, 일상 속에서도 한 가지 참된 도가 있다. 사람이 성실한 마음과 온화한 기운을 지니고, 즐거운 표정과 부드러운 말씨로 부모 형제를 나와 한 몸처럼 여겨 통하게 한다면, 이는 부처님 앞에 앉아 숨을 고르고 내면을 들여다보는 것보다 1만 배는 나을 것이다.

家庭有個眞佛, 日用有種眞道. 人能誠心和氣, 愉色婉言,
가 정 유 개 진 불　일 용 유 종 진 도　인 능 성 심 화 기　유 색 완 언

使父母兄弟間, 形骸兩釋, 意氣交流, 勝於調息觀心萬倍矣.
사 부 모 형 제 간　형 해 양 석　의 기 교 류　승 어 조 식 관 심 만 배 의

● ● ● ● ● ●

진나라의 진손은 어릴 때 어머니를 여의었다. 진손의 아버지는 아들이 가엾어 새 부인을 맞아들였다. 진손은 새어머니의 보살핌을 받게 되었다. 그런데 새어머니에게서 두 아들이 태어나자 친자식들에게는 따뜻한 밥을 먹이고, 손에게는 겨로 뭉친 밥을 주었다. 겨울이면 두 아들에게는 두꺼운 솜옷을 해 입히고, 손에게는 거친 갈꽃을 넣은 옷을 입혔다. 그러나 손은 입이 무거워서 아버지는 손의 힘든 사정을 알 수 없었다.

그러던 어느 추운 겨울날, 집안에 일이 생겨 아버지와 손이 한 마차에 올라타고 여행을 떠나게 되었다. 손이 마차를 몰았는데 칼바람이 불자 너무 추운 나머지 말고삐를 놓쳐 버렸다. 다시 말고삐를 잡았으나 말을 몰던 손은 또 말고삐를 놓치고 말았다.

"너 어디 아픈 게냐? 이상하구나. 잠깐! 말을 세워라!"

아버지는 아들이 온몸을 부들부들 떨고 있는 것을 보았다. 아들의 몸을

만져보니 얼음장보다도 더 차가웠고, 아들의 옷은 바람이 숭숭 들어가는 갈대옷이 아닌가! 아버지의 마음이 무너져내렸다. 그 길로 집에 돌아온 아버지는 부인에게 말했다.

"난 당신과 더 이상 살 수 없소."

그러자 손이 울면서 아버지에게 애원하였다.

"안 됩니다, 아버지. 지금은 저 하나만 고생하면 되지만, 어머니가 안 계시면 두 동생들까지 떨어야 합니다. 제발 새어머니를 용서해 주세요."

이버지는 속 깊은 아들의 말에 감격하여 마음을 돌렸다. 새어머니는 뉘우치고 그 후 좋은 어머니가 되었다.

22

어떤 환경에서도 활기를 잃지 말라

움직이기를 즐기는 사람은 구름 속의 번개나 바람 앞의 등불 같고, 고요함을 즐기는 사람은 불 꺼진 재나 마른 나뭇가지와 같다. 사람은 흘러가지 않는 구름이나 잔잔한 물과 같은 경지에서도 솔개가 날고 물고기가 뛰노는 기상이 있어야 하는데, 이것이 바로 도를 깨우친 사람의 마음이다.

好動者, 雲電風燈. 嗜寂者, 死灰槁木.
호 동 자   운 전 풍 등   기 적 자   사 회 고 목
須定雲止水中, 有鳶飛魚躍氣象, 總是有道的心體.
수 정 운 지 수 중   유 연 비 어 약 기 상   총 시 유 도 적 심 체

노벨상을 제정한 알프레드 노벨의 초등학교 시절 생활기록부는 비극적인 내용이 담겨 있다.

'빈궁한 가정환경과 병약한 몸으로 정상적인 수업이 어렵다.'

소년의 아버지는 고무공장을 운영하다가 부도를 맞아 도피 중이었다. 어머니는 작은 채소가게를 운영하며 네 아들을 키웠다. 소년은 집안을 돕기 위해 이것저것 장사를 하며 거리를 돌아다녔다. 소년은 갓 태어날 때부터 몸이 너무 약해 젖을 빨 힘조차 없었기 때문에, 사람들은 그가 세 살을 넘기기 힘들 것이라고 생각했을 정도였다.

그러나 소년에게는 장점이 있었다. 사물에 대한 호기심과 풍부한 상상력이 그것이었다. 그는 닥치는 대로 많은 책을 읽었고, 수많은 발명품을 만들었다. 그리고 나중에 세계적인 대부호가 되었다.

23
가르칠 때도 상대방을 배려하라

남의 허물을 꾸짖을 때는 너무 엄하게 하지 말라. 그가 받아서 감당할 수 있을지를 생각해야 한다. 사람을 선으로 가르치되 지나치게 고상하게 하지 말라. 그 사람이 들어서 따를 수 있도록 해야 한다.

攻人之惡, 毋太嚴. 要思其堪受. 教人以善, 毋過高. 當使其可從.
공 인 지 악　 무 태 엄 　요 사 기 감 수 　교 인 이 선 　 무 과 고 　당 사 기 가 종

어느 날 헬렌 켈러는 정원에서 꽃 한 송이를 꺾어 설리반 선생에게 주었다. 그때 설리반은 헬렌의 손바닥에 글을 썼다. '너를 사랑한단다.' 헬렌은 고개를 갸웃거렸다. 사랑이란 말을 이해하지 못했기 때문이다.

설리반은 헬렌의 손을 잡아 헬렌의 가슴에 대고 '사랑은 여기에 있다.'라고 썼다. 설리반 선생은 헬렌의 말을 마음으로 읽고 있었다.

"사랑이란 꽃의 향기와 같아요?"

헬렌의 물음에 설리반은 그렇지 않다고 분명하게 알려주었다.

며칠 후, 헬렌의 집에는 아침부터 먹구름이 뒤덮여 있었다. 음울한 분위기를 헬렌은 느낌으로 알 수 있었다. 그러다 갑자기 구름이 걷히고 햇살이 비치기 시작했다. 헬렌은 기뻐하며 물었다.

"사랑이란 이런 거예요?"

설리반 선생은 헬렌의 손바닥에 무엇인가를 한참동안 써내려갔다.

"헬렌, 사랑이란 태양이 나타나기 전에 하늘에 떠 있는 구름과 같은 것이란다. 구름은 비를 내리게 하는 것이지. 너도 비를 맞아 보았지? 햇볕을 쬐고 난 뒤 비가 내리면 땅 위의 나무들과 꽃, 풀들은 너무나 기뻐한단다. 비를 맞아야 쑥쑥 자라거든. 이제 사랑이 무엇인지 알 수 있겠지? 사랑이란 손에 잡히지 않지만 그것이 사람에게 부어져 있을 때, 비로소 알 수 있단다. 사랑이 없으면 행복할 수 없거든."

헬렌 켈러는 이렇게 진실한 설리반 선생의 가르침을 받아 사랑을 배우게 되었고, 희망의 빛을 발견하게 되었다.

24

밝음은
항상 어둠에서 비롯됨을 알라

굼벵이는 더럽지만 매미로 변하여 가을바람에 맑은 이슬을 마시고, 썩은 풀은 빛이 없지만 반딧불이로 변해서 여름밤을 빛낸다. 깨끗함은 항상 더러움에서 나오고, 밝음은 항상 어둠에서 비롯되는 것이다.

糞蟲至穢, 變爲蟬, 而飮露於秋風. 腐草無光, 化爲螢, 而耀采於夏月.
분 충 지 예   변 위 선   이 음 로 어 추 풍   부 초 무 광   화 위 형   이 요 채 어 하 월

固知潔常自汚出 明每從晦生也.
고 지 결 상 자 오 출   명 매 종 회 생 야

위대한 음악가 요한 세바스천 바흐는 황무지 같은 환경 속에서 장미꽃 같은 아름다운 작품들을 남겼다. 그의 인생은 고난의 연속이었다. 그의 부모는 어릴 때 돌아가셨다. 마리아와 결혼하였지만 일곱 자녀를 낳고 바흐가 레오폴드 후작과 연주 여행을 떠난 사이 병으로 세상을 떠나고 말았다. 그가 집에 돌아왔을 때는 이미 장례식까지 끝난 뒤였다.

재혼하여 11명의 아들과 9명의 딸을 두었지만 그 중 10명의 자녀가 어려서 죽었다. 자녀 가운데는 정신박약아도 있었다고 한다. 노년에 자신도 앞을 보지 못하는 장님이 되었고, 뇌일혈로 쓰러져 반신불수까지 되었다. 경제적으로 가난해 둘째 부인인 안나 막달레나가 죽었을 때 장례식도 빈민구제를 위한 조치로 치러졌다고 한다. 참으로 역경의 연속이었다.

그러나 처절한 상황 속에서도 그는 계속 작곡하였다. 수많은 사람의 영혼을 완전히 사로잡을 만큼 장엄한 찬양과 경배와 감사의 노래들, 그야말로 불후의 명작들을 만들어냈다. 그는 늘 말했다.

"모든 음악의 유일한 목적은 하느님께 영광을 돌려보내고 사람에게 즐거운 감정을 솟아나게 하는 것이다."

그는 음악의 근원은 하느님께 있다고 믿었고 음악을 그의 영광을 위해 쓰지 않으면 안 된다고 믿었다. 그는 그 황무지 같은 인생 속에서도 장엄하고 경건한 음악의 꽃을 피웠다. 자신이 작곡한 칸타타나 오라토리오의 마지막 부분에 항상 '오직 하느님의 영광만을 위하여'라는 뜻을 지닌 S.D.G라는 이니셜을 적어 놓았다. 그의 가문에서는 약 200년 동안에 걸쳐 저명한 음악가 50여 명이 나왔다.

25

욕망과 사사로운 탐닉은 모두가 망상이다

뽐내고 오만한 것 중에 객기가 아닌 것이 없으니 객기를 물리친 뒤에야 바른 기운이 자랄 수 있다. 욕망과 사사로운 탐닉은 모두가 망상이므로 이런 마음을 물리친 뒤에야 진심이 나타나게 된다.

矜高妄傲, 無非客氣. 降伏得客氣下, 而後正氣伸.
긍 고 망 오　무 비 객 기　항 복 득 객 기 하　이 후 정 기 신

情欲意識, 盡屬妄心. 消殺得妄心盡, 而後眞心現.
정 욕 의 식　진 속 망 심　소 살 득 망 심 진　이 후 진 심 현

＊ ● ● ● ● ● ●

고구려 봉상왕 때 국상 벼슬을 맡은 창조리는 강직한 사람이었다. 봉상왕 9년 8월, 갑자기 15세 이상 된 남자들을 모두 뽑아들이라는 왕명이 떨어졌다. 왕이 사는 궁궐을 새로 크게 짓기 위해서였다. 백성들은 힘든 노동에 시달리다 못해 다른 나라로 도망치는 사람이 늘어 갔고, 왕과 대신들을 원망하는 소리가 하늘을 찌를 듯 높아졌다.

창조리는 봉상왕을 찾아갔다.

"마마, 올해는 재난이 거듭되어 농사가 흉년입니다. 이런 때에 백성들을 끝없는 부역에 시달리게 하시니, 부모 된 도리로 할 짓이 아닙니다. 부디 살펴 주십시오."

하지만 방탕으로 눈이 먼 봉상왕은 오히려 짜증을 부렸다.

"궁궐이 웅장하지 않다면 어디서 임금의 위엄을 찾는단 말이오? 그대의 간섭이 지나치도다! 썩 물러가라!"

돌아온 창조리는 며칠 동안이나 방문을 걸고 깊이 생각에 잠겼다.

'포악한 임금 아래 언제까지 두고 볼 것인가? 아니, 그럴 수는 없다.'

마침내 어려운 결심을 한 그는 여러 신하들과 뜻을 모아 봉상왕을 쫓아 낼 계획을 세웠다. 창조리가 앞장서서 대궐로 쫓아 들어가자, 겁 많은 임금 은 스스로 자결하고 말았다.

26

일을 시작하기 전에
어리석음을 깨치라

포식한 후에 음식을 생각하면 맛이 있고 없음의 구별을 할 수 없고, 성교 후에 욕정을 생각하면 남녀의 구분도 없어진다. 그러므로 일이 끝나고 난 뒤에 뉘우치게 될 것을 미리 생각하여, 일을 시작하기 전에 어리석음을 깨쳐 버린다면 본성이 바로잡혀 바르게 행동할 수 있을 것이다.

飽後思味, 則濃淡之境都消. 色後思婬, 則男女之見盡絕.
포 후 사 미　　즉 농 담 지 경 도 소　　색 후 사 음　　즉 남 녀 지 견 진 절

故人常以事後之悔悟, 破臨事之癡迷, 則性定而動無不正.
고 인 상 이 사 후 지 회 오　　파 임 사 지 치 미　　즉 성 정 이 동 무 부 정

🞉　•　•　•　•　•　•

1923년 시카고 에드워드 비취 호텔에 7명의 미국 부자들이 모였다. 이 모임에 모인 사람들의 재산이 당시 미국 전체의 국고보다 더 많았다. 그래서 이 모임 이름을 마이더스의 모임이라고 했다. 무엇이든지 손만 대면 금으로 바뀌었다는 전설의 왕, 마이더스의 이름을 딴 것이다. 황금을 가장 많이 가진 7인의 신화적인 만남이었다.

온 미국의 매스컴이 에드워드 비취 호텔에 집중되었고 이목을 집중시킨 모임의 참석자들은 모든 사람들로부터 동경의 대상이 되었다.

25년이 지난 다음에 그들이 어떻게 되었는지 알아보았다.

미국의 제일 큰 강철 회사 사장이었던 찰스 샤브는 거지로 죽었다. 농산물 곡물 수집업을 해서 거부가 된 아더 퀴터도 거지로 죽었다. 뉴욕 은행의 총재였던 리처드 위트니는 중한 죄를 짓고 감옥에서 복역하고 있었다. 미국의 재무부 장관까지 지냈던 엘버트 홀은 사기죄로 감옥에 들어갔다가 풀

려 나와서 몸이 쇠약해진 상태에서 죽음을 기다리고 있었다. 국제 은행 총재였던 네언 훼저와 월스트리트에서 가장 큰 회사 사장이었던 제시 리버모우는 자살했다. 또 미국 부동산의 대표적인 거구였던 이반 쿠버는 자살 미수로 치료를 받고 있었는데 그를 돌보아 줄 사람이 아무도 없었다.

이들 모두 물질적으로는 누구보다도 풍족했지만 그 말로는 비참하기 짝이 없었다.

27

산림에 묻혀 있어도
늘 조정에 나갈 때를 대비하라

높은 지위에 올라앉아 있을 때에도 산림에 묻혀 사는 풍취가 있어야 하고, 산림에 묻혀 있을지라도 늘 조정에 나갈 때를 대비하여 세상을 밝게 알아야 한다.

居軒冕之中, 不可無山林的氣味. 處林泉之下, 須要懷廊廟之經綸.
거 헌 면 지 중　불 가 무 산 림 적 기 미　처 림 천 지 하　수 요 회 낭 묘 지 경 륜

고구려 고국천왕 때의 재상인 을파소는 고국천왕이 외척을 배제하고 자신이 생각한 개혁을 추진하게 되는 과정에서 영입된 인물이다.

왕은 명령을 내려 인재들을 천거하도록 하는데 여기서 국상으로 추천된 인물은 동부의 안류라는 사람이었다. 고국천왕은 안류를 국상으로 삼아 국정을 맡기려 하였으나 안류는 자신이 적임자가 아니라고 하며 초야에서 농사를 짓고 살고 있던 을파소를 천거하였다.

처음 고국천왕은 을파소에게 우태의 작위와 중외대부 벼슬을 주었으나 을파소는 이를 사양했다. 중외대부라는 벼슬로는 뜻을 펼 수 없다는 것을 알아차린 고국천왕은 을파소를 국상에 임명하여 정사를 주관하게 했다.

일개 농부가 갑자기 국상이 되었다는 것 때문에 외척과 신하들 사이에서 말이 많았으나 시간이 지나면서 을파소의 뛰어난 정치력에 반대파들도 추종자로 만들며 고국천왕의 개혁정책을 이끌어 나가게 되었다.

28

남에게 베풀 때는 마음을 비우라

세상을 살면서 반드시 성공을 바라서는 안 된다. 그르침이 없다면 그것이 곧 성공이다. 남에게 베풀 때는 상대가 감격하기를 바라서는 안 된다. 상대의 원망이 없다면 그것이 곧 덕이다.

處世, 不必邀功. 無過便是功. 與人, 不求感德. 無怨便是德.
처세   불필요공   무과변시공   여인   불구감덕   무원변시덕

한 하버드대 학생이 아프리카에 있던 슈바이처 박사를 찾아가 가르침을 받고자 했다. 그런데 환영은커녕 박사를 만날 수도, 만나주지도 않았다. 몹시 실망해 귀국을 준비하고 있을 때 큰 비가 와 마을이 온통 물에 잠기게 되었다. 그때 한센병을 앓는 한 아이가 물에 빠진 것을 보고 뛰어들어 구해주었다. 그제야 박사가 그를 불러 이렇게 말하는 것이었다.

"내가 며칠 자네를 지켜보니 전혀 나를 만날 준비도, 만날 가치도 없었네. 그런데 아이를 구해주는 것을 보고 자네에게 긍휼의 마음이 있는 것을 보았네. 세상을 구할 수 있는 것은 의사나 약이 아니라 긍휼의 마음일세."

세상을 치유하고 변화시킬 수 있는 것은 긍휼의 마음이다. 이 마음이야말로 황폐한 이 땅에서 품어야 할 마음이다.

29

지나친 청렴결백은 무익하다

염려가 많고 부지런한 것이 미덕이긴 하지만 지나치게 수고하면 본연의 성정을 즐겁게 할
수 없다. 청렴결백한 것이 고상하긴 하지만 지나치게 메마르면 사람은 구해도 사물을 이롭
게 할 수 없다.

憂動是美德. 太苦則無以適性怡情.
우 동 시 미 덕   태 고 즉 무 이 적 성 이 정
澹泊是高風. 太枯則無以濟人利物.
담 박 시 고 풍   태 고 즉 무 이 제 인 리 물

. . . . . .

은나라 말기와 주나라 초기에 살았던 백이는 원래 숙제와 함께 고죽국의
왕자였다. 그런데 부왕이 죽으면서 동생에게 왕위를 물려주자 숙제는 그
자리를 형에게 양보했다. 백이 또한 부왕의 유지를 어길 수 없다고 끝내 사
양하자, 둘은 함께 왕위를 버리고 주나라 문왕의 신하가 될 생각으로 중국
땅을 밟았다.

그러나 그 당시 중국의 상황은 문왕이 죽고 그 아들 무왕이 군사를 일으
켜 포악무도한 은나라 주왕을 멸하고 중국 천하를 통치하고 있었다. 그들
은 이런 일들이 모두 옳지 않다고 매섭게 공격한 후, 자기네는 주나라 영향
권 밖에서 살겠다고 수양산으로 들어가 고사리를 캐먹으며 생활했다는 인
물이다.

그는 참다운 임금이 아니면 섬기지 않고, 진정한 벗이 아니면 사귀지 않
았으며, 악인이 있는 조정에서는 함께 벼슬하지 않았을 뿐만 아니라 아예

그들과 말도 하지 않았다. 이런 그였기에 비록 제후들이 정중하게 초대하는 글을 보내와도 받기를 거절했다. 제후들이 더러운 존재라고 단정했기 때문이다. 고고한 선비의 자존심을 지키고자 했을 것이다. 그러나 그렇게 고립되어 산 그들의 학문이 무슨 결실을 맺을 수 있었겠는가. 어지러운 세상에 휘둘리면서도 더 나은 세상을 만들려는 피나는 노력과 함께 사람들 속에서 더불어 살아가려는 용기가 필요한 것을 알아야 한다. 사람은 사회적 동물이 아닌가.

30

마땅히
처음 시작할 때의 마음을 살피라

하던 일이 벽에 부딪히고 기운이 꺾인 사람은 마땅히 처음 시작할 때의 마음을 돌이켜 보아야 한다. 공훈을 이루고 성공한 사람은 마땅히 일의 결말을 살펴보아야 한다.

事窮勢蹙之人 當原其初心 功成行滿之士 要觀其末路
사 궁 세 축 지 인　당 원 기 초 심　공 성 행 만 지 사　요 관 기 말 로

⸭ • • • • •

'조개껍데기 단추'를 유럽에 보급해 큰돈을 번 유대인 마커스 새뮤얼은 인도네시아의 유전을 인수했다. 그는 기름을 드럼통에 넣어 여객선으로 운반했다. 그런데 승객과 선원들이 기름 냄새 때문에 고통을 호소했다. 마커스는 세계 최초로 기름을 운반하는 유조선을 만들었다. 영국 정부는 그에게 회사를 영국이 운영하게 해달라고 요구했다.

그때 마커스는 정부에 기증하는 조건으로 두 가지를 제안했다.

"나는 매우 가난한 사람이었소. 그런데 일본에서 우연히 얻은 조개껍데기가 나를 가난에서 벗어나게 해주었소. 회사를 양도하는 대신 유조선과 정유회사에 '조개껍데기(SHELL)'라는 로고를 넣어 주오. 또 한 가지는 친척 중 한 사람을 이 회사의 임원으로 채용해 주오."

이 회사가 바로 세계적인 다국적 기업인 쉘 정유회사다. 가난하고 어려웠던 시절을 잊지 않는 부자는 오랫동안 부를 유지해 나간다.

31

부귀를 누리는 사람은
인색하면 안 된다

부귀한 집안은 너그럽고 후덕해야 하는데 오히려 샘을 내고 인색하게 군다면, 그것은 부귀하면서도 가난하고 천하게 행동하는 것이므로 어찌 복을 누릴 수 있겠는가? 총명한 사람은 그 재주를 감추어야 하건만 오히려 드러내 자랑한다면, 총명하면서도 어둡고 어리석음에 병든 것이니 어찌 실패하지 않겠는가?

富貴家, 宜寬厚, 而反忌刻. 是富貴而貧賤其行矣, 如何能享?
부 귀 가   의 관 후   이 반 기 각   시 부 귀 이 빈 천 기 행 의   여 하 능 향

聰明人, 宜斂藏, 而反炫耀. 是聰明而愚懵其病矣, 如何不敗?
총 명 인   의 렴 장   이 반 현 요   시 총 명 이 우 몽 기 병 의   여 하 불 패

• • • • • •

사냥을 좋아하는 인색한 부자가 있었다. 부자는 또 사냥을 나서려고 머슴에게 준비를 시켰다. 머슴이 부엌으로 들어가자 부자가 말했다.

"이놈아, 해를 붙잡아 뒀느냐? 뭘 그렇게 꾸물거려?"

"주먹밥을 좀 싸느라고요."

부자는 갑자기 머슴이 먹을 밥이 아깝게 생각되었다.

"주먹밥은 무슨 주먹밥이야? 이따 돌아와 먹으면 되지. 빨리 가자!"

오후 내내 두 사람이 산에서 잡은 것이라곤 겨우 꿩 한 마리뿐이었다.

"허기져 못 견디겠다. 이 꿩을 구워라. 먹고 내려가자."

얼마 안 가 꿩 익는 고소한 냄새가 나자 부자의 마음이 또 달라졌다.

"우린 짐승이 아니라 사람이니, 시를 한 편씩 지은 후에 먹도록 하자."

글이라는 것을 지어본 적이 없는 머슴은 당황스러웠다.

"허허, 글이라는 게 별게 아니다. 마음에서 일어나는 흥취를 표현하면 된

다. 끝말에 '까' 자를 넣어 석 줄로 지어야 한다."

시상을 잡으려고 부자가 눈을 감는데 머슴의 목소리가 들려 왔다.

"다 구워졌을까? 맛있을까? 어디 한 번 먹어 볼까?"

부자가 눈을 뜨자, 머슴의 입 안으로 꿩 다리 하나가 들어가고 있었다.

"아니, 이놈아! 이런 법이 어디 있느냐?"

"다 구워졌을 '까'? 맛이 있을 '까'? 어디 한 번 먹어 볼 '까'? '까'가 세 번 들어갔는데요? 먼저 지은 사람이 다 먹기로 했으니 먹을 수밖에요."

부자는 할 말을 잃었다. 머슴은 살이 많은 한쪽 다리를 뜯어 부자에게 건넸다. 체면이 없어진 부자가 고개를 젓자, 머슴이 권하며 말했다.

"주인님, 제가 이겼다고 꿩고기를 혼자 다 먹겠습니까? 그러면 어찌 사람이라 하겠습니까?"

32

겪어 본 후에야 알게 된다

낮은 곳에 살아 본 후에야 높은 곳에 올라가는 것이 위태롭다는 것을 알게 되고, 어두운 곳에 있어 본 후에야 밝은 빛이 눈부신 줄 알게 된다. 조용한 생활을 해본 후에야 분주하게 움직이기 좋아함이 수고로운 것임을 알게 되고, 침묵하는 것을 배운 후에야 말 많은 것이 시끄러운 줄 알게 된다.

居卑而後 知登高之爲危 處晦以後 知向明之太露
거 비 이 후　 지 등 고 지 위 위　 처 회 이 후　 지 향 명 지 태 로

守靜以後 知好動之過勞 養默以後 知多言之爲躁
수 정 이 후　 지 호 동 지 과 로　 양 묵 이 후　 지 다 언 지 위 조

동네 꽃가게에서 꽃을 사면서 물어본 적이 있다.

"예쁜 꽃을 날마다 원없이 보고 사시니 좋으시겠어요. 부러워요."

"그래서 저도 가게를 시작했긴 했지요."

"꽃향기에 묻혀 사시니 좋으시죠?"

"아유, 아니에요. 이 일도 정말 만만치 않아요. 화분들을 이리저리 옮기는 일도 힘들고요. 꽃이 빨리 시들기 때문에 관리를 아주 잘해야 해요. 또 꽃시장은 새벽 일찍 나가야 하니까 늘 편한 잠도 못 자고요."

우리는 겉으로 보는 것만 동경하는 경우가 많은데, 자기가 직접 체험하고 겪어보지 못하면 진정한 실태를 알 수 없다.

겉으로 보이는 것만으로 무엇이든 평가하고 단정을 내려서는 안 된다. 또 좋아 보인다고 해서 내가 할 수 있는 일인 것도 아니다.

치킨 가게나 피자 가게를 창업하고 싶은 사람은 우선 그 가게에 직원으로 들어가서 고생하며 몸으로 체험을 해보는 이유가 다 여기에 있다.

장점과 단점을 정확히 알기 위해서 경험은 가장 중요한 스승이 되기 때문이다.

33

마음을 묶고 있는 얽매임을 떨쳐 버리라

부귀와 공명에 얽매인 마음을 다 털어 버려야 비로소 평범하고 속된 것에서 벗어날 수 있고, 도덕과 인의에 얽매인 마음을 다 벗어 버려야 비로소 성인의 경지에 들어갈 수 있다.

放得功名富貴之心下, 便可脫凡. 放得道德仁義之心下, 纔可入聖.
방 득 공 명 부 귀 지 심 하　 편 가 탈 범　 방 득 도 덕 인 의 지 심 하　 재 가 입 성

· · · · · ·

고려 명종 때 무신 현덕수는 서경에서 조위총의 난이 일어나자 연주성을 지킴으로써 주민들의 추대를 받아 권행병마대사가 되었다. 그가 지방살이를 마치고 개성으로 돌아와 집을 장만하기 위해 애쓰던 중 노극청의 아내가 남편이 지방에 내려간 사이 현덕수에게 백금 12근을 받고 집을 팔았다.

이를 안 노극청은 즉시 현덕수를 찾아갔다.

"더 받은 돈을 돌려드리려고 왔습니다. 내가 당초 백금 9근으로 이 집을 사서 여러 해 살면서 칸수를 늘리지도 않고 보수도 하지 않았는데 12근을 받았으니 그게 어찌 옳은 일이겠습니까?"

현덕수가 만류했지만 그는 기어이 차액 3근을 돌려주고 돌아갔다.

이에 평소 불의를 행하지 않던 현덕수는 고민이 되었다.

'흠, 내가 노극청만 못해서야 되겠는가?'

현덕수는 돌려받은 차액을 그대로 절에 시주했다고 한다.

34
독단적인 생각이
마음을 갉아먹는 해충이다

이익을 얻으려는 욕심이 다 마음을 갉아먹는 것이 아니라, 고집스러운 독단적인 생각이 바로 마음을 갉아먹는 해충이고, 애욕이 반드시 도를 가로막는 것이 아니라 자기를 총명 하다고 보는 생각이 바로 도를 가로막는 장애가 되는 것이다.

利欲未盡害心. 意見乃害心之蟊賊.
이 욕 미 진 해 심   의 견 내 해 심 지 모 적
聲色未必障道. 聰明乃障道之藩屛.
성 색 미 필 장 도   총 명 내 장 도 지 번 병

1942년 제2차세계대전 중 독일의 히틀러는 그 추운 겨울날 30만 명의 독일군에게 소련의 모스크바를 침략, 점령하라는 명령을 내렸다.

불가능하다는 참모진들의 말에도 아랑곳하지 않은 히틀러는 자신의 명령이 취소될 수 없음을 주장했다. 결국 독일군은 넉넉하지 못한 식량과 매서운 추위에는 제대로 쓰지도 못하는 무기를 가지고 진격을 감행했다. 그리고 그 결과 독일군은 20만 명이 전사하고, 9만 명은 포로가 된 치명적 패배를 했다. 살아 돌아온 병사는 겨우 6천 명 가량이었다. 히틀러 한 사람의 욕망과 고집으로 말미암아 수많은 아까운 인명이 희생된 것이다.

자기가 옳다고 생각하는 것도 주위 사람들에게 조언을 구해 보는 신중한 태도와 겸허한 자세가 필요하다. 한 사람의 생각보다 두 사람의 생각이 지혜롭고, 두 사람의 생각보다 열 사람의 중지를 모으는 것이 훨씬 더 안전하고 바람직하다는 것을 간과해서는 안 된다.

35

적절히 양보하는 덕을 기르라

사람의 마음은 쉽게 변하고 세상살이는 험난하다. 그러므로 나아가기 어려운 곳에서는 모름지기 한 걸음 뒤로 물러서는 법을 알아야 하고, 쉽게 나아갈 수 있는 곳에서도 적절히 양보하는 덕을 길러야 한다.

人情 反覆 世路 崎嶇 行不去處 須知退一步之法
인 정 반 복 세 로 기 구 행 불 거 처 수 지 퇴 일 보 지 법
行得去處 務加讓三分之功.
행 득 거 처 무 가 양 삼 분 지 공

　•　•　•　•　•　•

　사람의 한평생은 희로애락이 날줄과 씨줄처럼 점철되어 이어진다. 늘 한 결같을 수만은 없다. 어제는 희망에 한껏 부풀었다가도 오늘은 낙담으로 어깨를 웅크리기도 한다. 또한 어제의 적이 오늘의 친구가 되기도 하고, 싫어했던 사람한테서 뜻하지 않은 큰 도움을 입기도 하고, 좋아했던 친구한 테서 예상 못했던 배신을 당하기도 한다.

　그러므로 어떤 상황이 닥치더라도 그 상황 속에 주저앉아서는 안 된다. 자기에게 불행한 일이 생겼을 때는 그 불행의 그늘 속에 숨어 있는 눈부신 행복을 바라볼 줄 알아야 한다. 그러면 어떤 불행이라도 이겨 낼 수 있는 용기를 얻을 수 있을 것이다. 또한 더 바랄 것 없이 행복할 때는 그 행복의 그늘 속에 숨어 있는 어두운 불행을 바라볼 줄 알아야 한다. 그러면 언제나, 좋을 때나 좋지 않을 때, 겸손한 마음과 조심스러운 태도를 간직할 수 있을 것이다.

36

사람을 대할 때는 균형을 잘 잡으라

소인배는 엄히 대하기가 어려운 것이 아니라 너그러운 마음으로 미워하지 않는 것이 더 어렵고, 참된 분을 모실 때에는 공손하기가 어려운 것이 아니라 공손이 지나쳐 비굴해지 지 않도록 예절을 지키는 것이 더 어렵다.

待小人, 不難於嚴, 而難於不惡. 待君子, 不難於恭, 而難於有禮.
대 소 인   불 난 어 엄   이 난 어 불 오   대 군 자   불 난 어 공   이 난 어 유 례

- - - - - -

춘추전국시대에 종횡가로 손꼽히는 소진이 있었다. 그는 본래 낙양 사람 으로 수년 동안 제후들에게 유세하러 다니기도 했으나 모두 실패하여 결국 실의에 빠진 채 고향으로 돌아왔다. 그의 낙향에 아내와 형제들은 말할 것 도 없고, 그의 형수는 노골적으로 경멸하며 비웃었다.

소진은 두문불출하고 마침내 종횡의 이론을 생각했다.

소진은 연나라와 조나라로 가서 제, 초, 위, 한 등 6개 나라가 연합하여 막 강한 진나라에 대항하자는 건의를 했다. 결국 그의 주장이 받아들여져 6국 은 소진을 승상의 지위까지 맡겨 진나라를 무력하게 만들었다.

어느 날 소진은 북방에 있는 조나라에 가게 되었는데, 옛날 생각이 나서 고향에 잠시 들르기로 했다. 그가 집에 도착하자, 그의 형제와 아내는 감히 그를 쳐다보지도 못하고 곁눈질하며 시중을 들었다. 특히 형수의 태도는 더욱 공손하였다.

소진은 그 모습을 보고 형수에게 물었다.

"옛날에는 무척 거만했는데, 지금은 이다지도 공손해지셨습니까?"

"이제는 서방님의 지위가 높아 감히……."

이 말을 듣고 난 소진은 한탄하며 이렇게 되뇌었다.

"나는 예나 지금이나 똑같은 소진인데, 부귀할 때는 남들이 두려워하고 빈천할 때는 멸시하니, 부와 명예가 이렇게도 대단하던가!"

37

깨끗한 이름을 남기도록 하라

차라리 순박함을 지키고 총명함을 물리쳐 약간의 바른 기운을 남겨 천지에 돌려주고, 차라리 화려함을 사양하고 담담함을 달게 여겨 하나의 깨끗한 이름을 세상에 남기도록 하라.

寧守渾噩, 而黜聰明, 有些正氣還天地.
영 수 혼 악   이 출 총 명   유 사 정 기 환 천 지

寧謝紛華, 而甘澹泊, 有個淸名在乾坤.
영 사 분 화   이 감 담 박   유 개 청 명 재 건 곤

⸙ • • • • •

페스탈로치는 25세 때에 고향 취리히 근처에 땅을 마련하여 이상적 농촌을 경영하였으나 실패하였다.

28세 때에는 그곳에 빈민학교를 설립하고, 교육을 받지 못하는 가난한 아이들을 모아 일을 주고 인간적 교양을 가르치고자 노력했지만 극심한 재정난 때문에 문을 닫게 되었다.

프랑스 혁명의 여파로 스위스에 새 공화국이 수립되고, 이를 반대하여 슈탄츠 지방에 내란이 발생하여 그 지방에서만 4백 명을 헤아리는 고아가 생기자 그들을 구제할 목적으로 고아원을 시작하고, 80명의 어린이들을 모아 교육했지만 반년도 못되어 그것도 실패하고 말았다.

그는 또 이상적 학교를 꿈꾸고 죽기까지 약 20년 동안 그 일에 몰두하여, 한때 큰 성공을 거두어 명성도 널리 퍼지고 세계 각처에서 견학 오는 사람들도 많았다. 그러나 뒤에 직원과의 불화로 인해 결국 문을 닫고 낙향했다.

그는 이와 같은 역경 속에서 실패만을 되풀이한 80년의 생애를 마쳤다.

　그러나 오늘날 우리는 그를 실패자로 기억하지 않는다. 비록 평생에 걸친 그의 사업이 좌절과 실패의 고배를 마셨지만, 그는 여전히 교육 역사상 가장 위대한 스승 중의 한 사람으로 남아 있다.

38

먼저 자신의 마음부터 굴복시켜라

악마를 굴복시키려면 먼저 자기의 마음을 다스려라. 자신의 마음이 잘 다스려지면 모든 악마들이 스스로 물러갈 것이다. 남의 횡포를 누르려는 사람은 먼저 자신의 혈기를 다스리라. 스스로 자신의 마음을 다스려 평화로워지면 외부로부터 횡포가 침입하지 못할 것이다.

降魔者, 先降自心. 心伏, 則群魔退聽.
항 마 자   선 항 자 심   심 복   즉 군 마 퇴 청

馭橫者, 先馭此氣. 氣平, 則外橫不侵.
어 횡 자   선 어 차 기   기 평   즉 외 횡 불 침

• • • • • •

어떤 사람이 나이아가라 폭포에서 물을 마셨다. 그리고 옆을 보니 'POISON(독약)'이라고 씌어 있는 게 아닌가. 그때 갑자기 복통이 시작되어 그는 병원으로 달려갔다.

'독약을 마셨으니 이제 곧 창자가 다 녹아 죽게 되겠지.'

이 끔찍한 생각이 온통 그를 지배하고 있었다.

병원에서 의사는 진단을 마치고, 또 그의 이야기를 듣고는 크게 웃었다.

"POISON은 영어로는 '독약'이지만 불어로는 '낚시금지'라는 말입니다. 프랑스 사람들이 나이아가라 폭포 옆에서 하도 많이 낚시질을 해서 프랑스 사람들 보라고 'POISON'이라고 적어 놓은 겁니다."

이 이야기를 듣자 그 사람은 거짓말처럼 하나도 아프지 않았다. 그를 아프게 한 것도 아프지 않게 했던 것도 독약이 아니라 모두 그의 생각이었던 것이다. 마음먹기에 따라서 죽을 수도 살 수도 있다. 마음 파워가 막강한 것이다.

39

친구를 조심해서 사귀게 하라

자녀 교육은 마치 규중의 처녀를 기르는 것과 같으니 무엇보다도 출입을 엄하게 하고 친구를 조심해서 사귀게 해야 한다. 만일 한 번 나쁜 사람과 어울리게 되면, 이것은 마치 깨끗한 밭에 잡초의 씨앗을 뿌리는 것과 같아서 한평생 좋은 곡식을 심기가 어려울 것이다.

教弟子, 如養閨女, 最要嚴出入 謹交遊.
교제자　여양규녀　최요엄출입　근교유

若一接近匪人, 是淸淨田中, 下一不淨種子, 便終身難植嘉禾.
약일접근비인　시청정전중　하일부정종자　변종신난식가화

⁙ • • • • •

요한 웨슬리의 어머니인 수산나는 세계인들에게 훌륭한 어머니상으로 기억되고 있다. 그러나 수산나에게도 속을 무척 썩이는 딸이 있었다.

하루는 수산나가 딸을 불러앉히더니 검정 숯 한 다발을 가져왔다.

"수산나, 숯을 한 번 안아보렴."

"싫어요. 뜨겁잖아요."

"이 숯들은 전혀 뜨겁지가 않단다. 걱정 말고 안아보아라."

"숯을 안으면 손과 옷이 더러워지잖아요."

수산나는 딸을 꼭 껴안으며 말했다.

"사랑하는 딸아, 네 행동도 마찬가지란다. 너의 잘못된 행동이 너에게 화상을 입히지는 않지만 네 영혼을 더럽힌다."

딸은 어머니의 그런 교육 덕택에 못된 고집과 행실을 버렸다. 잘못된 생활은 자신도 모르는 사이에 영혼을 파고든다는 것을 깨달아야 한다.

40

정욕은 처음부터 엄하게 다스리라

정욕에 관한 일은 쉽게 즐길 수 있을지라도 결코 손끝에 물들이지 말라. 한번 손끝에 물들이게 되면 곧 만 길 낭떠러지 아래로 굴러 떨어질 것이다. 바른 길에 관한 일은 비록 어렵더라도 조금이라도 뒤로 물러서서는 안 된다. 일단 한 걸음 물러서게 되면 천 개의 산이 앞을 가로막은 듯 멀어지게 될 것이다.

欲路上事, 毋樂其便而姑爲染指. 一染指, 便深入萬仞.
욕 로 상 사　　무 락 기 편 이 고 위 염 지　　일 염 지　　변 심 입 만 인

理路上事, 毋憚其難而稍爲退步. 一退步, 便遠隔千山.
이 로 상 사　　무 탄 기 난 이 초 위 퇴 보　　일 퇴 보　　변 원 격 천 산

●　●　●　●　●　●

화랑 시절, 김유신이 아끼는 말이 있었다. 당시 김유신은 매일 술집에 드나들고 방탕한 생활을 하였다. 기녀인 천관에게 빠져 정신을 차리지 못했다.

그러던 어느 날 어머니께 심한 꾸중을 듣고 다시는 술집에 가지 않기로 약속을 했다.

'내 어머니와의 약속을 반드시 지킬 것이다.'

그렇게 마음속으로 다짐한 지 얼마 후에 김유신이 말 위에서 잠이 들었는데 일어나 보니 항상 가던 술집이었다. 김유신이 항상 술집으로 말을 타고 가다 보니 습관이 든 말이 자연스레 술집을 찾았던 것이다. 그렇게 되면 어머니와 한 약속을 깨게 되는 것이니까 김유신은 말의 목을 잘라 자기의 나쁜 버릇에서 단호하게 돌아섰다. 자기에게 엄격하여 잘못된 행동을 미리 방지하려는 김유신의 굳은 의지를 보여주고 있다.

41

자기뿐만 아니라
남에게도 후하게 대하라

생각이 깊은 사람은 자신뿐 아니라 남에게도 후하여 모든 일마다 두텁기만 하고, 마음이 담백한 사람은 자기와 남에게 모두 성겁기만 하여 담백하기만 하다. 그러므로 참된 사람은 일상생활의 좋아함과 싫어함에 있어서 지나치게 두텁거나 너무 얇아서는 안 되는 것이다.

念頭濃者, 自待厚, 待人亦厚, 處處皆濃.
염두농자　자대후　대인역후　처처개농
念頭淡者, 自待薄, 待人亦薄, 事事皆淡.
염두담자　자대박　대인역박　사사개담
故君子居常嗜好, 不可太濃艶, 亦不宜太枯寂.
고군자거상기호　불가태농염　역불의태고적

- - - - - -

폭풍우기 몰아치던 어느 날 새벽 1시경, 필라델피아 한 작은 호텔 로비에 노부부가 들어섰다.

"여기 방 하나 얻을 수 있을까요?"

"빈 객실이 없습니다. 하지만 비가 이렇게 쏟아지는데, 괜찮으시다면 제 걱정은 마시고 제 방에서 주무십시오."라고 종업원이 말했다.

다음날 아침 노부부는 숙박비를 거절하는 청년에게 지불하면서 말했다.

"당신은 미국에서 제일 좋은 호텔의 사장이 되어야 할 경영자로군요. 언젠가는 당신을 위해서 호텔을 하나 지어 드리지요."

미소로 배웅하며 청년은 그 말에 별로 신경 쓰지 않았다.

2년 후, 종업원은 어떤 노인으로부터 뉴욕에 와달라는 편지와 비행기 표를 받았다. 그는 시내 중심가에 거대하게 신축한 대리석 호텔로 인도되었다.

노인은 젊은이에게 말했다.

"여기가 바로 당신이 경영하도록 내가 지은 호텔이지요."

젊은 조지 볼트는 너무 놀라 말문을 잃고 서 있었다. 그 노인은 윌리엄 와돌프 아스토였으며, 그 호텔은 당시 유명한 '와돌프 아스토리아 호텔'이었던 것이다.

가난한 조지 볼트, 그는 어려운 노부부에게 몸에 밴 친절을 베풀어 인생이 달라졌다.

42

사람이 뜻을 모으면 하늘도 이긴다

다른 사람이 부를 내세울 때 내게는 인이 있고, 다른 사람이 지위를 내세울 때 나에게는 의로움이 있다. 그러므로 참된 사람은 아무리 지위가 높은 사람에게라도 농락을 당하지 않는다. 사람이 머무를 곳을 안다면 하늘도 그 사람을 이길 수 없고 사람이 뜻을 하나로 모은다면 타고난 기질도 변화시킬 수 있다. 그러므로 참된 사람은 조물주가 정해 준 틀 속에 갇히지 않는다.

彼富我仁, 彼爵我義. 君子固不爲君相所牢籠.
피 부 아 인   피 작 아 의   군 자 고 불 위 군 상 소 뢰 롱
人定勝天, 志一動氣. 君子亦不受造物之陶鑄.
인 정 승 천   지 일 동 기   군 자 역 불 수 조 물 지 도 주

· · · · · ·

미국의 한 가게에서 판매원을 모집했다. 지원자 가운데 세 사람을 뽑아서 시험을 볼 테니 하루 걸러 한 사람씩 오라고 일렀다.

첫날은 로버트였다. 빵 기계를 주면서 체스넛 거리 789번지에 사는 피터슨 부인에게 배달하라고 일렀다. 얼마 후 전화가 왔다.

"번지가 798번지인가요, 879번지인가요?"

가르쳐주자 알았다는 듯이 전화를 끊었다. 로버트는 한참 후 빵 기계를 들고 나타나서는 그런 번지는 없다고 했다.

이튿날은 존이었다. 이 친구도 빵 기계를 든 채 돌아오더니, 789번지는 현재 교회가 들어섰고, 피터슨 부인은 그 옆에서 살다가 이사를 갔다고 보고했다.

3일째는 도슨이었다. 도슨은 웃으며 빈손으로 들어왔다. 도슨이 가보니

역시 피터슨 부인은 이사를 가고 없었다. 이사간 곳을 알아서 찾아갔더니 빵 기계를 주문한 적이 없다고 했다. 도슨은 거기서 물러서지 않았다.

"안 사셔도 좋습니다. 제가 여기까지 찾아왔으니 구경이라도 하십시오."

그는 포장을 풀고 설명했다. 부인은 그 열정에 감동해서 빵 기계를 샀던 것이다.

43

한 걸음 높게 뜻을 세우라

세상 사람보다 한 걸음 높이 서서 뜻을 세우지 못한다면, 마치 티끌 속에서 옷을 털고 진흙 속에서 발을 씻는 것과 같으니 어찌 인생을 달관할 수 있겠는가? 세상을 살아가면서 한 걸음 물러서지 못한다면, 마치 불나방이 등불에 뛰어들고 숫양이 울타리를 들이받다가 뿔이 울타리에 걸리는 것과 같으니 어찌 안락할 수 있겠는가.

立身, 不高一步立, 如塵裡振衣 泥中濯足, 如何超達?
입 신　불 고 일 보 립　여 진 리 진 의　이 중 탁 족　여 하 초 달
處世, 不退一步處, 如飛蛾投燭 羝羊觸藩, 如何安樂?
처 세　불 퇴 일 보 처　여 비 아 투 촉　저 양 촉 번　여 하 안 락

조선시대 숙종 때, 당하관 벼슬에 있던 이관명이 어사의 직함을 갖고 영남지방 사찰을 나갔다. 이관명이 돌아오자 임금은 그를 불러 물었다.

"이번에 돌아본 곳은 어떠했소? 관리들의 민폐가 있었소?"

마음이 곧은 이관명은 어떤 후궁의 소유인 섬에 대해 이실직고하였다.

"통영 관할의 섬 하나가 대궐식구 중 한 분의 소유로 되어 있었는데, 관리의 수탈이 극심해 백성들의 궁핍을 차마 보기 어려웠습니다."

숙종은 화를 벌컥 내며 호통을 쳤다.

"작은 섬 하나를 후궁에게 준 것이 그렇게도 불찰이란 말이오!"

"그 일로 저를 그리 탓하신다면 물러나겠습니다. 파직하여 주시옵소서."

"그만둘 테면 그만두오!"

임금은 승지에게 당장 전교를 쓰라고 명하였다.

"전 수의어사 이관명에게 부제학을 제수한다. 한 장 더 쓰도록 하라.

…… 부제학 이관명에게 홍문제학을 제수한다. 또 한 장 쓰라. 홍문제학 이 관명에게 호조판서를 제수한다.”

감투가 달아날 줄 알았던 이관명은 도리어 3계급 승진이 되었다.

임금은 이관명을 가까이 불러 말하였다.

“그대의 충언으로 잘못을 깨달았소. 앞으로도 그렇게 일해 주오.”

44

오직 정신을 모아
한 길로만 집중하라

학문하는 사람은 오직 정신을 모아 한 곳에 집중해야 한다. 만일 덕을 닦으면서 뜻을 성공이나 명예에 둔다면 진정한 뜻을 이루지 못하게 된다. 또한 책을 읽으면서 읊는 재미나 풍류에 급급하면 깊은 진리에 도달할 수 없다.

學者要收拾精神 倂歸一路 如修德 而留意於事功名譽 必無實詣
학 자 요 수 습 정 신　병 귀 일 로　여 수 덕　이 유 의 어 사 공 명 예　필 무 실 예

讀書而奇興於吟泳風雅 定不深心.
독 서 이 기 흥 어 음 영 풍 아　정 불 심 심

● ● ● ● ● ●

　퇴계 이황은 평생을 물질이나 벼슬에 욕심 없이 학문의 연구에만 뜻을
두고 살았다. 가난한 백성을 다스리는 관리는 가난하게 살아야 한다고 생

각해 스스로 청렴한 생활을 실천했다. 벼슬을 그만둔 뒤에는 고향으로 내려와서 시를 짓고 후배를 가르치면서 오직 저술에만 몰두했다. 그래서 '주자서절요', '계몽전의' 등의 책을 펴냈고, '도산십이곡' 등의 훌륭한 시를 남겼다.

또 정약용이 어렸을 때의 일이다. 아침에 일찍 일어나서 수레에 어려운 책을 가득 싣고 동산을 오르고 있는 것을 보고 한 어른이 그에게 물었다.

"그 책을 다 들고 어디에 가느냐?"

"네, 동산에 책을 읽으려고 갑니다."

저녁 무렵 정약용이 내려오는 것을 그 어른이 다시 보고 물었다.

"책을 다 읽었느냐?"

"네, 다 읽었습니다."

그 어른이 의심스러워서 책의 내용을 물어보니까 다 아는 것이었다. 그만큼 독서량이 많았던 것이다.

45

욕정에 사로잡혀
잘못을 저지르지 말라

사람마다 모두 자비심이 있으니 깨달은 사람과 중생이 두 마음이 아니고, 사람 사는 곳마다 모두 저마다의 참된 맛과 향기가 있으니 황금으로 꾸민 집과 초가집이 서로 다르지 않다. 다만 욕심에 덮이고 욕정에 사로잡혀 한 번 잘못을 저지르게 되면 지척이 천리가 되고 만다.

人人有個大慈悲, 維摩屠劊, 無二心也.
인 인 유 개 대 자 비   유 마 도 회   무 이 심 야

處處有種眞趣味, 金屋茅簷, 非兩地也.
처 처 유 종 진 취 미   금 옥 모 첨   비 양 지 야

只是欲蔽情封, 當面錯過, 使咫尺千里矣.
지 시 욕 폐 정 봉   당 면 착 과   사 지 척 천 리 의

🔅 • • • • • •

끝없는 사막에 조그만 오두막집을 짓고 사는 노인이 있었다. 그곳에는 맑은 샘물과 우거진 야자수가 있었다. 노인은 나그네들에게 시원한 샘물을 퍼주며 기쁨과 보람을 느꼈다.

그런데 언제부턴가 나그네들은 물을 얻어먹고 노인에게 하나둘 동전을 건네주었다. 노인은 이것을 대수롭지 않게 여겼으나 금고에 동전이 쌓여가면서 욕심이 생겼다.

노인은 이제 돈을 모으는 것에 몰입했다. 그리고 샘물을 철저하게 관리하기 시작했다. 심지어 나그네에게 노골적으로 돈을 요구하는 일도 있었다.

어느 날 노인은 샘물이 점점 줄어들고 있음을 알았다.

'음, 잎이 무성한 야자수가 많은 샘물을 흡수하고 있군. 손해가 막심해.'

이렇게 생각한 노인은 야자수를 몽땅 잘라버렸다. 결국 샘물은 말라버렸고, 야자수가 만들어낸 그늘도 없어졌다.

이제 아무도 노인의 오두막집을 찾지 않았다. 노인은 뜨거운 햇볕을 견디지 못해 죽고 말았다.

과욕은 비참한 종말을 낳는다. 행복하고 싶거든 먼저 남을 배려하고 나누고 욕심을 작게 줄여야 한다.

46

탐내고 부러워하는 마음을 버리라

도를 닦고 덕을 기르려면 목석같이 굳은 마음을 가져야 한다. 만일 한번 탐내고 부러워하는 마음이 일어나게 되면 그 길로 물욕의 세계로 곤두박질친다. 세상을 구하고 나라를 다스림에는 흐르는 물이나 구름처럼 맑은 취미를 가져야 한다. 만일 한번 탐욕에 집착하게 되면 그 길로 위험한 지경에 처하게 될 것이다.

進德修道, 要個木石的念頭. 若一有欣羨, 便趨欲境.
진 덕 수 도   요 개 목 석 적 염 두   약 일 유 흔 선   변 추 욕 경
濟世經邦, 要段雲水的趣味. 若一有貪著, 便墮危機.
제 세 경 방   요 단 운 수 적 취 미   약 일 유 탐 착   변 타 위 기

❀ • • • • •

어느 마을에 가난한 신발 장수가 살았다. 손이 부르트도록 신발을 만들면서도 늘 즐거운 표정이었다. 이를 지켜 본 부자 선비는 신발 장수가 몹시 기특했다. 선비는 신발 장수의 집을 찾아갔다.

"일하는 게 참 즐거워 보이오."

"네, 10켤레나 팔았거든요. 내일까지 먹을 양식이 생겼고, 지금 만드는 신발이 팔리면 또 양식을 살 수 있으니 어찌 즐겁지 않겠습니까?"

"여기 있는 신발은 내가 다 사겠소."

선비는 다섯 배의 값을 주고 신발을 다 사 갔다.

며칠 후, 선비가 다시 나타나자 신발 장수는 그다지 반가워하는 눈치가 아니었다.

"선비님께서 주신 돈 때문에 집안이 시끄러워졌지 뭡니까. 아이들과 아내가 새 옷을 사 달라고 떼를 쓰는 바람에 그만 빚까지 졌답니다."

"미안하오. 여기 있는 신발을 다 사겠소. 값을 열 배로 쳐주겠소."

선비는 기어이 많은 돈을 내놓고 신발을 가져갔다.

며칠 뒤에 선비가 찾아왔을 때, 신발 장수는 일도 하지 않고 멍하니 앉아 있었다.

"사람의 마음이 정말 이상하더군요. 선비님께서 비싸게 신발을 사 가신 뒤로, 돈을 쉽게 벌 수도 있다는 생각에 일하기가 싫어졌어요."

미투리 장수의 말에 선비가 고개를 끄덕이며 말했다.

"아, 내 생각이 모자랐구려."

그 후 신발 장수는 옛 생활로 돌아가 부지런히 일하며 즐겁게 살았다.

47

온유하고 온화한 마음을 지니라

착한 사람은 일상적인 행동이 온유하고 자상해서 잠잘 때 정신까지도 온화하지 않음이 없다. 그러나 악한 사람은 하는 일마다 사납고 비뚤어져서 그 목소리와 웃으며 하는 말에도 살벌한 기운이 섞여 나온다.

吉人無論作用安詳, 則夢寐神魂, 無非和氣.
길 인 무 론 작 용 안 상   즉 몽 매 신 혼   무 비 화 기
凶人無論行事狼戾, 則聲音唉語, 渾是殺機.
흉 인 무 론 행 사 낭 려   즉 성 음 소 어   혼 시 살 기

❀ • • • • • •

미국 알펜스에 사는 한 여인은 반신불수가 되어 거동이 자유롭지 못했다. 오랫동안 그저 침대에만 누워 생활하였다. 그녀는 불편한 몸으로도 뭔가를 하고 싶었다.

'살아 있는 사람으로서 아무 일도 하지 않고 살 수는 없다. 내가 누워서 할 수 있는 일을 찾아보자.'

그녀는 다양한 일들을 생각해 보았다. 그리고 결심하고 시작한 것이 그림 그리기였다. 침대에 누운 채로도 그림은 그릴 수 있었기 때문에 그녀는 열심히 그림을 그렸다. 더 이상 그녀는 무료한 침대 생활을 할 필요가 없었다.

드디어 유명한 화가가 된 그녀는 특별히 자신이 살고 있는 지역 안에서 피어나는 모든 들꽃, 즉 야생화들을 그리고 싶었다. 야생화를 전부 모아 오게 하여 전부 다 그렸다. 꾸준히 그리다 보니 500여 종류가 되었다.

"허, 이렇게 섬세하게 잘 그릴 수가!"

보는 사람마다 감탄했고 소문이 하버드 대학에 들어가 대학에서 구입하겠다고 나섰다.

그러나 그 말을 전해 들은 주 당국은 이런 보배를 다른 데 보낼 수 없다 하여 주의 보배로서 예술품으로 잘 보관하겠다고 했다.

불치의 병이었지만 사람으로서의 자긍심을 잃지 않았던 그녀가 삶의 의미를 적극적으로 찾고 도전했을 때 몸의 장애는 그녀의 면류관이 되었다.

48
어두운 곳에서도 죄를 짓지 말라

간이 병들면 눈이 멀게 되고 콩팥이 병들면 귀가 들리지 않는다. 병은 남들이 보지 못하는 곳에 들지만 반드시 남들이 모두 다 볼 수 있는 곳에 나타난다. 그러므로 참된 사람은, 밝은 곳에서 죄를 짓지 않으려면 먼저 어두운 곳에서 죄를 짓지 않아야 함을 안다.

肝受病, 則目不能視. 腎受病, 則耳不能聽.
간 수 병   즉 목 불 능 시   신 수 병   즉 이 불 능 청

病受於人所不見, 必發於人所共見.
병 수 어 인 소 불 견   필 발 어 인 소 공 견

故君子欲無得罪於昭昭, 先無得罪於冥冥.
고 군 자 욕 무 득 죄 어 소 소   선 무 득 죄 어 명 명

정조 때의 명신인 정홍순은 영조 21년 문과에 급제한 후 좌의정까지 올랐다. 그가 과거에 합격하기 전, 동구릉에 다녀오는 영조의 행차를 구경하고 돌아올 때였다. 갑자기 소나기가 쏟아지기 시작했다. 정홍순은 항상 가지고 다니던 갈모를 꺼내 썼다. 그리고 여분으로 있던 갈모를 젊은 선비에게 선뜻 빌려 주었다. 마침 선비가 사는 곳이 이웃 동네였다.

"어느 댁인지 알려 주시면 날이 밝는 대로 돌려 드리겠습니다."

정홍순은 집의 위치를 설명해 주었다. 정홍순은 어쩐지 그 젊은 선비가 미덥지 않아, 사는 곳과 이름을 알아두었다. 다음날 정홍순은 하루 종일 그 젊은 선비를 기다렸으나 그는 오지 않았다. 며칠 후 그는 직접 선비의 집을 찾아갔는데 없다고 하여 만나지 못했다.

그 후 20여 년이 지나서 호조판서인 정홍순에게 새로 좌랑 벼슬에 임명

된 벼슬아치가 인사하러 찾아왔다.

그런데 자세히 보니 그는 분명히 20여 년 전에 갈모를 빌려 갔던 그 선비였다. 다짜고짜 정홍순은 호통을 쳤다.

"20년 전, 비 오는 날 갈모를 빌려 간 걸 기억하지 못하겠나?"

그 사람은 정홍순을 바라보더니 이내 고개를 폭 숙였다. 그가 변명을 늘어놓으려 하자 정홍순이 정색을 하며 그 말을 가로막고 입을 열었다.

"갈모가 하찮은 물건이긴 하지만 신의가 없는 행동을 했네. 그런 사람에게 어찌 나라의 중대한 자리를 맡길 수 있겠는가? 돌아가게."

정홍순은 파직시키는 게 좋겠다는 뜻의 글을 올렸다. 정홍순의 뜻이 받아들여져 좌랑 벼슬에서 밀려난 그는 끝내 벼슬길에 오를 수 없었다.

49

일에 시달려본 사람만이
일 적음이 복인 줄 안다

일이 적은 것보다 더한 복이 없고, 마음 쓸 일이 많은 것보다 더한 화가 없다. 그러므로 오직 일에 시달려 본 사람이라야 일이 적은 것이 복됨을 알고, 마음이 평안한 사람이라야 마음 쓸 일이 많은 것이 화임을 알게 된다.

福莫福於少事, 禍莫禍於多心.
복 막 복 어 소 사   화 막 화 어 다 심
唯苦事者, 方知少事之爲福. 唯平心者, 始知多心之爲禍.
유 고 사 자   방 지 소 사 지 위 복   유 평 심 자   시 지 다 심 지 위 화

얼마 전에 빌 게이츠가 과로로 병원에 입원했다는 기사를 본 적이 있다. 일이 많고 돈이 많은 것이 100% 복만은 아니라는 생각도 든다. 자칫하면 건강을 잃을 수도 있기 때문이다. 만성피로와 과로사의 위험이 따르는 것을 알고 주의해야 한다.

빌 게이츠는 돈을 더 벌고 싶어서가 아니라 일이 그렇게 좋아서 몰두한다고 한다.

마이크로소프트 창업주 빌 게이츠는 몇 년째 전세계 부자 순위에서도 1위나 상위권을 유지하고 있는 건지 모를 정도로 갑부인데, 빌 게이츠의 재산으로 보스턴시의 모든 주택을 살 수 있다는 조사 결과가 나왔다고 한다. 빌 게이츠의 자산은 775억 달러로 우리 돈으로 환산하면 79조 2천억 원이라고 한다. 그래서 보스턴 시에 있는 단독 가옥과 콘도, 타운하우스 등 주택 11만 4,212채를 구입할 수 있다고 한다.

언젠가 한 TV 방송에 나와 미국의 세금 얘기를 하면서 돈 많은 사람이 세금을 더 내는 게 당연하다고 말한 적이 있다. 공개된 자리에서 그런 말을 하기는 부담스러울 텐데 전혀 그런 모습이 없었다.

빌 게이츠 가문은 3대째 기부 전통을 이어오고 있다. 빌 앤 멜린다 게이츠 재단을 통해 세상을 좀더 살기 좋게 바꾸는 일에 노력하고 있다.

50

보통 사람은
너그럽고도 엄하게 대하라

태평한 세상에 살 때는 몸가짐을 방정하게 하고, 어지러운 세상에 살 때는 마땅히 원만해
야 하며, 평범한 세상에 살 때는 마땅히 떳떳하면서도 원만하여 적절하게 처신해야 한다.
선량하고 착한 사람을 대할 때는 마땅히 너그러워야 하고, 악한 사람을 대할 때는 마땅히
엄격해야 하며, 평범한 보통 사람을 대할 때에는 마땅히 너그러움과 엄격함을 함께 지녀
적절하게 대해야 한다.

處治世, 宜方. 處亂世, 宜圓. 處叔季之世, 當方圓並用.
처 치 세　의 방　처 란 세　의 원　처 숙 계 지 세　당 방 원 병 용

待善人, 宜寬. 待惡人, 宜嚴. 待庸衆之人, 當寬嚴互存.
대 선 인　의 관　대 악 인　의 엄　대 용 중 지 인　당 관 엄 호 존

• • • • • •

안회는 배움을 좋아하고 성품도 좋아 공자의 총애를 받는 제자 중의 하
나였다. 하루는 공자의 심부름으로 시장에 들렀다가 한 포목점 앞에서 가
게주인과 손님이 시비가 붙어 소란스러운 것을 보았다.

"3 8은 분명히 23인데 당신이 왜 나한테 24전을 달라느냐 말이야."

안회는 이 말을 듣자마자 바로 정정을 해주었다.

"3 8은 분명히 24인데 왜 23입니까? 당신이 잘못 계산을 한 것입니다."

포목 사러 온 사람은 안회의 코를 가리키면서 "누가 너더러 나와서 따지
라고 했냐? 도리를 평가하려거든 공자님을 찾아야지."

"좋습니다. 만약 공자께서 당신이 졌다고 하시면 어떻게 할 건가요?"

"그러면 내 목을 내놓을 것이다. 그런데 너는?"

"제가 틀리면 관(冠)을 내놓겠습니다."

공자는 사건의 전말을 다 듣고 나서 안회에게 웃으면서 "네가 졌으니 이 사람에게 관을 벗어 내주거라."고 했다. 안회는 순순히 관을 벗어 포목 사러 온 사람에게 주었다. 그 사람은 의기양양, 관을 받아 돌아갔다.

"네가 지게 되면 그저 관 하나 내줄 뿐이지만, 그 사람은 목숨을 내놓아야 하지 않겠는가? 관이 더 중요한가, 사람 목숨이 더 중요한가?"

안회가 비로소 이치를 깨닫게 되어 공자 앞에 다시 무릎을 꿇고 큰 절을 올리면서 말을 했다.

"부끄럽습니다. 대의를 중요시하고 보잘것없는 작은 시비를 무시하는 스승님의 그 도량과 지혜에 탄복할 따름입니다."

그 이후부터 안회는 그의 스승 곁을 떠난 적이 없었다.

51

잘못한 일은 마음 깊이 새겨두라

내가 남에게 베푼 일은 마음에 새겨두지 말고, 잘못한 일은 마음 깊이 새겨두어야 한다.
남이 내게 베푼 일은 잊지 말고, 내가 남에게 원한이 있거든 잊어야 한다.

我有功於人, 不可念, 而過則不可不念
아 유 공 어 인   불 가 념   이 과 즉 불 가 불 념
人有恩於我, 不可忘, 而怨則不可不忘.
인 유 은 어 아   불 가 망   이 원 즉 불 가 불 망

어느 날 저녁, 미국의 황야에 살던 한 개척자의 집에 지치고 허기진 인디
언 한 사람이 와서 먹을 것을 청했다. 개척자는 거칠게 퍼부었다.

"네게 줄 것은 아무것도 없어. 가라! 인디언놈아!"

인디언은 잠시 그 개척자를 흘겨보더니 가 버렸다. 그런 일이 있은 뒤 며칠이 지나서 개척자는 사냥하러 갔다가 깊은 숲 속에서 그만 길을 잃고 말았다. 저녁이 되어 희미한 불빛을 보고 그곳을 향해 갔다. 그는 그 불빛이 어떤 인디언의 막사 안에서 비쳐 오는 것을 알았다. 그는 막사에 가서, 자기 집으로 가는 길을 물었다. 그러나 그 인디언은 만류하며 말했다.

"길이 아주 멉니다. 만일 당신이 숲 속에서 헤매면 굶주린 늑대들의 밥이 될 것입니다. 오늘은 저의 집에서 머물고 내일 떠나도록 하십시오."

그 인디언은 그를 위해 사슴 고기를 굽고 물을 주고, 잠자리까지 정성스럽게 만들어 주었다. 다음날 아침 인디언은 그 개척자를 깨우며 말했다.

"제가 길을 안내해 드리겠습니다."

그래서 둘은 길을 떠났다. 개척자의 집이 가까워지자 인디언이 물었다.

"혹시 나를 기억합니까?"

"이전에 한 번 만난 적이 있다는 생각이 듭니다."

"그렇습니다. 당신은 당신 집 문간에서 저를 보았습니다. …… 당신에게 한마디 충고를 하겠습니다. 다시는 당신에게 먹을 것이나 마실 것을 조금만 달라고 청하는 사람에게 '가! 인디언놈아!' 하고 말하지 마십시오."

개척자는 부끄러움에 얼굴을 붉히며 진심으로 용서를 빌었다.

52

베푼 은혜를 따져
보답을 바라지 말라

은혜를 베푼 사람이 안으로 자신을 의식하지 않고 밖으로 남에게도 나타내지 않는다면 곡식 한 알이 뿌려져서 온 들판을 덮은 것과 같고, 남에게 베푸는 사람이 자기의 은혜 베푼 것을 따져서 남에게 보답을 강요한다면 비록 수십억의 재물을 베풀었다고 해도 한 푼의 공로도 없는 것이다.

施恩者, 內不見己, 外不見人, 則斗粟可當萬鍾之惠.
시 은 자   내 불 견 기   외 불 견 인   즉 두 속 가 당 만 종 지 혜
利物者, 計己之施, 責人之報, 雖百鎰難成一文之功.
이 물 자   계 기 지 시   책 인 지 보   수 백 일 난 성 일 문 지 공

위무는 진(晉)나라의 대부였다. 그에게는 아름다운 첩이 한 명 있었다. 어느 날 위무가 병으로 몸져눕게 되었다. 아직 정신이 맑을 때 그는 아들 위과에게 일러 말하였다.

"내가 죽으면 첩을 좋은 사람에게 개가시켜 주어라."

그러나 그 뒤 병이 깊어져 죽게 되자 위무는 또 유언을 하였다.

"내가 죽으면 저 첩을 나와 함께 순장을 시켜라."

위무가 죽자 아들은 아버지의 어떤 유언을 따를지 생각하였다.

'차라리 정신이 있을 때의 명령을 좇아서 개가를 시키리라.'

그리하여 위과는 서모를 개가시켜 순장을 면하게 하였다.

후에 진(晉)나라와 진(秦)나라 사이에 전쟁이 일어나서 위과가 전쟁에 나갔다. 진나라의 장수 두회와 싸우다가 위험한 지경에 이르렀을 때, 두회가 풀에 걸려 넘어지는 바람에 위과가 두회를 사로잡아 뜻밖에도 큰 전공을 세울 수

가 있었다.

그날 밤, 위과의 꿈속에 한 노인이 나타났다. 그는 그가 개가를 시켜준 서모의 아버지의 망혼이었다.

"나는 그대가 출가시켜 준 여인의 아비요. 그대는 아버님이 정신이 맑을 때의 유언에 따라 내 딸을 개가시켜 주었소. 그때 이후로 나는 그대에게 보답할 길을 찾았는데 이제야 그 은혜를 갚게 되었구려."

53

세상일에 균형을 잘 잡으며 살라

사람들의 형편을 보면 다 달라서 많이 가진 이도 있고 못 가진 이도 있는데, 어찌 나만 홀로 다 가지려고 할 수 있겠는가. 또 자기의 마음을 보더라도 도리에 맞는 것도 있고 맞지 않는 것도 있는데, 어찌 모든 사람이 다 도리에 맞기를 바랄 수 있겠는가. 이같이 자신과 남을 견주어 가면서 자신을 다스려 나간다면 이것도 세상을 살아가는 한 방편이 될 것이다.

人之際遇, 有齊有不齊, 而能使己獨齊乎?
인 지 제 우   유 제 유 부 제   이 능 사 기 독 제 호

己之情理, 有順有不順, 而能使人皆順乎?
기 지 정 리   유 순 유 불 순   이 능 사 인 개 순 호

以此相觀對治, 亦是一方便法門.
이 차 상 관 대 치   역 시 일 방 편 법 문

● ● ● ● ● ●

　'자살'이라는 말을 바꾸어 읽으면 '살자'가 된다. 냉랭하게 느껴지는 '남'이라는 말에 한 획만 빼면 '님'이 되고, 힘든 말에 한 획을 더하면 '짐'

은 무거움을 벗고 가뿐한 '잠'이 된다. '벌'은 사람의 생명을 빼앗을 수도 있는 독침을 잊고 반짝이는 '별'이 된다. '악'은 나쁜 모양새를 버리고 좋은 사람을 살리는 '약'이 된다. 힘든 '일'에서도 한 획을 더하면 정신의 줏대인 '얼'이 된다. '징' 그렇게 싫던 사람도 '정' 겹게 느껴지게 된다.

마음을 긍정적으로 너그럽게 가지면 모든 일에 균형을 잡을 수 있다. 가장 중요하고 필수적인 것은 공짜가 아닌가. 인간에게 없어서는 안 되는 공기나 물, 이것이 공짜인데 더 많이 가지려고 마음을 고통스럽게 하지 말자. 세상과 나 사이에서, 사람과 나 사이에서 균형을 잘 유지하고 살아가는 일도 세상을 사는 지혜일 것이다.

"후회가 꿈을 대신하는 순간부터 우리는 늙기 시작한다."

미국의 전 대통령인 지미 카터의 말이다.

54

마음 바탕을 깨끗이 한 후에
배우고 익히라

마음 바탕을 깨끗이 한 다음에야 비로소 책을 읽어 옛것을 배울 수 있다. 그렇지 않으면 한 가지 착한 일을 보는 대로 훔쳐 자기 욕심을 채우고, 한 가지 착한 말마저도 자기의 잘못을 덮는 데 쓸 뿐이다. 이는 곧 적에게 군사를 대주고 도둑에게 양식을 대주는 것과 같다.

心地乾淨, 方可讀書學古. 不然, 見一善行, 竊以濟私,
심 지 건 정　방 가 독 서 학 고　불 연　견 일 선 행　절 이 제 사

聞一善言, 假以覆短. 是又藉寇兵而齎盜糧矣.
문 일 선 언　가 이 부 단　시 우 자 구 병 이 재 도 량 의

사람의 마음속에는 본디 선을 추구하는 양심이 있다. 그런데 살아 나가면서 욕심이 마음을 더럽히기 시작한다.

먹고 입고 사는데 불편함이 없으면 자족할 일이지, 열등의식을 느낀다거나, 더 많이 갖겠다는 생각으로 악을 행하는 것은 큰 잘못이다.

욕심을 버리면 다시 마음이 차분히 안정되고 정결한 기쁨을 맛볼 수 있다.

마음이 깨끗하게 되었을 때 학문을 하고, 벼슬도 해야 한다. 마음을 제대로 닦지도 않은 사람이 지식을 쌓아 높은 벼슬자리에 오른다면 어떻게 될까? 이는 고양이에게 생선을 맡기는 것처럼 위태롭고 불안한 일이 아닐 수 없다. 분명 지식과 학식을 모조리 자기의 욕심을 채우는 데에만 사용하게 될 테니까 말이다. 부정부패와 권력남용의 악순환이 계속될 뿐이다.

사회의 공직에 나가려는 생각이 있는 사람이면 먼저 마음을 닦아 타의 모범이 될 수 있는 도덕성이 몸에 배어 있어야 한다.

55
가난하면서도 여유 있는 것이 낫다

사치스러운 사람은 부유해도 만족하지 못하니, 어찌 검소한 사람이 가난하면서도 여유 있는 것과 같을 수 있겠는가. 일에 능숙한 사람이 애써 일하고서도 원망을 불러들이니, 어찌 서투른 사람이 한가로우면서도 본래 성품을 지키는 것과 같을 수 있겠는가.

奢者, 富而不足. 何如儉者, 貧而有餘.
사 자　부 이 부 족　　하 여 검 자　빈 이 유 여

能者, 勞而府怨. 何如拙者, 逸而全眞.
능 자　노 이 부 원　　하 여 졸 자　일 이 전 진

한나라의 엄군평은 점을 치는 것이 생업이었다. 그러나 그는 다른 점쟁이들과는 달리 일정한 액수만 벌면 손님을 받지 않았다. 엄군평은 부리나케 가게문을 닫고 자신의 책을 쓰기 위해 공부를 하곤 하였다.

옛날에는 이렇듯 엄군평처럼 벼슬을 하지 않고 숨어서 학문을 닦는 사람이 꽤나 많았다. 엄군평의 이름이 나라 안에 퍼져 나가자, 실력을 아까워하며 벼슬자리에 추천하고 싶어하는 사람도 많았다. 엄군평은 늘 정중히 거절하곤 했다.

하루는 어떤 이름난 부자가 엄군평을 찾아왔다. 이 무렵엔 재물이 넉넉해야 벼슬길에 오를 수 있었다.

"재물이 없다면 내가 넉넉히 뒤를 돌봐 드리겠소이다."

부자는 자신만만하게 말했다.

그 말을 들은 엄군평은 벌컥 화를 냈다.

"나는 재물이 풍부하고 그대는 모자란데 어찌 나를 돕겠다고 하시오?"

엄군평의 말에 부자는 어이가 없었다.

"나는 부자고 그대는 가난한데 말을 바꿔 하는구려."

"천만에요. 언젠가 그대를 만나러 갔더니 한밤중에도 일이 끝나지 않아 정신없이 바쁘더군요. 반면에 나는 늘 하루해가 지기 전에 일을 마치고도 돈이 남아돌고 있소. 어찌 나를 가난하다 하시오? 내게 재물을 주는 사람은 내 정신을 흐리게 하고, 나를 유명하게 하는 사람은 내 몸을 죽이기 때문에 벼슬을 거절하는 것이오."

엄군평의 말에 부자는 더 이상 할 말을 잃었다.

56

관복을 입은 도둑이 되지 말라

글을 읽으면서 그 속에서 성현을 보지 못한다면 그는 글이나 베끼는 사람이 될 것이고, 벼슬자리에 있으면서도 백성을 자식같이 사랑하지 않는다면 그는 관복을 입은 도둑에 지나지 않는다. 학문을 가르치면서도 몸소 실천하지 않는다면 말로만 거창하게 떠들어대는 일이 될 것이고, 사업을 하면서도 덕을 베풀 생각을 하지 않는다면 그 사업은 한때 눈앞에 피었다가 지는 꽃같이 되고 말 것이다.

讀書, 不見聖賢, 爲鉛斬傭. 居官, 不愛子民, 爲衣冠盜.
독 서　불 견 성 현　위 연 참 용　거 관　불 애 자 민　위 의 관 도
講學, 不尙躬行, 爲口頭禪. 立業, 不思種德, 爲眼前花.
강 학　불 상 궁 행　위 구 두 선　입 업　불 사 종 덕　위 안 전 화

⊛ • • • • • •

화신은 청나라 최전성기인 건륭 황제 때, 황제의 특별한 총애를 받아 국정을 마음껏 요리한 사람이었다. 화신은 무려 20년 동안 마음껏 권력을 휘두르면서 미친 듯이 뇌물을 챙기고 온갖 부정한 짓을 다하여 무려 은화 8억 냥에 해당하는 재산을 보유하게 되었다.

그 당시 세계 최대의 제국으로 자타가 공인하던 청나라의 1년 예산 총액이 7천만 냥에 불과했고, 베르사유 궁전을 지은 프랑스의 절대 군주 태양왕 루이 14세가 지녔던 사유재산의 총액이 중국돈으로 환산해 2천만 냥에 불과했다는 사정을 안다면, 화신이 지니고 있었다는 재산의 규모를 가히 짐작할 수 있을 것이다.

그러나 1799년, 화신이 하느님처럼 믿고 의지하던 건륭제가 89세의 나이로 승하하자 미처 10일이 지나지 않아서 화신은 뭇 사람들에 의하여 탄핵

의 대상이 되었다. 그때 그의 죄목은 무려 20가지에 이르러, 결국 그는 사형을 당했다.

평소에 금전의 출납은 반드시 자기 손으로 하고 수많은 처첩들에게 지급되는 생활비마저 아까워서 그들로 하여금 매일 죽을 먹고살도록 하면서까지 모았던 그 엄청난 재산은 한푼도 남지 않고 전부 국고에 환수되고 말았다.

화신은 과연 누구를 위해 그토록 재산을 모았는가?

57

진정한 보람을 얻으려면
본래의 참마음을 찾으라

사람마다 마음속에 참된 문장, 즉 이성이 있으나 모두 옛사람들의 부스러기 글 때문에 갇혀 있고, 모든 사람의 마음속에는 저마다 한 가닥의 참된 음악, 즉 감성이 있으나 세상의 천박한 가무에 모두 묻혀 버린다. 그러므로 배우는 사람은 하찮은 외부의 사물을 쓸어버리고 본래의 참마음을 찾아야 비로소 진정한 보람을 얻게 된다.

人心有一部眞文章, 都被殘編斷簡封錮了.
인 심 유 일 부 진 문 장　　도 피 잔 편 단 간 봉 고 료

有一部眞鼓吹, 都被妖歌艶舞湮沒了.
유 일 부 진 고 취　　도 피 요 가 염 무 인 몰 료

學者須掃除外物, 直覓本來, 纔有個眞受用.
학 자 수 소 제 외 물　　직 멱 본 래　　재 유 개 진 수 용

❀ • • • • • •

욕심 없는 송나라 재상인 자한의 이야기다. 희귀한 보석을 가지고 있던 어떤 사람이 당시 높은 벼슬에 있던 자한에게 바치려고 보석 감정인을 찾아갔다.

"이 보석 좀 감정해 주십시오."

세밀하게 감정을 마친 감정인이 말했다.

"세상에서 구하기 힘든 진귀한 보석입니다."

그 사람은 뿌듯한 마음으로 자한에게 가서 보물을 보여주며 감정인의 말을 그대로 전했다.

"이 보석은 세상에서 구하기 힘든 희귀한 보석입니다. 재상님께 드리려고 가져왔으니 받아주십시오."

그러자 재상은 대답했다.

"나에게도 그에 못지않은 보석이 있습니다. 이런 값비싼 보석을 보고도 탐낼 줄 모르는 내 마음입니다. 만약 내가 그대의 보석을 받게 되면 그대도 값비싼 보석을 잃게 되고, 나도 내 마음의 보석을 잃게 되니, 어서 도로 가져가십시오. 나는 내가 가진 보석으로도 충분합니다."

재상은 보석을 가지고 온 사람을 돌려보냈다. 우리에게도 그 어떤 보석과 바꿀 수 없는 소중한 가치나 목적이 있는가? 그리고 그 가치의 기준을 다른 사람들보다 한 걸음 높은 데 두고 있는가? 정신적인 허영 때문이 아니라 목적을 조금 높은 데 두어야 성취가 목적 가까이에 이를 수 있기 때문이다. 목적이 있는 인생은 힘든 것이 분명하지만 목적이 없는 인생은 지루하고 의미가 없다. 오늘, 우리 가치 있는 목적을 세우고 꿈꾸어 보자.

58

괴로움 속에서 오히려
마음을 즐겁게 다스리라

괴로울 때 힘들 때 오히려 마음을 기쁘게 하는 뜻을 얻고, 일을 이룬 때에 문득 실의의 슬픔이 생겨난다.

苦心中, 常得悅心之趣. 得意時, 便生失意之悲.
고 심 중   상 득 열 심 지 취   득 의 시   변 생 실 의 지 비

엘리자베스 바를로는 영국 런던 심포니 오케스트라에서 비올라를 연주하는 여성이었다. 그녀는 신체장애를 극복한 자랑스러운 영국인에게 주어지는 최고의 상을 수상했다. 바를로는 어려서부터 위대한 음악가의 꿈을 키워 나갔다. 그러나 열여섯 살 때 청력을 완전히 잃고 말았다. 그녀는 희망과 꿈을 모두 포기하고 깊은 절망에 빠졌다. 음악인에게 있어 청력을 잃은 것은 사형선고나 다름없었다. 그때 어머니가 해준 애정어린 한 마디의 격려가 희망의 빛으로 다가왔다.

"애야, 너는 청력을 잃었지만 아직 시력이 남아 있지 않니. 사람들의 입술을 보고 말의 뜻을 파악하는 독순술을 익혀보렴. 그러면 계속 음악을 할 수 있단다."

그녀는 열심히 독순술을 배웠다. 그리고 드디어 사람들과의 대화는 물론 비올라 연주를 계속할 수 있었다. 그리고 최고의 비올라 연주자로 우뚝 서

게 되는 성공을 거두었다.

사람은 누구나 고통스러운 환부 한 군데씩은 갖고 살고 있다. 찾아보면 반드시 남들보다 뛰어난 재능이 한 가지씩은 있다. 찾아서 연마하고 계발하면 더없이 깊은 상처도 밤하늘을 환하게 밝혀주는 별이 된다.

59

도덕은 오래 가고
공로와 권력은 곧 시든다

부귀와 명예가 도덕으로부터 온 것이면 마치 숲 속의 꽃처럼 그 뿌리와 잎이 자연스럽게
번성할 것이고, 부귀와 명예가 공로를 이룬 데서 온 것이면 화분 속의 꽃처럼 자주 자리를
옮기게 되어 흥망이 있을 것이다. 또한 부귀와 명예가 권력으로부터 온 것이라면 화병 속
의 꽃처럼 뿌리를 심지 않은 낫으로 금방 시들어 버리고 말 것이다.

富貴名譽, 自道德來者, 如山林中花, 自是舒徐繁衍.
부 귀 명 예 자 도 덕 래 자 여 산 림 중 화   자 시 서 서 번 연

自功業來者, 如盆檻中花, 便有遷徙廢興.
자 공 업 래 자 여 분 함 중 화   변 유 천 사 폐 흥

若以權力得者, 如瓶鉢中花, 其根不植, 其萎可立而待矣.
약 이 권 력 득 자 여 병 발 중 화   기 근 불 식   기 위 가 립 이 대 의

데이비드 리빙스턴은 1813년 영국 스코틀랜드의 한 가난한 가정에서 태어났다. 그는 10살 때부터 공장에 다니며 일해서 가정을 도와야 했다. 이렇게 고되게 일하면서도 그는 책을 사서 읽기를 좋아했다. 그리고 어느 종교 서적을 통하여 결국 예수 그리스도의 구원을 받아들이는 것이 그의 의무요, 가장 고귀한 특권이라는 것을 깨닫고 구원을 받아들였다. 그리고 그 자신을 전적으로 그리스도께 헌신하기로 결심했다. 그는 미지의 아프리카에 건너가 그곳에서 33년 동안 복음을 전하며 의술을 가르쳤다. 그리고 만년에 말라리의 한 오두막에서 조용히 주님의 부르심을 받았다.

반면에 그의 형은 캐나다로 건너가서 사업에 크게 성공하여 큰 부자가 되었다. 그는 잘 먹고 잘 살았다. 그러나 그의 무덤 비문에는 오직 '아프리카 선교사 데이비드 리빙스턴 형의 무덤'이라고 적혀 있다고 한다. 이 두 형제 가운데 누가 더 고귀한 삶을 살았는가.

인생은 영원하지 않다. 인생은 끝이 아니고 과정이다. 영원을 사모하며 과정을 잘 채워나가기 위해 노력하는 것이 보람 있는 인생이다.

60

좋은 말과 좋은 일 하기를 힘쓰라

봄이 되어 화창하면 꽃은 한층 아름다운 꽃을 피우고, 새들은 고운 노래를 지저귄다. 사람이 세상에 두각을 나타내어 부유하게 살더라도 좋은 말과 좋은 일 하기를 힘쓰지 않는다면 백 년을 살아도 마치 하루도 살지 않은 것과 같다.

春至時和, 花尙鋪一段好色, 鳥且囀幾句好音. 上君了, 幸列頭角,
춘 지 시 화   화 상 포 일 단 호 색   조 차 전 기 구 호 음   사 군 자   행 렬 두 각

復遇溫飽, 不思立好言行好事, 雖是在世百年, 恰似未生一日.
부 우 온 포   불 사 입 호 언 행 호 사   수 시 재 세 백 년   흡 사 미 생 일 일

• • • • • •

철강왕 앤드류 카네기는 '부자로 죽는 것이 가장 부끄러운 일'이라고 말했다. 자선가의 삶을 선택한 인생철학의 단면을 알 수 있다. 카네기는 1901년 평생 일궈온 철강회사를 처분하고 받은 3억 2,465만 7,399달러를 자선과 기부에 썼다. 미국 부호들의 기부 전통은 그가 뿌린 씨앗의 열매인 셈이다.

언젠가 뉴욕 필하모닉 직원이 카네기를 찾아와서 청했다.

"6만 달러의 후원이 필요합니다. 도와주십시오."

"3만 달러를 마련해오면 나머지를 채워주겠네."

얼마 후 그 직원은 3만 달러를 후원받았다며 다시 찾아왔다.

"후원자가 누군지 말해 줄 수 있겠나?"

카네기가 묻자 직원은 대답했다.

"카네기 여사입니다."

그가 돈을 값있게 쓰기까지에는 부인의 역할이 컸음을 보여준다. 부유하게 살면서도 이웃과 사회를 생각하지 않는다면, 좋은 장비를 가지고 있으면서 사용하지 않고 녹슬게 방치해 두는 것과도 같다. 나누지 않는 부는 먹지 못하는 돌멩이를 창고에 쌓아두는 것처럼 아무 의미가 없다.

61

몸가짐을 너무 엄하게 하지 말라

배우는 사람은 항상 신중하게 행동해야 하되, 한편으로는 활달한 멋을 지녀야 한다. 몸가짐을 너무 엄하게 하여 지나치게 결백하기만 하면 그것은 쌀쌀한 가을의 냉기만 있을 뿐 따뜻한 봄기운이 없어 만물을 자라게 할 수가 없다.

學者要有段 兢業的心思，又要有段瀟灑的趣味.
학 자 요 유 단　긍 업 적 심 사　　우 요 유 단 소 쇄 적 취 미

若一味斂束淸苦，是有秋殺 無春生，何以發育萬物.
약 일 미 렴 속 청 고　　시 유 추 살　무 춘 생　　하 이 발 육 만 물

- - - - - -

　몸가짐은 신중히 하되 마음 씀씀이는 넉넉해야 한다. 아무리 지식이 많다 하더라도 언행이 가벼우면 신뢰를 받지 못한다. 반면에 높은 이상에 집착한 나머지 의식적으로 고상한 척하면 주위에 사람이 모여들지 않는다. 처세의 어려움은 바로 이런 점에 있다.

　영국의 처칠 수상이 하원 의원에 처음 출마했을 때 상대 후보가 그를 맹렬하게 공격했다.

　"처칠! 당신은 늦잠 자는 게으른 사람이오!"

　처칠은 전혀 동요하지 않은 일처럼 응수했다.

　"나처럼 예쁜 아내와 함께 산다면 당신들도 일찍 일어날 수 없을 겁니다."

　결국 처칠은 선거에도 압도적인 표 차이로 당선되었다.

　어려운 자리일수록 사람들의 마음이 편하게 풀어주는 너그러움이 있어야 한다. 옛날에는 엄격한 리더십이 강한 통솔력을 갖고 있는 듯 여겨지던

시대도 있었다. 그러나 지금은 부드러움이 강함을 이긴다는 것을 모르는 사람은 없다. 신중한 가운데 너그럽고, 엄격한 가운데서도 사람들 입가에 미소가 어리게 하는 유머를 구사할 줄도 알아야 한다. 무엇보다도 사람과 사람 사이를 부드럽게 만들어주는 것은 웃음이 아닌가.

62

큰 재주는
오히려 평범함 가운데 있다

참된 청렴은 청렴하다는 이름조차 없는 것이다. 명성을 얻으려고 하는 사람은 바로 이름을 탐하기 때문이다. 참으로 큰 재주는 별달리 교묘한 재주가 없는 것이다. 그러므로 잔재주를 부리는 것은 곧 재주가 서투르기 때문이다.

眞廉, 無廉名. 立名者, 正所以爲貪.
진 렴　무 렴 명　입 명 자　정 소 이 위 탐
大巧, 無巧術. 用術者, 乃所以爲拙.
대 교　무 교 술　용 술 자　내 소 이 위 졸

미국의 17대 대통령인 앤드류 존슨은 긍정의 힘을 발휘했던 대표적인 사람이다. 그는 3세 때 아버지를 여의고 몹시 가난하여 학교 문턱에도 가보지 못했다.

하지만 그는 10세 때 양복점을 들어가 성실하게 일했고 돈을 벌고 결혼한 후에야 읽고 쓰는 법을 배우게 되었다.

이후에 존슨은 정치에 뛰어들어 주지사, 상원의원이 된 후에 16대 미대통령인 링컨을 보좌하는 부통령이 되었다. 그리고 링컨대통령이 암살된 후 미국 17대 대통령 후보에 출마하지만 상대편으로부터 맹렬한 비판을 당한다.

"한 나라를 이끌 대통령이 초등학교도 못 나왔다니 말이 됩니까?"

그러자 존슨은 침착하게 대답했다. 그리고 이 한 마디에 상황을 역전시켜 버렸다.

"여러분, 저는 지금까지 예수 그리스도가 초등학교를 다녔다는 말을 들어 본 적이 없습니다. 예수님은 초등학교도 못 나오셨지만 전 세계를 구원의 길로 지금도 이끌고 계십니다. 이 나라를 이끄는 힘은 학력이 아니라 긍정적인 의지요 미국 국민의 적극적 지지입니다."

그가 바로 알래스카를 러시아에서 사들인 앤드류 존슨 대통령이다. 긍정적인 생각은 자긍심을 고무해 주고, 놀라운 에너지를 부여해 준다.

63

욕심을 없애고
모자라는 상태에 머무르라

옛 임금이 자신을 경계하기 위해 만든, 가득 차면 엎어지는 그릇처럼 가득 차면 엎어지지 않기 위해, 또 가득 차면 깨뜨리는 저금통이 비어 있을 때는 온전한 것처럼, 참된 사람은 욕심을 부려 가득한 상태에 있기보다 욕심을 없애고 모자라는 상태에 머무르려고 한다.

欹器, 以滿覆. 撲滿, 以空全. 故君子寧居無, 不居有.
의 기   이 만 복   박 만   이 공 전   고 군 사 녕 기 무   불 거 유

寧處缺, 不處完.
영 처 결   불 처 완

중국의 북쪽에 있는 만리장성은 서쪽 간쑤성의 자위관에서 시작하여 동쪽 허베이성의 산하이관에 이른다. 춘추전국시대의 조나라·연나라 등이 변경 방위를 위하여 축조한 것을 진나라의 시황제가 크게 증축하여 완성하였다.

지금 남아 있는 것은 명나라가 몽골의 침입에 대비하여 쌓은 것인데, 높이 9m에 너비 5m, 그 길이는 2,700km에 이른다.

누구나 중국 베이징을 가면 빠뜨리지 않고 관광하는 것이 바로 만리장성이다.

이 성벽은 그 누구도 기어오르거나 뚫을 수 없는 철옹벽이었다. 그런데 도저히 뚫리지 않을 것이라는 만리장성이 세워진 뒤에도 예상과 달리 북방 유목민의 공격은 계속되었다. 그것은 부실공사를 해서도 아니고 성벽 어느 한 곳이 무너져서도 아니었다. 또 끝나는 부분을 돌아서 공격한 것도

아니었다.

단지 만리장성을 지키는 문지기에게 뇌물이 주어졌고, 활짝 열린 문을 통해 순식간에 적군들이 침입했던 것이다. 한 번도 아니고 여러 번 이런 일이 일어났다. 성벽이 제 아무리 튼튼하고 잘 쌓아졌다지만 문지기 한 사람이 제 역할을 하지 못했을 때 그토록 튼튼한 철옹성도 아무런 소용이 없었던 것이다.

64

마음을 비우고 혈기를 버리라

명리를 탐하는 마음이 뿌리 뽑히지 않은 사람은, 비록 높은 자리에 앉는 것을 가볍게 여기고 한 표주박의 물을 달게 마실지라도 사실은 세속의 욕망에 떨어져 있는 것이다. 쓸데없는 혈기가 완전히 사라지지 않은 사람은, 비록 은덕을 사방에 널리 베풀고 이익을 만 대에 선할지라도 결국은 쓸모없는 재주에 그칠 뿐이다.

名根未拔者, 縱輕千乘 甘一瓢, 總墮塵情.
명 근 미 발 자　종 경 천 승　감 일 표　총 타 진 정
客氣未融者, 雖澤四海 利萬世, 終爲剩技.
객 기 미 융 자　수 택 사 해　이 만 세　종 위 잉 기

중국 당 현종 때의 재상으로 이임보라는 간신이 있었다. 아첨이 능해 임금의 총애를 받는 후궁의 환심을 사 재상의 자리에 올랐다.

그는 황제의 비위를 맞추면서 충신들의 간언이나 백성들의 탄원이 황제의 귀에 들어가지 못하도록 하고 환관과 후궁들의 환심을 사며 조정을 떡 주무르듯 했다. 질투심도 강하여 자기보다 나은 사람을 보면, 가차없이 제거하였다. 그것도 황제 앞에서 충성스러운 얼굴로 상대를 한껏 추켜올리고 천거하여 벼슬자리에 앉혀 놓은 다음 음모를 꾸며 제거하는 잔인한 수법을 썼다. 이임보가 깊은 생각에 잠겨 있던 다음날은 쥐도 새도 모르게 주살되는 자가 반드시 생겼다. 따라서 황제께 직언하고 싶은 선비들은 몸을 잔뜩 사릴 수밖에 없었다. 이를 보고 사람들은 이렇게 말하였다.

"이임보는 입으로는 달콤한 말을 하지만 뱃속에는 칼을 가지고 있으니 매우 위험한 인물이다."

65

마음 바탕을 밝게 지키라

마음 바탕이 밝으면 어두운 방 속에서도 푸른 하늘을 보며, 마음 바탕이 어두우면 대낮에도 귀신을 보게 된다.

心體光明, 暗室中, 有靑天. 念頭暗昧, 白日下, 生厲鬼.
심 체 광 명　암 실 중　유 청 천　염 두 암 매　백 일 하　생 려 귀

어느 날, 악광의 집에 친구가 놀러 왔다.

"자, 오랜만에 왔으니 우리 술이나 한잔 하세."

악광의 말에 친구도 좋아하며 맞장구를 쳤다. 두 사람은 이야기를 주고 받으며 술잔을 기울였다. 그러는 사이에 저녁이 되었다. 악광이 등불을 켜자 친구의 얼굴빛이 갑자기 달라지더니 그만 입을 꾹 다물어 버렸다. 악광이 이상하게 생각해 물어 보려던 차에 친구가 가겠다며 돌아가 버렸다.

그 후 한참이 지나도록 그 친구에게는 아무런 연락이 없었다. 궁금해진 악광이 사람을 시켜 알아보았더니 친구가 병에 걸려 앓고 있다는 것이었다. 악광은 그 길로 친구의 집으로 찾아갔다.

"지난번 자네 집에서 술을 마실 때 문득 술잔을 들여다보니 뱀이 들어 있지 않겠나? 소름이 끼치도록 징그러웠지만 눈 딱 감고 들이켰다네. 그 뒤로 그만 병을 앓게 되었지 뭔가."

악광은 친구의 말을 듣는 순간, 퍼뜩 마음에 짚이는 것이 있었다. 그래서 막무가내로 친구를 데리고 자기 집으로 데려갔다. 전날처럼 다시 술상을 내오게 한 다음, 벽에 등불까지 환히 밝히게 했다. 그런 다음 악광은 친구에게 술을 따라 주며 말했다.

"술잔을 자세히 들여다보게."

친구는 의아해 하며 술잔을 들여다보았다. 역시 그날처럼 잔 속에 흉측스러운 뱀이 한 마리 들어 있었다. 얼굴이 붉으락푸르락해진 친구는 버럭 화를 냈다. 악광은 벽에 걸린 활을 가리켜 보였다.

"자세히 살펴보게. 그게 어디 뱀인가? 바로 저 활 그림자라네."

친구는 그제야 정신을 차리고 술잔 속을 찬찬히 들여다보았다. 그날 이후로 친구의 병은 말끔히 나았다.

66

이름 없고 지위 없는 즐거움을 알라

사람들은 명성과 높은 지위를 얻어 사는 것이 즐거움인 줄 알지만, 이름 없고 지위 없이 홀가분하게 사는 즐거움이 더 참된 즐거움인 줄 모른다. 사람들은 굶주리고 추운 것만이 근심인 줄 알지만, 굶주리지 않고 춥지 않은 근심이 더 큰 근심인 줄은 모른다.

人知名位爲樂, 不知無名無位之樂爲最眞.
인 지 명 위 위 락   부 지 무 명 무 위 지 락 위 최 진

人知饑寒爲憂, 不知不饑不寒之憂爲更甚.
인 지 기 한 위 우   부 지 불 기 불 한 지 우 위 갱 심

· · · · · ·

가난한 중년의 남성이 매일 뉴욕 맨해턴의 센트럴 공원을 달렸다. 그는 건강을 위해 테니스를 할 생각이었다. 그러나 돈이 없어 조깅을 선택했다. 이 사람의 인생자산은 정직과 열정이었다. 어느 날 그는 대통령의 초청을 받았는데 신고 갈 구두가 없어 운동화를 신었다. 그때 부시 대통령이 운동화에 깊은 관심을 보였다.

"참 좋은 운동화를 신으셨군요."

그는 즉시 신발회사에 전화를 걸었다.

"부시 대통령께 내가 신은 것과 똑같은 운동화를 한 켤레 선물해 주시오."

신발회사는 대통령에게 즉시 운동화를 선물했다. 대통령은 항상 이 신발을 신고 조깅했고 이 신발회사는 금세 유명해졌다.

이 순진하고 열정적인 남성의 이름은 프레드 리보. 1970년 뉴욕마라톤을 창설한 사람이다.

그는 뉴욕마라톤대회 개회식 때 이렇게 고백했다.

"나는 빈손입니다. 그러나 신뢰와 열정으로 뉴욕마라톤대회를 시작합니다."

최고의 인생자산은 돈이 아니다. 따뜻한 정을 스스럼없이 표현할 수 있는 자신감과 자긍심이다.

67

선한 일을 하며
알아주기를 안달하지 말라

악한 일을 하면서 남이 알까 봐 두려움을 갖는 것은 아직 악함 속에도 선이 남아 있기 때문이다. 선한 일을 하면서 사람들이 알아주기를 안달한다면 아직 선 속에 악의 뿌리가 남아 있어서이다.

爲惡而畏人知, 惡中猶有善路. 爲善而急人知, 善處卽是惡根.
위 악 이 외 인 지   악 중 유 유 선 로   위 선 이 급 인 지   선 처 즉 시 악 근

프랑스의 유명한 설교자인 오베르랑 목사는 젊은 시절 눈 덮인 알자스 산에서 발을 잘못 디뎌 깊은 계곡으로 떨어지고 말았다. 오랫동안 정신을 잃었다가 의식을 회복해서 보니 어느 집 방 안에 누워 있었다. 지나가던 농부가 자기 집으로 데려와서는 그의 상처를 치료해 주고 따뜻한 방에 눕혀 놓았던 것이다.

오베르랑 목사가 깨어난 것을 본 주인은 안심을 하면서도 근심스러운 얼굴로 물었다.

"이제 정신이 드십니까?"

오베르랑 목사님은 너무 고마워서 목숨을 살려준 농부에게 감사를 드리면서 말했다.

"당신은 제 목숨을 살려주신 생명의 은인입니다. 당신의 이름은 무엇이며 이곳의 주소는 어떻게 됩니까? 이 은혜를 반드시 갚겠습니다."

그때 농부가 미소 지으며 말했다.

"저도 한 가지 묻겠습니다. 당신은 예수님께서 비유로 말씀하신 선한 사마리아인의 이름과 주소를 알고 계십니까?"

남에게 베푸는 작은 일에 칭찬을 기대하지 말고 순수한 마음에 대한 보답을 바라지 않는 데까지 이르러야 진정한 선행이라고 할 수 있다.

68

역으로 와도 순리로 받아들이라

하늘이 하는 일은 아무도 헤아릴 수가 없어서 눌렀다가는 펴지고, 펴졌다가는 다시 눌린다. 이는 모두가 영웅과 호걸을 실패하게 하는 것이다. 그러나 군자는 천운이 역으로 와도 순리로 받아들이고, 평온함 속에서 위태로움을 생각하기 때문에 하늘도 마음대로 할 수가 없다.

天地機緘, 不測. 抑而伸, 伸而抑. 皆是播弄英雄 顚倒豪傑處.
천 지 기 함   불 측   억 이 신   신 이 억   개 시 파 롱 영 웅 전 도 호 걸 처

君子只是逆來順受 居安思危, 天亦無所用其伎倆矣.
군 자 지 시 역 래 순 수 거 안 사 위   천 역 무 소 용 기 기 량 의

대통령에 출마한 링컨을 가장 괴롭힌 사람은 스탠턴이었다. 스탠턴은 미국 전역을 다니며 링컨을 헐뜯었다. 그는 링컨의 이름조차 부르지 않았다. '깡마르고 무식한 자' 라고 놀려댔다. 대통령에 당선된 링컨은 주위의 반대를 무릅쓰고 스탠턴을 국방장관에 임명했다.

"그는 나를 비난했지만 국방장관으로서는 적임자다. 지도자는 공과 사를 철저히 구분할 줄 알아야 한다."

그 후 링컨이 암살당했을 때 자원해서 조사를 맡은 사람이 스탠턴이었다. 그는 울먹이며 링컨을 추모했다.

"링컨은 역사적인 인물이다. 링컨의 사랑은 사람을 변화시키는 힘이 있다. 그는 이 시대의 위대한 창조자다."

링컨을 '무식한 자' 라고 비난했던 그가 '위대한 창조자' 라는 말로 링컨을 추모했다. 최고의 복수는 너그러운 아량으로 용서하고 진심으로 품는 것이다.

69

복을 누리기 어려운
세 부류의 사람들

성질이 조급한 사람은 타오르는 불길과 같아서 보는 것마다 태워 버리고, 은혜롭지 못한 사람은 얼음과 같이 차가워서 닥치는 대로 얼려 죽이며, 융통성이 없고 고집 센 사람은 괴어 있는 물이나 썩은 나무토막 같아 생기가 없다. 이런 사람들은 뜻 있는 일을 하고 복을 누리기는 어렵다.

燥性者, 火熾, 遇物則焚. 寡恩者, 氷淸, 逢物必殺. 凝滯固執者,
조 성 자   화 치   우 물 즉 분   과 은 자   빙 청   봉 물 필 살   응 체 고 집 자

如死水腐木, 生機已絕. 俱難建功業而延福祉.
여 사 수 부 목   생 기 이 절   구 난 건 공 업 이 연 복 지

춘추전국시대에 초나라의 한 젊은이가 매우 소중히 여기는 칼을 가지고 양자강을 건너기 위하여 배를 타고 가다가 강 한복판에서 그만 실수로 쥐고 있던 칼을 강물에 떨어뜨리고 말았다.

놀란 이 사람은 얼른 주머니칼을 꺼내서 칼을 빠뜨린 부분의 뱃전에 자국을 내어 표시를 해놓았다.

'칼이 떨어진 자리에 표시를 해놓았으니 찾을 수 있겠지.'

그는 이렇게 생각하고 배가 언덕에 닿자 뱃전에서 표시를 해놓은 물 속으로 뛰어 들어가 칼을 찾았으나 칼은 없었다. 이것을 보고 사람들이 그의 어리석은 행동을 비웃었다. 어리석고 융통성이 없는 사람은 원만한 사회생활을 하기 어렵다.

70

즐거운 마음을 길러
행복의 바탕을 삼으라

행복은 구한다고 마음대로 받을 수 없으니 스스로 즐거운 마음을 길러서 행복을 부르는
바탕으로 삼아야 한다. 불행은 마음대로 피할 수가 없으니 남을 해치려는 마음을 제거함
으로써 재앙을 멀리하는 방법으로 삼아야 한다.

福不可徼. 養喜神, 以爲召福之本而已.
복 불 가 요   양 희 신   이 위 소 복 지 본 이 이

禍不可避. 去殺機, 以爲遠禍之方而已.
화 불 가 피   거 살 기   이 위 원 화 지 방 이 이

1931년 노벨평화상을 받은 제인 애덤스는 척수장애인이었다. 그녀는 시
카고에서 대부호의 딸로 태어나 의과대학에 입학했다. 그러나 척수장애로
학업을 포기하는 좌절을 겪었다. 애덤스는 충격을 잊기 위해 유럽여행에
나섰다. 그녀는 영국 런던의 빈민굴을 방문한 후 큰 충격을 받았다.

"지구상에 이렇게 비참한 사람들이 있는 줄 몰랐다. 지금부터 이 가난한
사람들의 친구가 되겠다."

애덤스는 낡은 집을 구입해 청소년들에게 글을 가르쳤고, 가출한 소녀들
을 사랑으로 교화했다. 미국 시카고에도 가난한 사람들을 위한 시설을 설
립했다. 이것이 바로 그 유명한 '헐 하우스(Hull House)'다.

자기가 처한 상황이 어렵더라도 보람 있는 일을 찾으면 새로운 생명 에
너지를 얻게 된다. 인간은 보람 없이는 행복할 수 없다. 행복하려면 자기의
능력 안에서 크고 작은 봉사와 나눔을 통해 행복을 불러들여야 한다.

71

떠들지 말고
침묵하는 지혜를 가지라

열 마디 말 가운데 아홉 마디가 맞아도 신기하다고 칭찬하지 않으면서, 단 한 마디라도 맞지 않으면 비난의 목소리가 시끄럽다. 열 가지 일 가운데 아홉 가지를 이루어도 공을 인정하지 않지만, 한 가지만 실패해도 비난의 목소리가 사방에서 빗발친다. 그러므로 군자가 차라리 입을 다물지언정 떠들지 않고, 차라리 모르는 척해 버리고 아는 체하지 않는 이유가 여기에 있다.

十語九中, 未必稱奇. 一語不中, 則愆尤騈集.
십 어 구 중   미 필 칭 기   일 어 부 중   즉 건 우 병 집

十謀九成, 未必歸功. 一謀不成, 則訾議叢興.
십 모 구 성   미 필 귀 공   일 모 불 성   즉 자 의 총 흥

君子所以寧默 毋躁, 寧拙 毋巧.
군 자 소 이 녕 묵   무 조   영 졸   무 교

⚘ • • • • • •

알베르트 아인슈타인 교수에게 한 학생이 물었다.

"교수님 같은 위대한 과학자가 될 수 있는 비결이 무엇입니까?"

아인슈타인 교수는 이렇게 대답했다.

"입을 적게 움직이고 머리를 많이 움직이게."

자신의 일에 골몰하는 사람은 말을 많이 하지 않는다. 일에 골몰하지 않는 사람들의 눈에는 타인들의 흠만 보인다. 그리고 타인들을 향해 독설을 퍼붓는다. 사람이 태어나서 말을 배우는 데는 2년이 걸리지만 침묵을 배우기 위해서는 60년이 걸린다. 지혜로운 사람은 입 밖으로 말을 뱉기 전에 반드시 두 번 이상 생각한다.

72

성질이 너무 맑고 차가우면
누릴 복도 얇다

천지의 기운은 따뜻하면 만물을 자라게 하고, 차가우면 시들어 죽게 한다. 그러므로 성품과 기질이 지나치게 맑고 차가운 사람은 누릴 복도 박하다. 오직 기운이 온화하고 마음이 따뜻한 사람이라야 누릴 수 있는 복도 두텁고 오래간다.

天地之氣, 暖則生, 寒則殺. 故性氣淸冷者, 受享亦凉薄.
천 지 지 기　난 즉 생　한 즉 살　고 성 기 청 랭 자　수 향 역 량 박

唯和氣熱心之人, 其福亦厚, 其澤亦長.
유 화 기 열 심 지 인　기 복 역 후　기 택 역 장

😎 ● ● ● ● ● ●

　영국의 존 메이어 수상은 매우 가난한 가정에서 태어났다. 그는 16세 때 학교를 중퇴하고 가족을 부양하기 위해 노동의 현장에 뛰어들었다. 그는

새벽부터 공사현장에서 콘크리트를 반죽했다. 두 시간의 새벽노동을 마치고 간단한 토스트로 아침식사를 대신했다. 그는 은행의 간부와 정치가로서 명성을 얻은 후에도 서민들이 출입하는 식당을 즐겨 찾았다. 그의 집도 주로 서민층이 밀집된 지역에 있었다.

수상이 된 후 존 메이어는 기자들로부터 고난의 세월을 어떻게 극복했느냐는 질문을 받고 이렇게 대답했다.

"그 어떤 상황에서도 비관적인 생각을 갖지 않았습니다. 항상 희망을 갖고 일하면 부정적인 생각이 사라지지요. 하늘은 표정이 밝고 긍정적인 사고를 가진 사람에게 복을 내려줍니다."

부정적인 생각은 행복을 가로막는 장벽이다. 긍정적인 생각은 강력한 행복 자석임을 깨닫자.

73

하늘의 도리를 따르라

하늘의 도리를 따르는 길은 한없이 넓어서 거기에 조금만 마음을 두면 가슴속이 문득 넓어지고 또한 밝아진다. 욕망의 길은 한없이 좁아서 거기에 조금만 발을 들여놓아도 눈앞이 온통 가시덤불과 진흙탕으로 변해 버린다.

天理路上, 甚寬. 稍游心, 胸中便覺廣大宏朗.
천 리 노 상　　심 관　　초 유 심　　흉 중 변 각 광 대 굉 랑
人欲路上, 甚窄. 纔寄迹, 眼前俱是荊棘泥塗.
인 욕 노 상　　심 착　　재 기 적　　안 전 구 시 형 극 니 도

어느 산속 깊은 곳에 작은 옹달샘이 하나 있었다. 그 옹달샘에는 맑고 깨끗한 물을 마시기 위해 숲 속의 동물들이 자주 들르곤 했다.

이 옹달샘에는 금붕어 두 마리가 살았다. 그런데 두 마리가 살기에는 조금 작은 옹달샘이었다. 그래서 그 중 힘이 센 금붕어 한 마리는 생각했다.

'에이, 저놈 땜에 배불리 못 먹어. 저놈을 죽여 버리면 나 혼자서 실컷 먹으면서 잘 살 수 있을 텐데…….'

이렇게 생각하고 아무도 몰래 약한 금붕어를 죽여 버렸다.

'야, 인제 나 혼자 배불리 먹을 수 있겠구나. 잘 되었다.'

힘이 센 금붕어는 그날 종일 기분이 좋았다.

그러나 시간이 지남에 따라 죽은 물고기가 부패하기 시작하였다. 그러자 작은 연못의 물은 금세 다 썩어 버렸다. 혼자서 실컷 먹으며 잘살 생각이었던 힘센 금붕어는 썩은 물을 먹고 얼마 안 가서 죽고 말았다.

74

많은 체험 뒤에 얻은 행복이
오래간다

괴로움과 즐거움을 고루 겪은 뒤에 얻은 행복이라야 오래가고, 의문과 믿음을 고루 겪은 뒤에 얻은 지식이라야 비로소 참된 지식이 된다.

一苦一樂, 相磨練, 練極而成福者, 其福始久.
일 고 일 락　　상 마 련　　연 극 이 성 복 사　　기 복 시 구

一疑一信, 相參勘, 勘極而成知者, 其知始眞.
일 의 일 신　　상 참 감　　감 극 이 성 지 자　　기 지 시 진

⊗ • • • • •

위대한 악성 베토벤 음악에는 큰 특징이 있다. 처음 도입부에서는 슬프고 처량하지만 마지막은 환희를 노래한다는 것이다. 그의 명곡들은 모두 고통의 산물이었다. 아버지는 알코올 중독자였고 어머니는 17세 때 폐결핵으로 세상을 떠났다. 베토벤은 나이 30세에 음악가의 생명인 귀에 이상이 생겨 말년에는 청력을 잃었다. 그는 눈보라치는 쓸쓸한 밤에 57세로 생을 마감했다. 그의 눈을 감겨준 사람도 지나가던 한 나그네였다. 그러나 베토벤은 이렇게 고백했다.

"나는 괴로움을 뚫고 항상 기쁨을 발견했다. 그래서 행복했다."

이렇게 자기 안에서 스스로 만들어낸 기쁨은 결코 잃어버릴 수 없다. 인고의 세월을 정신력으로 버티면서 극복해 온 사람만이 할 수 있는 기막힌 승리의 고백이다.

75

마음은 언제나 비워 두라

마음은 언제나 비워 두어야 한다. 비어 있어야만 옳은 뜻과 이치가 찾아와 산다. 마음은 늘 가득 차 있지 않으면 안 된다. 가득 차 있어야만 물욕이 들어오지 못한다.

心不可不虛. 虛則義理來居. 心不可不實. 實則物慾不入.
심 불 가 불 허   허 즉 의 리 내 거   심 불 가 불 실   실 즉 물 욕 불 입

라비스 박사는 프랑스의 유명한 솔비 대학의 교수였다. 그 대학 강단에서 박사 교역 50주년 기념식이 열리자, 그에게서 배운 많은 사람들이 입추의 여지가 없이 모여 기념식이 성대히 거행되었다.

답사를 하려고 라비스 박사가 강단에 올라보니 맨 말석, 학생들이 앉는 자리에 포앙가리 대통령이 앉아 있는 게 아닌가. 박사는 너무 송구하여 즉시 단상으로 모시려고 하였다. 그러나 대통령은 끝까지 거절하며 말했다.

"나는 이 영광스런 자리에 대통령 자격으로 온 것이 아닙니다. 제자로서 축하드리러 왔습니다."

"우리가 이렇게 겸손하신 대통령을 모셨으니 앞으로 우리나라는 살기 좋은 부강한 나라가 될 것입니다."

인격자는 자기가 설 자리와 앉아야 할 자리를 잘 안다. 상석에 앉는 일은 위태로운 일이다. 기쁘게 말석에 앉는 겸손을 배워야 안전하고 마음 가볍다.

76

물이 지나치게 맑으면 고기가 없다

더러운 땅에는 초목이 무성하지만, 물이 지나치게 맑으면 고기가 없다. 그러므로 군자는 때묻고 더러워지는 것도 용납할 수 있는 도량을 지녀야 하며, 깨끗함만 좋아하고 홀로 행하려는 지조를 가져서는 안 된다.

地之穢者, 多生物. 水之淸者, 常無魚.
지 지 예 자   다 생 물   수 지 청 자   상 무 어

故君子當存含垢納汚之量, 不可持好潔獨行之操.
고 군 자 당 존 함 구 납 오 지 량   불 가 지 호 결 독 행 지 조

전국시대의 굴원은 초인의 노래인 초사 문학에 능했다. 어부사(漁父辭)는 그의 대표작 중의 하나이다.

청렴결백한 굴원은 정계에서 쫓겨났다. 굴원의 죄라면 완전무결함이 가장 큰 죄였다. 잘못하지 않음이 죄가 되는 건 잘못 많은 정계에서는 흔한 일이다. 이제 그의 할 일은 수척해진 몸으로 강호에서 시나 읊는 것이었다.

지나가던 어부가 물었다. 큰 사람이 어쩌다 이 지경에 이르렀냐고.

굴원이 답한다. 혼탁하고 취한 세상에 홀로 깨끗한 채 깨어 있다가 쫓겨나게 되었다고.

어부가 충고한다. 사물에 얽매이지 말고 세상 따라 변할 줄 알아야 한다고. 모두 탁한 물이면 진흙탕을 일으킬 수 있어야 하고, 모두 취했으면 싸구려 술을 마시면 되지 고매한 처신으로 추방을 자처할 일이 무엇이냐고.

굴원이 응한다. 머리를 감았다면 관을 털어 쓰고, 목욕을 했다면 반드시

옷을 털어 입어야 한다고. 결백한 몸으로 더러운 것을 받아들이는 건 가당치 않다고. 그럴 바엔 강물에 뛰어들어 고기밥이 되겠다고. 깨끗한 몸으로 세속의 먼지를 뒤집어 쓸 순 없다고.

지친 어부가 웃으며 뱃전을 두드리며 떠나간다. 다음과 같이 노래하면서.

"창랑(滄浪)의 물이 맑으면 갓끈을 씻으면 되고, 그 물 흐리면 발 씻으면 되는 것을!"

77

평생 열심히 일하고 노력하며 살라

수레를 뒤엎는 사나운 말도 길들이면 부릴 수 있고, 녹으며 다루기 어려운 쇠붙이도 결국
에는 그릇이 된다. 사람이 하는 일 없이 놀기만 하고 노력이 없으면 평생 아무것도 이룰
수가 없다. 옛 사람이 말하기를, "사람의 병 많음이 근심이 아니라, 평생토록 마음의 병 하
나 없는 것이 근심이다"라고 했으니, 참으로 옳은 말이다.

泛駕之馬, 可就驅馳. 躍冶之金, 終歸型範.
봉 가 지 마   가 취 구 치   약 야 지 금   종 귀 형 범
只一優游不振, 便終身無個進步.
지 일 우 유 부 진   변 종 신 무 개 진 보
白沙云, '爲人多病未足羞, 一生無病是吾憂', 眞確論也.
백 사 운   위 인 다 병 미 족 수   일 생 무 병 시 오 우   진 확 론 야

미국의 제20대 대통령 가필드는 평소 '10분의 투자'를 강조했다. 대학
시절, 가필드의 기숙사 친구 중 수학의 천재로 불린 학생이 있었다. 가필
드가 아무리 열심히 노력해도 도무지 친구의 수학 성적을 앞지를 수가 없
었다.

어느 날 밤 가필드가 공부를 마치고 잠자리에 들었다. 그런데 그 친구의
방에는 여전히 불이 켜져 있었다. 그 불은 정확히 10분 후에 꺼졌다. 그때
가필드는 중요한 사실 하나를 깨달았다.

"저 친구가 나보다 성적이 우수한 것은 바로 10분의 노력이 있었기 때문
이다."

이튿날부터 가필드는 친구의 방에서 불이 꺼지고 나면 10분 동안 더 공

부했다. 그리고 6개월 후에는 수학에서 1등을 차지했다. 가필드는 그때를 떠올리며 이렇게 충고했다.

"모든 성공의 열쇠는 10분을 어떻게 사용하느냐에 달려 있습니다. 성공한 사람들은 남들보다 10분을 더 노력한 사람들입니다."

남보다 조금 더 하는 작은 노력이 사람의 운명을 바꿀 수도 있다.

78

탐욕을 멀리하여 세상을 이기라

사람이 한번 사사로운 이익에 빠져들다 보면 강직한 기질도 녹아 약해지고 지혜가 막혀 어두워질 뿐만 아니라, 인자한 마음마저 혹독해지고 결백한 뜻도 더러워져 인간의 본성을 깨뜨리게 된다. 그러므로 옛 성현들이 탐욕을 멀리했으니, 이것이 곧 세상을 초월할 수 있는 방법이다.

人只一念貪私, 便銷剛爲柔, 塞智爲昏, 變恩爲慘, 染潔爲汚,
인 지 일 념 탐 사   변 소 강 위 유   색 지 위 혼   변 은 위 참   염 결 위 오

壞了一生人品. 故古人以不貪爲寶, 所以度越一世.
괴 료 일 생 인 품   고 고 인 이 불 탐 위 보   소 이 도 월 일 세

• • • • •

진시황은 천하를 통일한 후 얼마 지나지 않아 죽었다. 이때 그의 죽음을 틈타 권력을 농락한 자가 환관 조고였다. 그는 진시황이 후사로 지명한 맏아들 부소를 계략을 세워 죽이고, 그 동생인 호해를 2세 황제로 옹립한다. 그리고는 승상 이사도 죽음으로 몰아넣은 후 이번에는 스스로 황제에 오르기 위해 자신이 옹립한 황제를 허수아비로 만드는데, 그때 사용한 방법이 '지록위마'였다.

조고가 사슴을 황제에게 바치며 아뢰었다.

"말입니다."

그러자 황제 호해는 정색을 하며 말했다.

"어찌 사슴을 말이라 하는가?"

그러나 이미 조고의 권력에 겁을 먹은 주위 신하들은 모두 나서서 말이라고 하자, 호해는 자신의 정신이 흐려졌다고 생각하여 정사에서 손을 떼

었다. 결국 호해는 조고에게 죽음을 당하고 말았다. 조고는 다시 자영을 3세 황제로 임명하고 자신이 권력을 실질적으로 휘둘렀지만 그 또한 자영의 계략에 빠져 죽음을 당하고 말았다. 그런 와중에 진나라의 국세는 기울었고, 전국에서 일어난 반란의 불길 속에 멸망하였다. 그리고 얼마간의 혼란기를 거친 후 천하를 통일한 것이 한나라 시조인 유방이다.

79
마음이 맑게 깨어 있으면 도둑도 감화시킨다

귀로 듣고 눈으로 보는 것은 외부의 도둑이지만, 정욕과 물욕은 내부의 도둑이다. 한 사람의 주인 되는 마음이 맑게 깨어서 방안에 의젓이 앉아 있으면, 도둑들도 문득 변하여 한 집안 식구가 될 것이다.

耳目見聞爲外賊, 情欲意識爲內賊.
이 목 견 문 위 외 적   정 욕 의 식 위 내 적

只是主人翁, 惺惺不昧, 獨坐中堂, 賊便化爲家人矣.
지 시 주 인 옹   성 성 불 매   독 좌 중 당   적 변 화 위 가 인 의

• • • • • •

미국의 수도가 워싱턴으로 결정된 후, 얼마 지나지 않았을 때의 일이다. 당시 워싱턴은 아직 도로포장이 되지 않아 비가 오면 도시가 온통 진흙탕으로 변했다. 도로는 널빤지를 깔아놓아 겨우 한 사람이 지나다닐 정도였다.

어느 날 평소 라이벌 의식이 강했던 두 하원의원이 좁은 길에서 마주쳤다. 성격이 급하고 직설적인 란돌프 의원은 팔짱을 낀 채 버티고 서서 그레이 의원을 향해 독설을 퍼부었다.

"나는 악당이나 위선자에게는 길을 비켜주지 않소."

그러자 예의바른 그레이 의원이 정중하게 인사한 후 말했다.

"나는 악당에게는 언제나 길을 비켜준다오."

그는 구두를 벗고 흙탕물로 내려서서 란돌프가 지나가도록 배려했다. 그 순간 란돌프의 얼굴이 붉게 상기되었다. 악으로 악을 이기면 승자와 패자로 나뉜다. 그러나 선으로 악을 이기면 모두 승자가 된다.

80
이루어 놓은 학업을 잘 지키라

새로운 공부를 시도하는 것은 이미 이루어 놓은 학업을 잘 지키는 것만 못하고, 지나간 잘못을 뉘우치는 것은 앞으로 다가올 잘못을 막는 것만 못하다.

圖未就之功, 不如保已成之業. 悔已往之失, 不如防將來之非.
도 미 취 지 공　　불 여 보 이 성 지 업　　회 이 왕 지 실　　불 여 방 장 래 지 비

사막을 걸어가는 사람이 있었다. 그런데 갑자기 어디선가 한 목소리가 들려왔다.

"돌멩이를 주워 주머니에 넣는다면, 당신은 내일 기쁘면서 또 후회스러울 것입니다."

그 말을 들은 그 사람은 길에 떨어진 돌멩이 몇 개를 주워 주머니에 넣었다. 다음날 주머니를 보니 그 돌멩이들이 다이아몬드, 루비, 사파이어 같은 보석으로 변해 있었다.

그는 정말 어제의 그 목소리처럼 기쁘면서 후회스러웠다. 기쁜 것은 그 돌멩이들을 가져온 것이고, 후회스러운 것은 좀 더 많이 가져오지 않은 것이었다.

교육이란 이와 같다. 공부할 때는 잘 모르지만 나중에야 그 즐거움을 알게 되고, 좀 더 열심히 하지 않은 것을 후회하게 된다.

81

모든 행동에 지나침이 없게 하라

사람이 기상은 높을수록 좋지만 지나치게 세상일에 어두워서는 안 되고, 마음은 빈틈이 없어야 하지만 옹졸해서는 안 된다. 취미는 깨끗한 것이 좋지만 지나쳐서는 안 되고, 지조는 엄정하게 지켜야 하지만 너무 과격해서 융통성이 없으면 안 된다.

氣象要高曠, 而不可疎狂. 心思要縝密, 而不可瑣屑.
기 상 요 고 광　이 불 가 소 광　심 사 요 진 밀　이 불 가 쇄 설

趣味要冲淡, 而不可偏枯. 操守要嚴明, 而不可激烈.
취 미 요 충 담　이 불 가 편 고　조 수 요 엄 명　이 불 가 격 렬

⸭ • • • • • •

슈바이처 박사가 선교하기 위해 아프리카로 가서 병원을 지을 때, 나무를 베고 운반하고 못질하는 일을 직접 했다. 그때 혼자 그 많은 일들을 감당하기 어려웠던 슈바이처는 옆에 있던 한 청년에게 도움을 청했다. 그러자 그 청년은 거절하며 말했다.

"저는 지식인이어서 그런 일은 할 수 없습니다. 그런 막일은 못 배운 사람들이나 하는 것입니다."

이에 슈바이처는 이렇게 말했다.

"나도 자네만 할 때는 그렇게 생각했다네. 그러나 웬만큼 배웠다 싶으니까 이젠 아무 일이나 다 하겠더군."

세계의 성자로 추앙받고 있는 알버트 슈바이처 박사가 그 당시 지식인들이 꺼려하던 막일을 스스럼없이 했다는 것은 그가 얼마나 겸손한 사람인가를 보여주고 있다.

82

일이 끝나면 마음도 비우라

바람이 성긴 대숲에 불어와도 지나가고 나면 그 소리를 남기지 않고, 기러기가 차가운 연 못을 날아가도 일단 지나가면 그림자를 남겨두지 않는다. 군자 또한 일이 생기면 비로소 마음에 나타나고, 일이 끝나면 마음도 따라서 비워진다.

風來疎竹, 風過而竹不留聲. 雁度寒潭, 雁去而潭不留影.
풍 래 소 죽   풍 과 이 죽 불 류 성   안 도 한 담   안 거 이 담 불 류 영

故君子, 事來而心始現, 事去而心隨空.
고 군 자   사 래 이 심 시 현   사 거 이 심 수 공

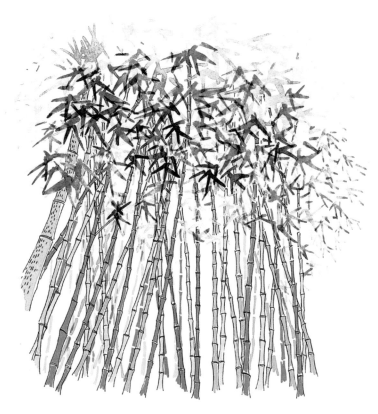

두 수도승이 순례길을 가다가 강을 만나게 되었다. 그들이 강둑에 이르렀을 때 한 여성이 아름다운 옷을 차려입은 채 서 있었다. 그녀는 혼자서 강을 건너자니 두렵기도 하고, 옷을 벗고 건널 수도 없어서 그렇게 서성거리고 있는 게 분명했다. 고민할 필요도 없이 한 수도승이 그녀를 업고 건너편 강둑까지 데려다 주었다. 강둑에 여성을 내려놓고 두 수도승은 발걸음을 재촉했다. 그런데 한 시간쯤 지났을 때, 다른 수도승이 비난을 늘어놓기 시작했다.

"어떻게 수도승의 몸으로 그런 불측한 행동을 할 수 있소? 여자의 몸에 손을 대는 것은 분명히 옳지 않은 일이오. 그것은 계율을 어기는 행동이오."

여성을 업어 강을 건너다 준 수도승은 말없이 듣고 있다가 마침내 동료 수도승을 돌아보며 말했다.

"난 그 여성을 한 시간 전에 강둑에 내려놓았네. 그런데 왜 형제는 아직까지도 그녀를 등에 업고 있는가?"

83
아름다운 덕을 위해
삶의 균형을 지키라

청렴결백하면서도 너그럽고, 어질면서도 결단력이 있으며, 총명하면서도 지나치게 살피지 않고, 강직하면서도 바른 것에만 치우치지 않는다면, 꿀을 바른 음식이 달지 않고 해산물이 짜지 않은 것과 같은 이치이니, 이것이 곧 아름다운 덕이다.

淸能有容, 仁能善斷, 明不傷察, 直不過矯,
청 능 유 용   인 능 선 단   명 불 상 찰   직 불 과 교

是謂'蜜餞不甛, 海味不鹹', 纔是懿德.
시 위   밀 전 불 첨   해 미 불 함   재 시 의 덕

❀ • • • • • •

미국 보스턴 시에 스트로사라고 하는 청년이 바턴이라고 하는 거상을 찾아갔다. 그리고 이런 부탁을 했다.

"제가 워싱턴가에 소매상을 하나 차려 놓을 생각인데 2천 달러를 빌려주실 수 있습니까?"

그런데 그에게는 담보물이 하나도 없었다. 이 말을 들은 바턴은 담보물이 없이는 돈을 빌려 줄 수 없다고 하자 그 청년은 그냥 돌아갈 수밖에 없었다.

그러나 바턴은 후에 그 청년에게 관심이 생겨 동료 사업가의 만류에도 불구하고 돈을 은행에 두기보다는 유망한 젊은이의 앞길을 돕는 것이 훨씬 보람이 있을 것이라고 여겨 무담보로 2천 달러를 빌려 주었다.

그 후 10년이 지나고 세계에 일대 공황이 와서 바턴의 사업도 모두 도산하고 말았다.

그런데 이때 그를 찾아온 사람이 있었다. 바로 스트로사였다. 그는 바턴의 부채를 갚아주겠다고 말했다.

바턴은 깜짝 놀라 말했다.

"아니, 그때 그 돈은 벌써 다 받았는데 뭘 또 준다는 것이오?"

"아닙니다. 빌렸던 돈은 모두 드렸지만 도와주신 은덕은 그대로 남아 있습니다. 지금 선생님이 당하고 계신 불운의 얼마라도 도울 수 있다면 그것이 나의 의무입니다."

스트로사는 이렇게 말하고 큰 도움을 주었다.

84

한때 어려움을 당했다고
포기하지 말라

가난한 집이라도 깨끗이 청소하고, 가난한 여인이라도 단정하게 머리를 빗으면 그 모습이
비록 화려하지는 않아도 그 기품은 단아해진다. 그러므로 군자가 한때 곤궁하고 적막함을
당했다 하여 스스로를 포기한 채 해이해질 수 있겠는가?

貧家淨拂地, 貧女淨梳頭, 景色雖不艷麗, 氣度自是風雅.
빈 가 정 불 지   빈 녀 정 소 두   경 색 수 불 염 려   기 도 자 시 풍 아

士君子一當窮愁寥落, 奈何輒自廢弛裁?
사 군 자 일 당 궁 수 요 락   내 하 첩 자 폐 이 재

⚙ • • • • • •

독일의 프뢰벨은 독일의 산간마을에서 다섯 형제 중 막내로 태어났다.
태어난 지 9개월 만에 어머니가 세상을 떠났다. 아버지는 목사였으며 교회
당을 새로 건축하느라 자녀들에게 사랑을 쏟을 여유가 없었다. 결국 아이
의 양육은 남의 손에 맡겨졌다. 프뢰벨이 5세가 됐을 때 아버지가 재혼해
새 아내를 맞았다. 그는 새어머니의 냉대와 멸시에 시달렸다. 소년은 사랑
의 결핍 속에서 성장했고 정서상 심한 타격을 입었다. 그의 어린 시절은 우
울했고 성격은 매우 폐쇄적이었다. 그러나 성경을 묵상하는 일만은 거르지
않았다. 소년은 장성해서 한 가지 결심을 하였다.

'어린 시절을 나처럼 불우하게 보내는 어린이들이 있어서는 안 돼.'

그는 아픈 과거를 거울삼아 어린이를 사랑과 정성으로 가르칠 교육기관
을 만들었다. 바로 유치원을 최초로 설립한 것이다. 자신이 받은 남다른 아
픔도 다른 사람들에게 유익이 되게 만드는 밑거름이 된다.

85

어둠 속에서도 속이고 숨기지 말라

한가할 때도 헛되이 시간을 쓰지 않으면 바쁠 때에 쓸모가 있고, 조용할 때에도 마음을 놓아 버리지 않으면 활동할 때 도움이 되며, 어둠 속에서도 속이고 숨기는 일이 없으면 밝은 곳에서도 쓸모가 있게 된다.

閑中不放過, 忙處有受用. 靜中不落空, 動處有受用.
한 중 불 방 과   망 처 유 수 용   정 중 불 락 공   동 처 유 수 용
暗中不欺恩, 明處有受用.
암 중 불 기 은   명 처 유 수 용

미국의 한 대학교 총장이 한창 학교 건물을 짓고 있었다. 거의 완성이 되었지만 막바지 건축비 1백만 달러가 모자랐다. 어려운 사정으로 고민하던 그는 어느 날 정부 고위관리로부터 제의를 받았다.

"2장의 서류에 사인을 해주면 1백만 달러를 희사하겠습니다."

즉 그가 사인을 하게 되면 고위관리에게는 3백만 달러가 생기고 총장에게는 건축에 필요한 1백만 달러가 생기는 일이었다. 그런데 총장이 그 서류를 자세히 검토해 보니 사실이 아닌 것을 사실인 것처럼 만든 위조서류였다. 총장은 고민에 빠졌다.

'눈 질끈 감고 사인을 두 번만 하면 경제적으로 유익하고 아무에게도 손해를 주지 않고도 학교 건물을 완성할 수 있는데……'

그러자 그 고위관리는 사인을 해도 두 사람 외에는 아무도 모르는 일이니 그냥 해달라고 간청하기 시작했다.

하지만 총장은 결국 거절했다. 이 사실은 그 사람뿐 아니라 자기 자신도 알기 때문이었다. 몇 초 만에 1백만 달러를 확보할 수 있는 기회가 왔지만 양심을 따르기로 결정했다.

양심은 우리가 혼자 있을 때에도 우리를 지켜주는 파수꾼이라는 것을 알아야 한다.

86

깨달으면 즉시 돌이키라

생각이 일어나는 곳에 문득 조금이라도 욕망의 길로 향한다는 깨달음이 있으면 급히 바른 길로 끌어당겨야 한다. 생각이 한 번 미치면 즉시 깨닫고, 한 번 깨닫게 되면 즉시 돌려야만 재앙이 되돌려 복이 되도록 하고, 죽음에서 일어나 삶으로 돌아오게 하는 방법이니 가볍게 여겨서는 안 된다.

念頭起處, 纔覺向欲路上去, 便挽從理路上來. 一起便覺, 一覺便轉.
염 두 기 처   재 각 향 욕 로 상 거   변 만 종 이 로 상 래   일 기 변 각   일 각 변 전

此是轉禍爲福, 起死回生的關頭, 切寞徑易放過.
차 시 전 화 위 복   기 사 회 생 적 관 두   절 막 경 이 방 과

⸙ ‧ ‧ ‧ ‧ ‧ ‧

'바늘 도둑이 소 도둑 된다'는 우리 속담이 있다. 바늘 도둑이란 얼마나 하찮은 도둑인가? 도둑이라고 말할 성질도 아닌, 오히려 애교스러울 정도의 작은 장난으로밖에 여겨지지 않는다. 그래서 '괜찮겠지. 크면 안 그러겠지.' 하고 가만 놔두면 훔치는 물건의 크기는 나날이 커져 간다. 바늘이 시계가 되고, 시계가 카메라가 되고, 카메라가 컴퓨터가 되고, 컴퓨터가 승용차가 된다.

마음속에서 악한 생각의 싹을 보았을 때는 즉시 싹둑 잘라 버려야 한다. 뿌리를 내리기 시작하면 그때는 거대한 바오밥나무처럼 무성해져서 스스로의 힘으로 제거할 수 없다.

악은 행하면 행할수록 더욱 악하게 되고, 선은 행하면 행할수록 더욱 선하게 된다는 것은 만고의 진리이다. 그러므로 악한 마음이 일어나고 있다는 것을 깨달으면, 그 즉시 악한 길에서 과감하게 돌아서야 한다.

87

마음을 보며 도를 깨닫는 세 가지

고요한 가운데 생각이 맑으면 마음의 본모습을 볼 수 있고, 한가한 가운데 기상이 조용하면 마음의 참된 기틀을 알게 되고, 담백함 가운데 마음의 뜻이 평온하면 마음의 참 맛을 얻을 수 있다. 마음을 보며 도를 체득하는 데는 이 세 가지보다 나은 게 없다.

靜中念慮澄徹, 見心之眞體. 閒中氣象從容, 識心之眞機.
정 중 념 려 징 철　　견 심 지 진 체　　한 중 기 상 종 용　　식 심 지 진 기
淡中意趣冲夷, 得心之眞味. 觀心證道, 無如此三者.
담 중 의 취 충 이　　득 심 지 진 미　　관 심 증 도　　무 여 차 삼 자

⊛ • • • • • •

　옛날에 어떤 왕이 보위에 오르면서 궁전 탑 꼭대기에 아름다운 은종 하나를 설치했다. 그 이유는 왕이 스스로 행복하다고 느낄 때 종을 울림으로써 백성들에게 그 사실을 알리기 위해서였다. 특별히 그는 자신의 마음이 행복으로 가득 찼을 때 그 종을 치기로 하고, 그것도 남의 손을 빌리지 않고 손수 종을 친다는 규칙을 정해 놓고 있었다. 그러나 날이 가고 달이 가고 해가 바뀌어도 아름다운 종소리는 단 한 번도 울리지 않았다.

　'행복의 종은 왜 단 한 번도 울리지 않을까.'

　백성들의 마음도 안타까웠다.

　그렇게 세월이 흘러 어느새 왕도 늙고 병들어 이 세상을 하직할 시간이 다가오게 되었다. 왕을 둘러싸고 있던 신하들은 슬픔을 이기지 못해 흐느끼기 시작했다. 그 순간 왕은 갑자기 가슴이 뭉클해지며 백성들이 자기를 얼마나 사랑했는가를 깨닫게 되었다. 그리고 갑자기 자신이 행복하다는 생

각이 들었다. 그래서 처음이자 마지막으로 종을 치고 행복한 미소를 띤 채 그는 숨을 거두게 되었던 것이다.

만일 그 왕이 조금 더 일찍 백성들의 사랑을 깨달았더라면 시종일관 행복한 삶을 누렸을 것이며, 백성들도 날마다 아름다운 종소리를 들을 수 있었을 것이다.

88
괴로운 중에 즐거운 마음을 얻으라

고요한 중에 고요함은 참된 고요가 아니다. 소란한 중에 고요함을 지켜야만 마음의 참다운 경지에 이를 수가 있다. 즐거운 중에 즐거움은 참다운 즐거움이 아니다. 괴로운 중에 즐거운 마음을 얻어야만 마음의 참된 본체를 볼 수가 있다.

靜中靜非眞靜. 動處靜得來, 纔是性天之眞境.
정 중 정 비 진 정   동 처 정 득 래   재 시 성 천 지 진 경
樂處樂非眞樂. 苦中樂得來, 纔見以體之眞機.
낙 처 락 비 진 락   고 중 락 득 래   재 견 이 체 지 진 기

독일의 신비주의자 타울러가 하루는 거지를 만났다.
"친구여, 오늘도 안녕하기를 바랍니다."

그 말을 들은 거지가 이렇게 대답했다.

"난 하루도 안녕하지 않은 날이 없어 하느님께 감사합니다."

그러자 타울러가 다시 말했다.

"여보시오, 그러면 행복하시기를……!"

다시 거지의 대답이 돌아왔다.

"난 불행해 본 적이 없어 하느님께 감사합니다."

놀란 타울러가 물었다.

"그 말은 무슨 뜻입니까?"

"날이 좋으면 하느님께 감사하고, 비가 와도 감사하고, 먹을 것이 넉넉하면 감사하고, 배고파도 감사합니다. 하느님의 뜻이 나의 뜻이니 하느님을 기쁘시게 하는 것은 무엇이나 나를 기쁘게 하는데 무엇 때문에 내가 불행하지 않을 때 불행하다고 말해야 합니까?"

타울러는 놀라서 그를 쳐다보고 물었다.

"대체 당신은 누구십니까?"

"나는 왕이오."

거지가 대답했다.

"그럼 당신의 나라는 어디에 있나요?"

타울러의 질문에 거지는 조용히 대답했다.

"내 마음속에……."

89

은혜를 베풀었다면
보답을 바라지 말라

몸 바쳐 일하기로 했다면 그 일을 의심하지 말라. 의심하게 되면 자신의 결심이 부끄러
워진다. 남에게 베풀었다면 보답을 바라지 말라. 보답을 바란다면 베풀었던 마음마저 그
르치게 된다.

舍己, 毋處其疑. 處其疑, 卽所舍之志多愧矣.
사 기   무 처 기 의   처 기 의   즉 소 사 지 지 다 괴 의

施人, 毋責其報. 責其報, 倂所施之心俱非矣.
시 인   무 책 기 보   책 기 보   병 소 시 지 심 구 비 의

영국의 한 부잣집 소년이 스코틀랜드의 어느 시골로 놀러가 수영을 하다
발에 쥐가 나 익사할 위기에 처했다. 이때 부근에서 일하던 시골 소년이 그
를 구해주었다.

영국 소년이 집으로 돌아와 아버지에게 그 사실을 말하자 아버지는 그
시골 소년의 소원이 무엇인지 알아오게 했다. 시골 소년의 소원은 의학공
부를 하는 것이었다.

영국 소년의 아버지는 그 시골 소년이 의학공부를 할 수 있도록 지원을
해주었다.

소년은 덕분에 의학공부에 매진, 노벨의학상과 작위까지 받았으니 그가
바로 페니실린을 발견한 알렉산더 플레밍이다.

또 그를 도와줬던 영국 소년은 훗날 명 수상이 된 윈스턴 처칠이다. 처칠
은 제2차세계대전 중 스탈린과 회담을 하러 소련에 갔다가 폐렴으로 큰 위

기를 맞았는데, 그때도 플레밍이 발견한 페니실린으로 완치할 수 있었다.

영국 소년 처칠이 수영하다 쥐가 났을 때 시골 소년 플레밍이 없었다면, 그리고 시골 소년 플레밍의 소원이 의학공부였지만 처칠 아버지의 도움이 없었다면, 또 처칠 수상이 폐렴으로 큰 고통을 겪었을 때 플레밍 박사의 페니실린이 없었다면, 처칠 수상과 플레밍 박사가 존재할 수 없었을 것이다. 세상은 이렇게 도움을 주고받는 사랑의 사슬로 묶여 있는 것이다.

90

하늘도 어쩌지 못하는 마음 바탕

하늘이 내게 복을 박하게 준다면 나의 덕을 두텁게 하여 맞아들이고, 하늘이 내 몸을 수고
롭게 한다면 내 마음을 편하게 하여 도울 것이며, 하늘이 내 처지를 곤궁하게 한다면 나는
내 도를 깨우쳐 형통하게 할 것이다. 그렇게 한다면 하늘인들 나를 어찌 하겠는가.

天薄我以福, 吾厚吾德, 以迓之. 天勞我以形, 吾逸吾心, 以補之.
천 박 아 이 복   오 후 오 덕   이 아 지   천 노 아 이 형   오 일 오 심   이 보 지

天阨我以遇, 吾亨吾道, 以通之. 天且我奈何哉?
천 액 아 이 우   오 형 오 도   이 통 지   천 차 아 내 하 재

🏵 • • • • •

사진작가 조지 커빙턴은 선천성 시각장애인이다. 단지 오른쪽 눈에 5%
정도의 부분시력만 남아 있다. 그러나 그의 사진은 정교하고 아름답기로
정평이 나 있다. 커빙턴은 신체적 약점에도 불구하고 다양한 직업을 갖고
있다. 변호사와 대학교수로 이미 명성을 날렸고, 미국 댄 퀘일 부통령의 특
별보좌관을 맡아 '장애인 공공기관 출입자유법'을 입안했다.

커빙턴이 사진작가로 나선 것은 오스틴대학 재학 중이던 1967년, 맨눈으
로는 거의 볼 수 없었던 자연을 사진으로 찍어 인화한 뒤 확대경을 통해 사
진을 들여다보며 하느님의 놀라운 창조의 비밀을 알았다. 그는 주로 시골
풍경을 즐겨 촬영했다. 아름다운 풍경 속에 하느님의 사랑이 깃들어 있음
을 깨닫고 긍정적인 인생관을 갖게 되었다. 그는 말한다.

"나는 세상을 보기 위해 사진을 찍는다. 그 속에는 창조의 비밀이 담겨
있다. 장애는 얼마든지 극복될 수 있다."

91
사람의 잔꾀가 부질없음을 알라

지조 있는 선비는 복을 구하는 마음이 없기 때문에 하늘이 알아서 찾아가 그 마음을 열어 준다. 간사한 사람은 불행을 피하려고 애쓰기 때문에 하늘은 그 애쓰는 안으로 찾아가 넋을 빼앗는다. 하늘의 힘이란 얼마나 놀라운가. 그러니 사람의 잔꾀가 무슨 소용이 있겠는가.

貞士無心徼福, 天卽就無心處牖其衷.
정 사 무 심 요 복   천 즉 취 무 심 처 유 기 충
憸人著意避禍, 天卽就著意中奪其魄.
섬 인 저 의 피 화   천 즉 취 저 의 중 탈 기 백
可見天之機權最神. 人之智巧何益?
가 견 천 지 기 권 최 신   인 지 지 교 하 익

• • • • • •

봉이 김선달이 전국을 떠돌 때, 장사로 돈을 벌어 양반행세를 하던 어떤 사람이 김선달을 사위로 삼아 양반이 되는 잔꾀를 생각해냈다. 그는 김선달을 끌 듯이 집으로 데려와 술을 먹이고 딸과 혼인합방으로 몰아넣었다. 얼떨결에 장가를 가게 된 김선달은 황당하고 무례하기 짝이 없는 이 상황에서 도망치기로 했다. 그러나 술에 취했어도 혼인은 혼인이니 도망칠 명분이 여의치 않았다.

며칠 후, 이른 아침 김선달은 짐을 꾸려 집을 나가겠다고 고집을 부렸다. 장인이 호통을 쳤다.

"사위, 나는 자네를 한 발자국도 내 집 밖으로 나가게 할 수 없어!"

그러자 기다렸다는 듯 김선달이 맞받았다.

"장인어른! 내 원치 않은 혼인을 했으나 혼인은 혼인인지라 살아보려고

도 했습니다! 그런데 두 해를 지나도록 아이를 낳지 못하니 어찌 평생을 기약하며 살 수 있겠습니까!"

"아니, 이게 무슨 말인가? 두 해를 지나도록 아이를 낳지 못하다니?"

"내가 장가 온 것이 계사년인데 벌써 갑오년 아닙니까! 우리 집안은 손이 귀한 집안! 이대로는 살 수 없으니 떠나는 것을 막지 마십시오!"

김선달은 잔꾀로 사람들의 넋을 빼놓고 바람처럼 사라져 버렸다. 사람들은 넋을 놓고 지켜볼 뿐이었다. 그가 장가 든 것은 계사년 겨울의 끝이었고, 며칠 후 갑오년이 된 것이니, 해를 따지면 두 해를 맞이한 셈은 셈이었던 것이다.

92
사람을 보려면 그 끝 무렵을 보라

비록 기생이었다 해도 늘그막에 한 남편만을 따른다면 한평생의 분 냄새가 문제될 것이 없고, 비록 열녀라 할지라도 늘그막에 정조를 잃으면 반평생의 수절이 허사가 되고 만다. 그러므로 옛말에 이르기를 '사람을 보려면 그 생의 후반을 보라'고 했으니 진정 명언이다.

聲妓, 晚景從良, 一世之臙花無碍.
성기 만경종량 일세지연화무애

貞婦, 白頭失守, 半生之情苦俱非.
정부 백두실수 반생지정고구비

語云, '看人只看後半截', 眞名言也.
어운 간인지간후반절 진명언야

⁂ • • • • • •

진(晉)나라 혜제 때 주처라는 사람은 어릴 때에 방탕한 생활을 하였다. 뒤늦게 철이 들어 새사람이 되려고 하였으나 사람들이 믿지 않았다.

"흥! 그 버릇이 어디 가려고?"

"믿을 수 없는 걸 어떻게 믿는단 말이야?"

오히려 비웃음만 사게 되자, 주처는 동오에 가서 학자 육기를 만나 자초지종을 이야기하자 육기는 격려하며 말했다.

"굳은 의지를 지니고 지난날의 과오를 고쳐서 새사람이 된다는 개과천선이면 자네의 앞날은 무한히 밝네."

이후 10년간 학문에 정진한 주처는 마침내 학자로서 입신양명하였다.

93

벼슬 있는 걸인이 되지 말라

평범한 사람이라도 즐거이 덕을 심고 은혜를 베풀면 벼슬 없는 재상이 되고, 도를 닦는 사람이라도 권세를 탐하고 부귀영화를 구걸한다면 마침내 벼슬 있는 걸인이 되고 말 것이다.

平民肯種德施惠, 便是無位的公相.
평 민 긍 종 덕 시 혜　　변 시 무 위 적 공 상
士夫徒貪權市寵, 竟成有爵的乞人.
사 부 도 탐 권 시 총　　경 성 유 작 적 걸 인

　　동학농민운동을 일으킨 사람은 전봉준이었고, 전봉준으로 하여금 난을 일으키게 한 자가 탐관오리 조병갑이었다. 그가 고부군수로 부임한 뒤 흉년을 핑계로 만석보를 쌓게 하고 물세를 받았는데, 그 총액이 쌀로 겨우 7백여 석에 이르렀다. 조병갑이라는 탐관오리에게는 대선배가 있었으니 바로 백낙신이었다. 백낙신은 경상우도 병마절도사로 있으면서 부정행위를 자행하였는데 진주목사 홍병원과 손잡고 5만 2천여 석, 돈으로 환산하여 15만 6천여 냥을 착복하였다. 그의 후배인 조병갑이 착복한 돈에 비하면 엄청나게 큰 액수였다. 그 점에서 백낙신은 조병갑의 대 선배로 손색이 없었다. 그 결과 1862년 진주시민 8만여 명이 들고 일어난 진주민란이 발발하게 되었다.

　　나라의 녹을 먹는 관리가 욕심을 부려 백성들로부터 돈과 재물을 착복하는 인간은 벼슬 있는 걸인에 다름없을 것이다.

94

자손에게 물려줄 복을 늘 살피라

조상이 남겨 준 은혜가 무엇인가. 지금 내가 살아 누리는 모든 것이 그것이니, 그 쌓기 어려움을 생각해야 한다. 자손에게 물려줄 복이 무엇인가. 내가 지금 행하는 모든 것이 그것이니, 그것이 비뚤어지고 잘못되지 않는가를 늘 살펴야 한다.

問祖宗之德澤! 吾身所享者是, 當念其積累之難.
문 조 종 지 덕 택   오 신 소 향 자 시   당 념 기 적 루 지 난
問子孫之福祉! 吾身所貽者是, 要思其傾覆之易.
문 자 손 지 복 지   오 신 소 이 자 시   요 사 기 경 복 지 이

🏵 • • • • • •

정호는 송강 정철의 고손자로서 학자이자 정치가였다. 숙종 10년에 문과에 합격한 후 여러 벼슬을 거쳐 영조 1년에는 영의정에까지 올랐다. 정호는 만년에 벼슬에서 물러나 충주에 살았는데, 도승지 이형좌가 임금의 명을 받들고 찾아온 일이 있었다.

이형좌가 정호의 집에 도착해 보니, 마침 그는 가느다란 배나무 십여 그루를 밭둑에 심고 있었다.

"이제 나무를 심어 어느 세월에 배를 따시겠습니까?"

그러나 이형좌의 말에 정호는 아무 말 없이 웃었다.

'내가 못 먹으면 내 자손이라도 먹겠지. 나 역시 선조들이 심어 놓은 나무에서 과일을 따 먹지 않는가.'

그런 일이 있은 후 여러 해가 지났다. 충청도 관찰사가 된 이형좌는 인사차 정호의 집에 들렀다. 정호는 간단한 술상에 큼지막한 배 여남은 개를 곁

들여 내왔다. 이형좌가 먹어 보니 참으로 맛이 좋은 배였다.

"이 배가 바로 몇 년 전에 내가 심던 작은 배나무에서 딴 것이라네. 배를 먹기 시작한 지 벌써 몇 해째 되었다네."

그는 아흔이 다 되도록 건강하게 장수를 누렸다.

95

군자로서
위선적인 행동을 하지 말라

군자로서 위선적인 행동을 한다면, 소인배가 악을 거침없이 행하는 것과 같다. 군자로서
변절한다면, 소인배가 잘못을 뉘우치는 것만도 못하다.

君子而詐善, 無異小人之肆惡. 君子而改節, 不及小人之自新.
군 자 이 사 선 무 리 소 인 지 사 악 군 자 이 개 절 불 급 소 인 지 자 신

• • • • • •

어느 유명한 사찰에서 두 행자승이 수행을 하고 있었다. 하루는 주지스
님이 두 행자승을 불러 물었다.

"그래, 수행은 할 만한가?"

한 행자승이 이렇게 대답했다.

"저는 수행하는 데 어려움을 겪고 있습니다. 속세에서 친구들과 술 마시
고 놀던 생각이며, 또 여자 생각이 떠올라서 마음만 산란하고 수행이 잘되
지 않고 있습니다."

주지스님은 고개를 끄덕이며 말했다.

"음, 정말 그러한가?"

이번에 주지스님은 다른 행자에게 물었다.

"자네는 어떤가?"

그 행자는 이렇게 대답했다.

"저는 수행이 아주 잘됩니다. 잡념도 없고 친구 생각도 여자 생각도 안 나고 수행이 잘되고 있습니다."

이 말이 끝나기가 무섭게 주지스님은 가지고 있던 지팡이로 그 행자승을 두들겨 패면서 소리쳤다.

"이놈아! 너 같은 놈은 이곳에 머무를 곳이 못 된다. 당장 나가거라!"

주지스님은 그 행자승을 그 자리에서 내쫓아 버렸다. 진실하지 못하다는 것을 간파했기 때문이었다.

수행의 시작은 진실에서 시작된다.

96

다른 일로써 넌지시 깨우치게 하라

집안 식구가 잘못하면 크게 화내지도 가볍게 보아 넘기지도 말아야 한다. 그 잘못을 말하기가 어렵다면 다른 일로써 넌지시 깨우치게 하고, 오늘 깨닫지 못하면 내일을 기다려 다시 깨우쳐 주되 봄바람이 언 땅을 녹이고 온기가 얼음장을 녹이듯 하라. 이것이 바로 가정을 다스리는 법도이다.

家人有過, 不宜暴怒, 不宜輕棄.
가 인 유 과   불 의 폭 로   불 의 경 기

此事難言, 借他事隱諷之. 今日不悟, 俟來日再警之.
차 사 난 언   차 타 사 은 풍 지   금 일 불 오   사 내 일 재 경 지

如春風解凍, 如和氣消氷, 纔是家庭的型範.
여 춘 풍 해 동   여 화 기 소 빙   재 시 가 정 적 형 범

● ● ● ● ● ●

어느 신사가 말을 타고 가다가 병사들이 나무를 운반하는 장면을 목격했다. 상사 한 명이 구령을 붙이며 작업지휘를 하고 있었지만 워낙 무거운 나무인지라 좀처럼 움직이질 않고 있었다.

신사가 상사에게 물었다.

"자네는 왜 같이 일하지 않는가?"

그랬더니 상사가 이렇게 대답하였다.

"전 졸병이 아니라 명령을 내리는 상사입니다. 일은 병사들 담당입니다."

"흠, 그런가?"

말을 마친 신사는 말에서 내리더니 저고리를 벗고는 병사들 틈에 끼여서 일하기 시작하는 것이었다. 조금도 쉬지 않고 땀을 뻘뻘 흘리며 나무를 날

랐다. 한참 만에 나무를 목적지까지 다 운반했다.

신사는 말에 올라타며 상사에게 말했다.

"다음에 또 나무를 운반할 일이 있거든 총사령관을 부르게."

상사와 병사들은 그때야 그 신사가 조지 워싱턴 장군임을 알았다.

97

마음이 언제나
너그럽고 평온하게 하라

내 마음을 살펴 항상 원만하게 한다면 세상은 한 점 결함이 없는 세계가 될 것이며, 내 마음이 언제나 너그럽고 평온하다면 세상에 험악한 인정이란 저절로 사라질 것이다.

此心常看得圓滿, 天下自無缺陷之世界.
차 심 상 간 득 원 만   천 하 지 무 결 함 기 세 계
此心常放得寬平, 天下自無險側之人情.
차 심 상 방 득 관 평   천 하 자 무 험 측 지 인 정

조선 중종 때의 명재상인 정광필의 젊은 시절, 암행어사 직분을 받고 전라도 지방으로 나가게 되었다. 한 고을의 원님이 관의 재산을 부정축재했다는 소문을 듣고 은밀하게 그곳으로 가게 되었는데, 그는 곧장 관아로 들어가지 않고 하룻밤을 그냥 주막에서 지내고 이튿날 관아로 가자고 하는 것이었다. 이상하게 생각한 역졸이 그 까닭을 묻자 정광필은 이렇게 대답했다.

"무식한 무인 수령이 법 무서운 줄을 모르고 나라의 재산을 부정으로 축재했을 것이다. 지금 곧장 들어가 조사하게 되면 그는 죽음을 면할 수가 없다. 그러나 우리가 이곳에서 하룻밤을 지내게 되면 그의 귀에 우리가 와 있다는 소문이 들어갈 것이고, 그는 부랴부랴 축재한 것을 토해 놓을 것이다."

이튿날 정광필은 모든 조사를 마친 후, 그 원님을 파직하는 것으로 이를 매듭지었다. 죄는 엄하게 다루어야 하지만, 목숨만은 살려주고 싶은 그의 관용이 드러나는 일처리인 것 같다.

98

어떤 경우에도
자기의 소신을 지키라

청렴하고 검소한 사람은 반드시 사치스러운 자들에게 위선을 떤다는 의심을 받고, 엄격한 사람은 흔히 방종한 자들에게서 답답하다고 미움을 받게 된다. 그러나 군자는 어떤 경우에도 자기의 소신을 지켜야 하고, 또한 지나치게 자기의 주장을 드러내어 상대방과 충돌해서는 안 된다.

澹泊之士必爲濃艶者所疑. 檢飭之人 多爲放肆者所忌.
담 박 지 사 필 위 농 염 자 소 의   검 칙 지 인   다 위 방 사 자 소 기

君子處此, 固不可少變其操履, 亦不可太露其鋒芒.
군 자 처 차   고 불 가 소 변 기 조 리   역 불 가 태 로 기 봉 망

⬡ • • • • • •

유한양행의 창업주인 고 유일한 박사는 자신의 회사 주식을 모두 학교에 기증하고 아들에게는 스스로 자신의 길을 개척하라는 유서를 남겨 당시 세간을 놀라게 한 바 있다. 특히 유 박사는 회사 경영에서 아들과 조카를 해고하고 전문 경영인에게 회사를 맡기는 등 가족과 친인척을 철저히 배제했다.

"이 조직에 우리 친척이 있으면 회사 발전에 지장을 받는다. 내가 살아 있는 동안 우리 친척을 다 내보내야 한다."

유 박사는 생전에 이런 소신을 밝힌 것으로 알려졌다.

또한 정치자금에서도 소신을 지킨 유 박사는 세무조사 대상에 오른 적이 있으나 당시 조사를 맡은 감찰팀장이 "털어도 먼지 안 나오더라."고 말할 만큼 정직한 경영을 하여 모범이 되었다.

99

역경은 모두 약이고,
순경은 모두 독이다

어려움에 처해 있을 때는 주위가 모두 침과 약이어서 자신도 모르게 절개와 행실을 갈고
닦게 되나 깨닫지 못한다. 또한 모든 일이 순조로울 때는 눈앞이 모두 칼과 창이어서 살을
말리고 뼈를 깎아 몸을 파멸시키지만 이를 깨닫지 못한다.

居逆境中, 周身皆鍼砭藥石, 砥節礪行而不覺.
거 역 경 중   주 신 개 침 폄 약 석   지 절 려 행 이 부 각

處順境內, 眼前盡兵刃戈矛, 銷膏磨骨而不知.
처 순 경 내   안 전 진 병 인 과 모   소 고 마 골 이 부 지

• • • • •

논에 미꾸라지를 키울 때 한쪽 논에는 미꾸라지만 넣고, 다른 쪽에는 미
꾸라지와 함께 메기를 키워 보면, 메기를 넣어 키운 미꾸라지가 훨씬 더 통
통하게 살이 쪄 있다고 한다. 미꾸라지들이 메기에게 잡아먹히지 않으려고
활발히 움직였기 때문에 더 많이 먹어야 했고 그 결과 더 튼튼해졌다는 것
이다. 안전하다고 생각되는 그 순간이 가장 위험하다.

판매원에서 세계적인 스타로 주목받게 된 오페라 가수 폴 포츠. 그는 초
라한 외모, 가난과 왕따, 교통사고, 종양수술 등 어려운 상황 속에서도 오페
라 가수의 꿈을 꾸며 살아가던 평범한 남자였다. 그러나 단 한순간도 가수
가 되겠다는 꿈을 포기하지 않고 연습하며 노력했다. 마침내 2007년 영국
의 오디션 TV 프로그램인 '브리튼즈 갓 탤런트'에 출연해 우승, 순식간에
세계적인 스타덤에 올랐다. 역경을 이겨내며 꽃피운 성공이라 사람들에게
더 많은 감동을 안겨주었다.

100

자기 자신을 태우는 욕심을 자제하라

부귀한 집에서 성장한 사람은 그 욕심이 사나운 불길과 같고 그 권세가 무서운 불꽃과 같다. 이때 만약 조금이라도 식히려는 기운을 지니지 않는다면, 그 불길이 남을 태우지는 못하더라도 반드시 자기 자신을 태워 버리고 말 것이다.

生長富貴叢中的, 嗜欲如猛火, 權勢似烈焰.
생 장 부 귀 총 중 적   기 욕 여 맹 화   권 세 사 열 염

若不帶些淸冷氣味, 其火焰不至焚人, 必將自爍矣.
약 불 대 사 청 랭 기 미   기 화 염 부 지 분 인   필 장 자 삭 의

조선 태종의 일등 공신이었던 이숙번은 타고난 교만을 버리지 못하여 유배지에서 비참하게 일생을 마친 사람이다. 이숙번은 왕의 총애를 믿고 교

만하기 짝이 없었다. 임금의 입궐하라는 어명에도 아프다고 대궐에 들어가지 않았다. 또 이숙번은 자기가 벼슬을 주고 싶은 사람의 이름을 종이에 써서 재상에게 살짝 건네주었다. 협박까지 하면서 벼슬을 주도록 만드니, 이숙번과 친한 사람들은 모두 높은 벼슬을 하게 되어 그 세력이 하루가 다르게 커 갔다. 이숙번은 서대문 안에 집을 지었는데 그 주위에 허름한 집들이 많았다. 하도 여러 번 이 집들을 없애달라고 졸라대므로 마지못해 임금이 허락하자 백성들의 원성이 들끓었다. 참다못한 여러 대신들이 상소를 올려 이숙번의 처벌을 건의하였다.

"음, 어쩔 수 없구려. 귀양을 보내도록 하시오."

태종은 이숙번을 먼 곳으로 유배를 보냈다. 그가 저지른 죄는 마땅히 사형에 처해야 하지만, 공신이라 목숨만은 살려 주었던 것이다.

세월이 흘러 태종이 물러나고 세종이 새 임금이 되었다. 세종이 집현전 학자들과 '용비어천가'를 편찬하는데 태종 시대의 일을 잘 아는 사람이 필요했다. 이숙번은 부름을 받자 곧 대궐에 들어왔다. 당시의 재상들이 모두 그의 후배이므로 여럿이 나가 정중히 절하며 맞아들였다. 그러자 이숙번은 머리를 끄덕여 거만하게 인사를 받았다. 교만이 좀 꺾인 줄 알았는데 하나도 변함이 없었다.

"다시 유배지로 보내도록 하라."

책의 편찬이 끝난 뒤 이숙번은 세종의 어명에 따라 유배지인 경상도 함양으로 돌아가 그곳에서 죽었다. 좋은 기회를 얻었으나 끝내 교만을 버리지 못해 귀양살이로 일생을 마치게 된 것이다.

101
사람의 참모습을 잃지 말라

사람의 집념은 여름에도 서리를 내리게 할 수 있고, 울음으로 성곽을 무너뜨릴 수 있으며, 쇠붙이와 돌도 뚫을 수가 있다. 그런 거짓된 사람은 한낱 사람의 탈만 갖추었을 뿐 참모습은 이미 사라져, 남을 대하면 얼굴도 흉하게 보이고 혼자 있을 때는 제 모습과 그림자에 스스로 부끄러워진다.

人心一眞, 便霜可飛 城可隕 金石可貫.
인 심 일 진　 변 상 가 비　 성 가 운　 금 석 가 관

若僞妄之人, 形骸徒具, 眞宰已亡, 對人則面目可憎, 獨居則形影自媿.
약 위 망 지 인　 형 해 도 구　 진 재 이 망　 대 인 즉 면 목 가 증　 독 거 즉 형 영 자 괴

맨주먹으로 30년간 노력한 끝에 미국에서 손꼽히는 부호가 된 그르드는 임종의 자리에서 외동딸 에렌에게 이런 유언을 남겼다.

"에렌, 네게 1억 2천만 달러의 재산을 유산으로 준다. 너는 이것을 가장 유익한 방법으로 쓰도록 해라."

장례식 후 에렌은 유언에 따라 1억 2천만 달러의 유산을 불쌍한 사람을 돕는 일에 아낌없이 희사했다. 불행한 사람들에게 살 길을 열어주는 데 쓴 것이다.

일부에서는 아무리 사회사업이지만 그 돈을 그렇게 써서야 되겠느냐고 하는 사람도 있었다.

이에 대해 에렌은 이렇게 말했다.

"아버지께서는 부자가 되어 돈의 덕을 모르는 사람은 추악한 물질의 노예에 지나지 않는다고 하셨습니다. 나는 물질의 노예가 되고 싶지 않습니다."

'그 아버지에 그 딸'이라고 할 만큼 훌륭한 마음을 지닌 부녀라 하겠다. 자녀들에게 물질을 유산으로 남겨주는 것보다는 바른 인격과 도덕을 알게 하는 것이 얼마나 중요한 일인지 알아야 한다. 그것이 고기를 잡는 법을 알려주는 일이다.

낮이나 밤이나 지식을 외우게 하여 달달 왼 지식으로 일류대학에 간들, 졸업하고 대기업에 들어간들 마음이 옹졸하고 자기밖에 모르는 사람으로 살아간다면 행복은 기대할 수 없을 것이다.

102

지극한 경지가 곧 평범함임을 알라

문장이 지극한 경지에 이르면 다른 기이한 것이 있는 게 아니라 다만 알맞을 뿐이다. 인품이 지극한 경지에 이르면 달리 뛰어난 것이 있는 게 아니라 다만 본연의 그대로일 뿐이다.

文章做到極處, 無有他奇, 只是恰好.
문 장 주 도 극 처   무 유 타 기   지 시 흡 호

人品做到極處, 無有他異, 只是本然.
인 품 주 도 극 처   무 유 타 이   지 시 본 연

중국의 한 현인이 제자들에게 물었다.

"인생에서 가장 만족할 만한 일이 무엇이냐?"

그랬더니 대답이 다양하게 많이 나왔다.

행복한 결혼, 건강, 좋은 친구, 좋은 집 등등. 그러나 이 현인은 그 어떤 답변에도 만족하지 못하였다. 그리고는 이렇게 일러주었다.

"인생에서 가장 만족스러운 일이란, 우리가 길가는 법을 보여 준 후, 어린아이가 우리를 본받아 자기의 길을 신념에 가득 차서 걸어가는 모습을 보는 것이다."

소박한 꿈이 가장 행복하고 평범한 삶이 가장 안전하고 지극한 행복을 안겨주는 것을 알아야 한다.

103

세상 만물이
나와 한 몸임을 깨달으라

세상의 모든 것을 허상으로 본다면, 부귀공명은 물론 내 육신까지도 잠시 빌린 것에 불과하다. 세상의 모든 것을 실상으로 본다면, 부모형제는 물론 세상 만물이 나와 한 몸이 아닌 것이 없다. 세상이 허상임을 알고 만물이 나와 한 몸임을 깨닫는다면, 비로소 세상의 짐을 맡아 이끌어 나갈 수 있고 세상의 속박에서 벗어날 수가 있다.

以幻迹言, 無論功名富貴, 卽肢體亦屬委形.
이 환 적 언   무 론 공 명 부 귀   즉 지 체 역 속 위 형

以眞境言, 無論父母兄弟, 卽萬物皆吾一體. 人能看得破　認得眞,
이 진 경 언   무 론 부 모 형 제   즉 만 물 개 오 일 체   인 능 간 득 파 　 인 득 진

纔可任天下之負擔, 亦可脫世間之韁鎖.
재 가 임 천 하 지 부 담   역 가 탈 세 간 지 강 쇄

가난한 청년이었던 마틴은 캘리포니아의 작은 대학에 입학하게 되었다. 그는 입학 전에 학비를 마련하기 위해 일자리를 찾아 나섰고, 온실 재배 사업의 현장 감독이 마틴의 어려운 사정을 듣고 일자리를 마련해 주었다. 현장의 인부들은 점심시간이 되면 커다란 나무 밑에 둘러앉아 함께 식사를 했지만, 형편이 어려워 도시락을 싸 오지 못한 마틴은 나무 그늘에 누워 허기를 달래야 했다. 그때 현장 감독의 목소리가 들렸다.

"젠장, 이놈의 마누라가 나를 돼지로 아나? 혼자서 이걸 어떻게 먹으라고 이렇게 많이 싸 보낸 거야? 이봐, 누구 이 샌드위치와 케이크 한 조각 좀 먹어줄 사람 없어?"

마틴은 그 현장 감독이 내민 샌드위치로 허기진 배를 채울 수 있었다. 감

독의 하소연은 매일 이어졌고, 덕분에 마틴은 점심 때마다 식사를 할 수 있었다. 마틴은 한 달이 지나 급료를 받기 위해 사무실에 찾아갔다. 급료를 받고 나오면서 경리 직원에게 "감독님께 감사의 말을 전해주세요. 그리고 부인의 샌드위치도 정말 맛있었다고요."라고 말하자, 경리 직원은 놀란 눈으로 되물었다.

"부인이라니요? 사모님은 5년 전에 돌아가셨어요. 감독님은 여전히 부인을 그리워하며 혼자 살고 계신답니다."

진정한 배려는 드러내지 않고 자랑하지 않고 상대방을 민망하게 만들지도 않는다. 그래서 더욱 그 고마움은 평생을 두고 잊혀지지 않는다.

104

즐거움은 절반쯤에서 그치라

입을 즐겁게 하는 음식은 모두가 장을 상하게 하고 뼈를 썩게 하는 독약과 같으니, 많이 먹지 말고 절반쯤에서 그쳐야 화를 면한다. 마음을 즐겁게 하는 쾌락은 모두가 몸을 망치고 덕을 잃게 하는 매개물이니, 깊이 탐닉하지 말고 절반쯤에서 그쳐야 후회가 없을 것이다.

爽口之味, 皆爛腸腐骨之藥. 五分便無殃.
상 구 지 미   개 란 장 부 골 지 약   오 분 변 무 앙
快心之事, 悉敗身喪德之媒. 五分便無悔.
쾌 심 지 사   실 패 신 상 덕 지 매   오 분 변 무 회

* * * * * *

옛날 황해도의 어떤 사람이 금광을 운영해서 큰 부자가 되었다. 하루는 그가 금광에서 캐낸 금을 가지고 배를 타고 집으로 돌아오다가 풍랑을 만나 침몰 직전에 놓이게 되었다. 그러자 배에 탔던 사람들은 헤엄이라도 쳐서 목숨만 건지자는 생각으로 물 속으로 뛰어 들어가 가까운 섬으로 헤엄쳐 가서 살아났다.

그런데 큰 부자는 지니고 있던 금을 버리고 몸만 나갈 수는 없었다.

"안 돼! 내 금덩어리! 내 피 같은 금덩어리들!"

그래서 큰 부자는 금덩어리를 모조리 허리춤에 동여맨 채 물 속으로 뛰어 들어갔다. 무거운 금덩어리를 허리에 맨 그는 아무리 헤엄을 치려 해도 조금도 움직이지 못하고 그대로 물 속으로 가라앉고 말았다. 만일 그가 금보다 무한히 귀한 것이 생명이라는 것을 알았다면, 생명과 물질의 가치관이 분명했더라면 그는 결코 자기 목숨을 금과 바꾸지 않았을 것이다.

105

남의 작은 허물을 꾸짖지 말라

남의 작은 허물을 꾸짖지 않으며, 남의 사사로운 비밀을 폭로하지 않으며, 남의 지난 잘못을 새겨두지 말라. 이 세 가지를 명심하면 스스로의 덕을 기를 수 있으며 또한 해로움을 멀리해 줄 것이다.

不責人小過. 不發人陰私. 不念人舊惡. 三者可以養德, 亦可以遠害.
불 책 인 소 과   불 발 인 음 사   불 념 인 구 악   삼 자 가 이 양 덕   역 가 이 원 해

⬡ • • • • • •

조선 영조 때 사람인 이만원이 평안도 관찰사로 있을 때, 보좌관인 서윤과 사사건건 의견대립이 심했다. 때로 억울해도 서윤으로서는 이만원에게 반박할 방법이 없었다.

'한 번 크게 골탕을 먹일 방법이 없을까?'

어느 날, 서윤은 관찰사의 상징인 병부를 감춰 버렸다. 병부란 나라의 군사를 동원할 때 쓰는 신표이다. 그러므로 병부를 잃은 관찰사란 허수아비에 불과하였다.

병부가 없어졌다는 것을 안 이만원은 몹시 놀랐다. 누군가 자기를 골탕 먹이려는 짓임은 알겠는데 되찾을 묘안이 떠오르지 않았다. 이만원은 어머니에게 저녁 문안을 드리러 갔다. 어머니는 아들의 고민을 듣고 나서 잠시 생각한 후 귓속말로 한 방법을 일러 주었다.

다음 날, 이만원은 병부를 잃어버린 사실을 전혀 모르는 듯 잔치를 열고

서윤과 몇몇 관리들을 불렀다. 그때,

"불이야! 불! 감영에 불이 났다!"

여기저기서 고함 소리가 들려 왔다. 갑자기 이만원이 차고 있던 병부 주머니를 풀어 서윤에게 맡기며 말했다.

"잠깐 좀 맡아 주게. 가 봐야겠네."

미처 서윤이 대답할 겨를도 주지 않고 이만원은 홱 뛰어나갔다. 그 바람에 서윤은 자기가 주머니를 받아서는 안 된다는 것을 깨달았으나 때는 이미 늦은 후였다. 이만원이 다시 관아로 돌아오자 서윤은 보관하고 있었던 병부 주머니를 돌려주었다. 그 속에는 병부가 다시 들어 있었다.

106
몸가짐은 진중하게,
마음가짐은 가볍게 하라

군자는 몸가짐을 가볍게 하지 말라. 행동이 가벼우면 사물에 마음을 주게 되어 여유와 침착함을 잃게 된다. 또한 군자는 마음가짐을 무겁게 하지 말라. 너무 무거우면 마음속의 사물에 얽매여 시원스럽고 활달한 기운을 잃게 된다.

士君子持身不可輕. 輕則物能撓我, 而無悠閑鎭定之趣.
사 군 자 지 신 불 가 경　경 즉 물 능 요 아　이 무 유 한 진 정 지 취

用意不可重. 重則我爲物泥, 而無蕭灑活潑之機.
용 의 불 가 중　중 즉 아 위 물 니　이 무 소 쇄 활 발 지 기

프랑스 황제 나폴레옹이 길을 갈 때 한 소녀가 달려와 무릎을 꿇었다.

"폐하, 제 아버지를 용서해 주세요."

"무슨 사연이 있느냐? 말해 보아라."

나폴레옹이 묻자 소녀는 울먹이며 대답했다.

"아버지가 사형선고를 받았습니다."

"법을 어겼으니 나도 어쩔 수가 없구나."

"잘 알고 있습니다. 그러나 저는 정의를 요구하는 것이 아니라 자비를 탄원하는 것입니다."

소녀가 흐느끼며 간절히 호소하자 잠시 침묵을 지키던 나폴레옹이 말했다.

"네 말에 아버지를 용서하니 돌아가라."

간절한 마음은 사람의 마음을 움직이고, 엄중한 죽음의 쇠사슬도 푸는 힘이 있다.

자연은 영원하지만 인생은 유한하다

천지는 변함없이 영원하지만 내 몸은 두 번 다시 태어나지 않는다. 인생은 다만 백 년의 세월뿐으로 오늘 하루가 가장 지나가 버리기 쉽다. 다행히 그 사이에 태어난 사람으로서 삶의 즐거움을 깨달아야 하고, 헛된 삶에 대해 근심해야 한다.

天地有萬古, 此身不再得. 人生只百年, 此日最易過.
천 지 유 만 고　차 신 부 재 득　인 생 지 백 년　차 일 최 이 과

幸生其間者 不可不知有生之樂, 亦不可不懷虛生之憂.
행 생 기 간 자　불 가 부 지 유 생 지 락　역 불 가 불 회 허 생 지 우

버크민스터 풀러는 대학에서 퇴학 당하고 이후 사업도 계속 실패했다. 32세 때, 어느 겨울밤이었다. 그는 미시간 호수 속으로 몸을 던지려다가 하늘을 쳐다보았다. 바로 그 순간 찬란하게 빛나는 밤하늘의 별들과 맑은 하늘의 모습을 보면서 그는 하느님의 창조의 신비에 강한 경외감을 느꼈다.

'자연의 존재가 스스로 없어지지 않는 것처럼 네 생명도 스스로 없앨 권리가 너에게는 없다.'

이 생각이 그의 마음을 지배하게 되었다. 절망의 늪에 빠져 자살하려던 그는 새로운 삶을 시작했다. 결국 그는 열정을 가지고 노력해 발명가와 기술자, 수학자, 그리고 건축가, 시인 및 천문학자로 명성을 얻게 되었다. 그는 지구를 57회나 돌면서 수백만 명에게 강연했다. 풀러는 자살하려던 그날 밤 자신의 삶의 참 의미를 발견했다. 누구든지 절망의 늪 속에서도 미래에 대한 밝은 희망을 가질 수 있고 성공으로 옮겨갈 수 있다.

108
은혜와 원한을 모두 감추라

원한은 덕으로부터 비롯된다. 사람들로 하여금 내게 덕이 있다고 여기게 하느니 차라리 덕과 원한을 모두 잊어버리게 하는 것이 낫다. 원수는 은혜로부터 생겨난다. 사람들로 하여금 나의 은혜를 알게 하느니 차라리 은혜와 원한을 모두 없애버리는 것이 낫다.

怨因德彰. 故使人德我, 不若德怨之兩忘.
원 인 덕 창　 고 사 인 덕 아　 불 약 덕 원 지 양 망

仇因恩立. 故使人知恩, 不若恩仇之俱泯.
구 인 은 립　 고 사 인 지 은　 불 약 은 구 지 구 민

⊗ • • • • • •

　한 청년은 형이 집안 사업의 약속된 몫에서 자기를 제외시키려고 모략하고 있다는 것을 알고, 그의 형을 결코 용서하지 않겠다고 다짐했다.

　사업에서 동생을 완전히 배제시킨 형의 사업은 결국 실패로 끝났고, 설상가상으로 병까지 얻게 되었다. 형의 사업 실패와 병 악화 소식을 누군가로부터 전해 들은 동생은 그 길로 모든 것을 제쳐두고 형에게로 달려갔다.

　"형, 힘내요. 내가 여기 있으니 이제 아무 걱정 말아요."

　동생은 형을 시설이 좋은 병원으로 옮겨 주었고, 그 치료비 일체를 부담하였다. 또한 그는 형의 사업 일부를 재건시켰고, 정당한 절차로 형에게 그 일을 다시 맡겼다. 솔직히 그 청년은 형을 쉽게 용서했던 것은 아니다.

　그는 울분을 극복하고 복수의 유혹을 이겨냈던 것이다. 용서란 용서를 받는 사람과 똑같이 용서하는 사람에게도 기쁨을 가져다준다. 아마도 사랑으로 용서하는 일이 인간이 할 수 있는 가장 아름다운 일일 것이다.

가장 번성할 때 더욱 조심하라

늙어서 드는 병은 모두 젊어서 불러들인 것이며, 쇠퇴한 뒤의 재앙은 모두 흥할 때 만들어진 것이다. 그러므로 가장 번성할 때 군자는 더욱 조심하는 법이다.

老來疾病, 都是壯時招的. 衰後罪孽, 都是盛時作的.
노래질병　도시상시초적　쇠후죄얼　도시성시작적

故持盈履滿, 君子尤兢兢焉.
고지영리만　군자우긍긍언

아인슈타인은 상대성이론 발견으로 과학자로서 큰 성공을 거두었다. 그러나 그는 성공을 거둔 뒤에도 대자연 앞에서 자신은 미약한 존재에 지나지 않는다는 것을 강조했다.

어느 날 제자들이 아인슈타인에게 물었다.

"선생님, 선생님의 그 많은 학문과 전문적인 지식은 어디에서 나옵니까?"

아인슈타인은 잠시 생각했다. 그리고 실험기구에 있던 물에 손가락을 적신 뒤 한 방울의 물을 툭 떨어뜨리며 말했다.

"그렇게 말하지 말게나. 나의 학문은 바다에 비유한다면 이 한 방울의 물에 지나지 않는다네."

자기가 원했던 정점에 이른 사람들은 사람들과 대화를 나눌 때도 "내가…….", "나는……." 이렇게 자기중심의 대화를 한다고 한다. 능동적인 존재로서의 성공의 자리에 있는 자기 자신을 내려놓고 인생이나 사업의 기승전결의 곡선을 살필 수 있어야겠다.

110

새 친구를 사귐보다
옛 친구를 소중히 하라

사사로이 은혜를 주고받는 것은 공의를 위하는 것만 못하고, 새 친구를 사귀는 것은 옛 친구와의 정을 두텁게 하는 것만 못하다. 명성을 세우기보다는 숨은 공덕을 심는 것이 낫고, 어려운 절의보다는 평소의 행동을 삼가는 것이 낫다.

市私恩, 不如扶公議. 結新知, 不如敦舊好.
시 사 은   불 여 부 공 의   결 신 지   불 여 돈 구 호
立榮名, 不如種隱德. 尙奇節, 不如謹庸行.
입 영 명   불 여 종 은 덕   상 기 절   불 여 근 용 행

⁂ • • • • •

탤런트 김수미가 우울증을 심하게 겪고 있을 때, 엎친 데 덮친 격으로 남편의 사업 실패까지 겹쳐 빚더미에 올라앉아 쩔쩔매는 힘든 시기가 있었다. 돈 많은 친인척들은 다 외면을 했고 동료들에게 아쉬운 소리를 하면서 몇백만 원씩 돈을 빌리고 있었다고 한다.

그때 이 사실을 알게 된 김혜자가 김수미에게 정색을 하며 물었다.

"애, 넌 나한테 왜 돈 빌려 달란 소리를 안해? 추접스럽게 몇백씩 꾸지 말고, 필요한 돈이 얼마나 되니?"

그리고 김혜자는 통장을 꺼내 내밀었다.

"이거 내 전 재산이야. 난 돈 쓸 일이 없어. 다음 달에 아프리카 가려고 했는데 바로 여기가 아프리카네. 다 찾아서 해결해. 그리고 갚지 마. 혹시 돈이 넘쳐나면 그때 주든가……."

김수미는 그 통장을 받아 그때 지고 있던 빚을 모두 청산했다. 그리고 뒤

에 형편이 나아지자 그 돈을 전부 갚았다. 피를 이어받은 사람도 아니고 친하게 지낸 것 밖에 없는데, 남인 자신에게 자신의 전 재산을 내어준 것에 김수미는 큰 감명을 받았다.

김수미는 김혜자에게 이렇게 고백했다.

"언니, 언니가 아프리카에서 포로로 납치되면 내가 나서서 포로교환 하자고 말할 거야. 난 꼭 언니를 구할 거야."

그렇게 힘들고 어려울 때 자신을 위해 전 재산을 내준 김혜자에게, 김수미는 자신의 목숨도 내놓을 수 있을 정도의 강한 사랑을 가지고 있는 것이다. 이런 귀한 친구 한 사람 있으면 절대 외롭지 않을 것 같다.

111
권세와 사욕을 탐하지 말라

공평한 정론에 반대하지 말라. 한번 범하면 수치를 만세에 남기게 된다. 권세 있는 가문과 사욕를 탐하는 집안에는 발을 들여놓지 말라. 한번 발을 디밀면 평생 동안 씻지 못할 오점을 남기게 된다.

公平正論, 不可犯手. 一犯則貽羞萬世.
공 평 정 론　　불 가 범 수　　일 범 즉 이 수 만 세

權門私竇, 不可著脚. 一著則點汚終身.
권 문 사 두　　불 가 착 각　　일 착 즉 점 오 종 신

• • • • •

영조 때의 학자인 송명흠은 벼슬을 싫어하였다. 영조는 계속 여러 벼슬을 내려 일을 시키려 했으나 그는 모두 사양하고 학문에만 전념했다.

그때 대궐에서 사도 세자의 사건이 일어났다. 영조는 세자를 죽일 결심을 한 후, 법도에 따라 3품 이상의 대신들과 이름 있는 재야의 학자들을 불러들여 이 일을 의논했다. 송명흠도 부름을 받고 그 자리에 참석했다. 그러나 영조의 결심이 워낙 확고하여 어느 누구도 바른말을 아뢰지 못했다. 그때 송명흠이 입을 열었다.

"전하! 폭군으로 만대의 지탄을 받는 왕들도 자식을 죽이는 악행은 저지르지 않았습니다. 굽어 살펴주옵소서!"

영조는 이 말을 듣자 노발대발하여 송명흠을 내보내고 선전관에게 자기 칼을 내주며 명령했다.

"너는 저자가 집으로 들어가거든 왕명으로 형을 집행하러 왔다는 사실을

알린 뒤, 원망하는 말없이 형을 받으려 하거든 살려 주고, 조금이라도 변명을 늘어놓거든 당장 그 목을 베어 오렷다!"

선전관은 칼을 든 채 멀찍이 거리를 두고 송명흠의 뒤를 따라갔다. 송명흠은 이미 자기가 죽을 것을 직감하고 왕명을 기다리고 있었다.

잠시 후 선전관이 와서 어명을 전달했다. 송명흠은 거적에 꿇어앉아 죽기를 청하자 선전관이 그만 일어나라고 일렀다.

"전하께서 당부하시기를 만일 변명 없이 죽기를 청한다면 베지 말라고 하셨습니다."

송명흠은 선전관의 말에 몹시 못마땅한 듯 이맛살을 찌푸렸다.

"왕명은 지엄한 것인데 어찌 이랬다저랬다 한단 말이오? 어서 목을 쳐 왕명을 집행하시오."

그러나 선전관이 돌아가 버리자 송명흠은 바로 상소문을 썼다.

'아버지가 아들을 죽일 수는 없는 일이며, 신하를 농락해서도 안 됩니다.'

영조는 이 상소를 받아보고 충직한 신하로 생각해 벌을 내리지 않았다.

112

선행 없는 칭찬보다
무고한 비난이 낫다

뜻을 굽혀 남의 환심을 사느니 내 행동을 곧게 하여 남의 미움을 받는 것이 낫다. 좋은
일을 한 것도 없이 남에게 칭찬을 받느니, 나쁜 짓을 하지 않고도 남에게 비난을 당하는
편이 낫다.

曲意而使人喜, 不若直躬而使人忌. 無善而致人譽, 不若無惡而致人毁.
곡 의 이 사 인 희   불 약 직 궁 이 사 인 기   무 선 이 치 인 예   불 약 무 악 이 치 인 훼

• • • • • •

미국 아칸소주의 수도인 리틀록에서 심각한 인종분쟁이 발생했다. 백인
학생들은 교문 앞에서 흑인학생들의 등교를 막았다. 연달아 발생하는 흑 ·
백간의 무력충돌로 부상자가 속출했다. 도시는 순식간에 공포 분위기에
휩싸였다. 이때 아이젠하워 대통령이 장관에게서 보고를 받았다.

"치안을 유지하기 위해 군대를 파견해야 합니다."

그러나 대통령은 고개를 저었다.

"내가 직접 그곳으로 가겠소."

아이젠하워는 위험을 무릅쓰고 혼자서 마을로 들어갔다. 그리고 한 흑인
학생의 손을 잡고 유유히 학교로 걸어 들어갔다. 대통령의 손을 잡고 교문
에 들어서는 흑인학생을 저지하는 백인은 아무도 없었다. 이 작은 사건으
로 흑인과 백인들은 화해의 악수를 나누었고 도시엔 다시 평화가 찾아왔
다. 한 지도자의 용기가 가져온 값진 화합이었다.

113

친구의 잘못은
주저하지 말고 충고하라

부모형제나 골육이 변을 당하면 격하게 굴지 말고 침착하라. 친구와 사귀다가 벗의 허물을 보았다면 주저하거나 방임하지 말고 충고하라.

處父兄骨肉之變, 宜從容不宜激烈. 遇朋友交遊之失, 宜凱切不宜優游.
처 부 형 골 육 지 변   의 종 용 불 의 격 렬   우 붕 우 교 유 지 실   의 개 절 불 의 우 유

• • • • • •

전국시대 조나라의 혜문왕 때 인상여와 염파가 있었다. 두 사람 모두 큰 공을 세웠는데 인상여를 경대부에 임명하자 염파는 불만이 대단하였다. 그래서 인상여를 만나면 망신을 주리라 생각하였다. 그 말을 전해들은 인상여는 염파를 피해 다녔다. 그러자 인상여의 부하들이 물었다.

"왜 그렇게 염 장군을 두려워합니까?"

"진나라가 지금 우리나라를 공격하지 못하는 이유는 나와 염 장군이 있기 때문이다. 우리 둘이 서로 헐뜯고 싸운다면 나라가 위태로워질 것이다. 사사로운 일로 나라를 위태롭게 해서야 되겠는가!"

염파는 그 이야기를 전해 듣고, 옷을 벗어 살을 드러내고 곤장을 지고 인상여의 집에 이르러 사죄하며 말하였다.

"비천한 사람이 장군의 너그러움이 이와 같음을 알지 못했소."

그후 두 사람은 목숨도 아끼지 않는 둘도 없는 친구가 되었다.

114
실패한 후에도 체념하지 말라

아무리 작은 일이라도 빈틈없이 하고 어둠 속에 있어도 속이거나 숨기지 않으며 실패한 후에도 체념하지 않는다면 그야말로 진정한 영웅이다.

小處不滲漏, 暗中不欺隱. 末路不怠荒. 才是個眞正英雄.
소 처 불 삼 루   암 중 불 기 은   말 로 불 태 황   재 시 개 진 정 영 웅

미국 대륙의 철도를 건설하는 대공사가 진행되고 있었다. 감독관 헨리 카이저는 아주 유쾌하게 공사를 진행시키는 능력을 갖고 있었다. 인부들은 거대한 산을 뚫어 터널을 만드는 공사를 하고 있었다.

그런데 폭우로 산사태가 일어나 건축장비가 모두 진흙 속에 묻히고 말았다. 폭우가 걷히고 햇빛이 비칠 때 인부들은 비통한 분위기에 잠겼다.

"아, 이제 끝났다! 카이저, 완전한 절망이다! 저 거대한 진흙더미가 보이지 않는가?"

그러자 카이저는 인부들을 둘러보고 밝은 표정으로 말했다.

"내 눈에는 그것이 보이지 않는다. 단지 푸른 하늘과 밝은 태양이 보인다. 그리고 저 진흙더미를 뚫고 힘차게 달리는 기차가 보인다."

인부들은 그의 말에 용기를 내어 공사를 완공했다. 절망적 상황에서도 용기를 잃지 않는 사람이 유능한 지도자이다.

115

한 술의 밥으로도 평생 은인이 된다

천금을 주고도 한때의 환심을 사기 어렵고, 한 술의 밥으로도 평생의 은인이 되기도 한다. 대체로 사랑이 깊으면 도리어 원수가 되고, 박대함이 몹시 심하면 오히려 기쁨을 얻게 된다.

千金難結一時之歡, 一飯竟致終身之感.
천 금 난 결 일 시 지 환   일 반 경 치 종 신 지 감
蓋愛重反爲仇, 薄極翻成喜也.
개 애 중 반 위 구   박 극 번 성 희 야

미국의 백화점 왕 워너메이커가 교회학교 부장으로 일할 때였다. 그 학교에는 존이라는 문제아가 있었다. 교사들은 모두 존에 대한 교육을 포기했다. 교사들은 존의 퇴학을 강력히 주장했다.

그때 한 여교사가 존을 맡겠다고 나섰다. 결국 존은 한 여교사의 반에 편입되었다. 한번은 여교사가 싸움을 하는 존을 훈계하자 존은 욕설을 하며 교사의 얼굴에 침을 뱉었다. 여교사는 얼굴의 침을 닦으며 존에게 말했다.

"우리 집에 놀러오렴. 너에게 줄 멋진 선물이 있단다."

존은 예쁜 조끼와 편지를 선물로 받았다. 편지엔 이런 내용이 있었다.

"존, 너를 사랑한다. 절대 우리 반을 떠나지 마라. 선생님은 너를 위해 매일 기도한단다."

이튿날 여교사의 집 앞에서 한 소년이 무릎을 꿇은채 울고 있었다. 그는 존이었다.

116

재주는 드러내지 말고 감추라

뛰어난 재주를 어리석음으로 감추고, 어둠을 써서 밝게 하며, 맑음을 흐림 속에 깃들이게 하고, 굽힘으로써 몸을 펴는 것, 이것이야말로 세상살이의 구급책이요, 안전한 은신처가 될 것이다.

藏巧於拙. 用晦而明. 寓淸于濁. 以屈爲伸.
장 교 어 졸   용 회 이 명   우 청 우 탁   이 굴 위 신

眞涉世之一壺, 藏身之三窟也.
진 섭 세 지 일 호   장 신 지 삼 굴 야

20세 때 경기도 파주 군수가 된 맹사성은 자만심으로 가득 차 있었다. 어느 날 그는 나이가 많고 인품이 고매한 무명 선사를 찾아가 물었다.

"스님이 생각하시기에 이 고을을 다스리는 사람으로서 내가 최고로 삼아야 할 덕목은 무엇이라고 생각하시오?"

"나쁜 일을 하지 않고 착한 일을 많이 베푸시면 됩니다."

"먼 길을 찾아온 내게 해줄 말이 고작 그것뿐이요?"

맹사성은 거만하게 말하며 자리를 털고 일어나려고 했다. 그러자 스님이 만류하면서 녹차나 한잔하고 가라며 붙잡았다.

그런데 이상한 일이 벌어졌다. 스님이 찻물이 넘치도록 그의 찻잔에 자꾸만 차를 따르는 것이었다. 그래서 방바닥이 다 젖게 되었다.

"스님, 찻물이 넘쳐흐릅니다."

맹사성이 말했지만 스님은 태연하게 계속 찻잔에 차를 따랐다. 그런 후

잔뜩 화가 나 있는 맹사성을 물끄러미 쳐다보며 이런 말을 했다.

"찻물이 넘쳐 방바닥을 적시는 것은 알고 지식이 넘쳐 인품을 망치는 것은 어찌 모르십니까?"

스님의 이 한 마디에 맹사성은 부끄러움으로 얼굴이 붉어졌고, 황급히 일어나 방문을 열고 나가려다가 낮은 천정에 머리를 세게 부딪치고 말았다. 그러자 스님이 빙그레 웃으며 말했다.

"고개를 숙이면 부딪치는 법이 없습니다."

과유불급을 알고 늘 겸손한 자세로 살면 크게 실수할 일은 없다.

117

고난을 견디며 성공을 도모하라

쇠퇴의 모습은 번성함 속에 있고, 피어나는 움직임은 시들어감 속에 있다. 그러므로 군자는 안락할 때 마땅히 마음을 잡아 뒷날의 환난을 생각하고, 변을 당했을 때는 마땅히 백 번을 참고 견뎌 성공을 도모해야 한다.

衰颯的景象, 就在盛滿中. 發生的機緘, 即在零落內.
쇠 삽 적 경 상   취 재 성 만 중   발 생 적 기 함   즉 재 영 락 내

故君子居安宜操一心以慮憂, 處變當堅百忍以圖成.
고 군 자 거 안 의 조 일 심 이 려 우   처 변 당 견 백 인 이 도 성

미국의 영화 및 텔레비전 제작자인 월트 디즈니의 젊은 시절은 몹시 가난했다. 남의 집 차고의 한 귀퉁이에서 먹고 자는 일을 해결했지만 그는 자신의 환경을 비관하지 않았다. 밤새 그린 그림을 들고 신문사 편집국장에게 찾아가 삽화를 그리게 해 달라고 요청할 정도로 패기가 넘쳤다. 무명의 젊은이에게 덥석 삽화를 맡길 신문사는 아무 데도 없었지만 희망을 버리지 않고 열심히 그림을 그렸다.

그가 기거하는 차고에는 동거자가 있었다. 생쥐였다. 그는 쥐구멍으로 드나드는 생쥐를 친구처럼 여겼다. 자기 빵을 나눠 먹을 만큼 마음이 너그러웠다. 그러던 어느 날, 그는 문득 생쥐를 보며 생각했다.

"참 귀엽군. 저 녀석을 한번 그려볼까."

그날 이후 그의 스케치북에는 온통 생쥐 그림들만 담겼다. 시간이 흘러 그는 미키 마우스라는 캐릭터로 만화영화를 만들었다. 그것은 대성공이었다.

세계의 아이들은 미키마우스 캐릭터가 박힌 옷을 입고, 미키 인형을 가지고 놀았다. 그는 생쥐로 인해 엄청난 돈을 벌었고, 어린이들에게 꿈과 희망을 심어주기 위해 디즈니랜드를 지었다.

만약 그가 차고 생활을 이겨내지 못했다면 생쥐를 만날 수도, 엄청난 부를 누릴 수도 없었을 것이다.

118
평범한 일상에 참된 의미가 있다

신기한 것에 경탄하고 기이한 것을 좋아하는 것은 원대한 식견이 없기 때문이다. 또한 괴로운 가운데 절개를 지키려고 세상을 등진 채 홀로 도를 닦는다고 해서 영구적인 지조가 되는 것도 아니다.

驚奇喜異者, 無遠大之識. 苦節獨行者, 非恒久之操.
경 기 희 이 자　무 원 대 지 식　고 절 독 행 자　비 항 구 지 조

⁛ • • • • • •

　노르웨이에 한 어부가 있었다. 그 어부는 두 아들을 데리고 바다에 자주 나갔다. 그는 두 아들이 좋은 어부가 되기를 바랐다. 어느 봄날 삼부자는 낚시 준비물을 챙기고 어머니는 점심을 정성껏 준비했다. 어부의 아내는 선창까지 나가서 삼부자를 배웅했다.

　그런데 오후가 되자 폭풍과 함께 장대비가 쏟아졌다. 삼부자가 탄 조그마한 배는 풍랑에 곤두박질쳤다. 파도와 싸우느라 방향을 잡을 수 없었다. 밤이 오자 마음속에 절망이 밀려왔습니다.

　"도무지 방향을 잡을 수 없구나."

　그때 둘째 아들이 외쳤다.

　"아버지 저쪽이에요. 저 불기둥을 보세요. 이제 살았어요."

　삼부자는 필사적으로 노를 저었다. 가까스로 포구에 도착한 삼부자는 기뻐서 어쩔 줄을 몰랐다. 그런데 어부의 아내는 고통스러운 표정이었다.

"여보 오늘 저녁 때 부엌에서 불이 나 집이 다 타버렸어요."

그 순간 어부의 입에서는 탄성이 터져 나왔다.

"아! 그러니까 그 불이 우리 집 타는 불기둥이었구나. 그 불기둥 때문에 우리 삼부자가 살아난 걸. 너무 상심 마오. 우리가 이렇게 살아 돌아왔으니 집이야 다시 지으면 되지."

네 식구는 서로 얼싸안았다. 때로 아주 절망스러운 상황도 알고 보면 희망의 불씨가 되어주는 경우도 있음을 알아야 한다.

119

분노와 욕망은 단호하게 끊으라

분노의 불길과 욕망의 물결이 무섭게 끓어오르는 순간에는, 누구라도 이를 알고 있으며
또 알고 있으면서도 범하고 만다. 아는 것은 누구이며 범하는 것은 또 누구인가? 그 순간
강력히 생각을 바꾸면 마귀도 문득 변하여 참마음이 된다.

當怒火慾水, 正騰沸處, 明明知得, 又明明犯著.
당 노 화 욕 수   정 등 비 처   명 명 지 득   우 명 명 범 착

知的是誰? 犯的又是誰? 此處能猛然轉念, 邪魔便爲眞君矣.
지 적 시 수   범 적 우 시 수   차 처 능 맹 연 전 념   사 마 변 위 진 군 의

• • • • • •

히틀러가 제2차세계대전 때 패한 근본적인 원인은 그의 분노에 있었다
고 한다. 히틀러는 머리가 명석하고, 관찰력이 깊고, 예리한 판단력과 비상
한 통찰력을 갖고 있었지만, 어찌나 화를 잘 내는지 자기의 비위를 조금만
거슬려도 미움과 분노가 충천했다. 그러니 그의 부하들은 사실을 제대로
보고하지 못했다.

그는 영국과 프랑스 등 자유 진영과 힘겨운 전쟁을 하면서도 일시적인
분노로 말미암아 주력부대를 빼돌려 소련을 침공하였는데, 바로 이것이 그
의 일생에서 돌이킬 수 없는 실수가 되고 말았다.

그리고 연합군이 노르망디 상륙작전을 개시했을 때 히틀러는 잠을 자고
있었다. 평소 그는 부관에게 이렇게 명령해 두었다.

"내가 잠을 자고 있는 동안에는 무슨 일이 있어도 절대로 깨우지 말라!"

그래서 부하들은 연합군이 노르망디 상륙을 감행하였을 때도 감히 그를

깨우지 못했다. 소련군의 기갑 사단만 그쪽으로 돌린다면 상륙을 저지할 수 있음을 번연히 알면서도 잠든 히틀러를 깨우지 못하고 발을 동동 구르고 있었던 것이다.

히틀러가 한참 잠을 자고 일어났을 때는 이미 연합군이 노르망디에 완전히 상륙하여 진지를 구축한 뒤였고, 이로 인하여 독일은 패망하게 되었으니 얼마나 어리석은가.

120

자기를 너무 믿고
객기를 부리지 말라

한쪽 편의 말만 듣고 치우쳐 간사한 자에게 속지 말며, 자기를 너무 믿고 객기를 부리지 말며, 자기의 장점을 이용해 남의 단점을 드러내지 말며, 자기가 서투르다 하여 남의 능력을 시기하지 말라.

毋偏信爲奸所欺. 毋自任而爲氣所使.
무 편 신 위 간 소 기   무 자 임 이 위 기 소 사

毋以己之長而形人之短. 毋因己之拙而忌人之能.
무 이 기 지 장 이 형 인 지 단   무 인 기 지 졸 이 기 인 지 능

어느 날 성 부러더 로렌즈 수도사는 말썽 많기로 소문난 수도원 원장으로 부임받았다.

수도원에 도착하자 젊은 수도사들이 늙은 수도사에게 말했다.

"노 수도사가 왔구만. 어서 식당에 가서 접시를 닦으시오."

"네! 알겠습니다. 그리하지요."

노 수도사인 로렌즈는 식당에서 온갖 멸시와 천대를 받으며 지냈다.

한 달, 두 달, 석 달이 지나자 감독관이 점검하러 왔다. 젊은 수도사들은 감독관 앞에서 눈치를 보며 쩔쩔 맸다.

"수도원장님은 어디 계십니까?"

감독관의 질문에 젊은 수도사들은 고개를 저었다.

"원장님은 아직 오시지 않았습니다."

"무슨 소리! 이미 3개월 전에 임명해서 부임했는데……."

깜짝 놀란 수도사들은 3개월 전에 온 노 수도사 로렌즈가 수도원장으로 온 것이라는 것을 깨달았다. 그들은 식당으로 달려가서 노 수도사 앞에 무릎을 꿇었다. 그동안 가장 낮은 자세로 겸손한 모습을 보이신 수도원장에게 모두 감동하였다. 스스로를 낮추는 것, 겸손의 끝은 결국 감동으로 이어진다.

121

남의 단점은 덮어주고 감싸주라

남의 단점은 덮어주고 감싸줘야 한다. 만약 이를 들추어 남에게 알린다면, 이는 단점으로써 단점을 공격하는 것이다. 완고한 사람이 있거든 잘 타일러야 한다. 만약 성을 내고 미워한다면, 이는 완고함을 가지고 완고함을 구제하려는 것에 불과하다.

人之短處, 要曲爲彌縫. 如暴而揚之, 是以短攻短.
인 지 단 처   요 곡 위 미 봉   여 폭 이 양 지   시 이 단 공 단
人有頑的, 要善爲化誨. 如忿而疾之, 是以頑濟頑.
인 유 완 적   요 선 위 화 회   여 분 이 질 지   시 이 완 제 완

＊ • • • • •

미국의 제너럴일렉트릭사의 한 사업부는 일반 전구보다 50배나 긴 친환경 전구를 개발했다. 하지만 가격이 너무 비싸 소비자에게 외면당했다. 전구 개발을 맡았던 팀원들은 낙담했고, 회사에서 쫓겨날까 봐 불안했다.

그런데 회장인 잭 웰치는 모두의 예상을 깨고 그 팀 모두에게 두둑한 상여금과 함께 일주일간의 휴가를 주었다. 새 상품이 실패할지도 모른다는 불안감 속에서 일한 팀원들에게 실패에 대한 두려움을 극복하도록 보상을 해줘야 한다는 것이 회장의 생각이었다.

그 생각은 적중했다. 그들은 휴가를 마치고 돌아오자마자 수명이 긴 전구를 더 값싸게 만들 수 있는 방법을 찾는 데 매진했다. 만약 회장이 실패의 책임을 묻기만 했다면 수명이 긴 전구의 개발은 백지화 되었을 것이다. 잭 웰치는 '직원에 대한 관심과 열정이 클수록, 그리고 사람을 아낄수록 성공하는 리더'라고 말한 자기의 소신을 지킨 기업가였다.

122

음울한 사람을 조심하라

음울하고 말없는 사람을 만나거든 마음을 주지 말 것이며, 발끈하기 잘하며 잘난 체하는 사람을 보거든 입을 다물어라.

遇沈沈不語之士, 且莫輸心. 見悻悻自好之人, 應須防口.
우 침 침 불 어 지 사 차 막 수 심 견 행 행 자 호 지 인 응 수 방 구

· · · · ·

인류의 종말을 예언한 조지 오웰의 '1984년'은 세계인들의 관심을 집중시킨 소설이다. 그는 핵무기와 탄도탄의 개발을 예언했고, 그 예언은 적중했다. 그러나 자신의 조국인 영국을 비롯해 지구상의 모든 나라가 사회주의로 변하고 지구의 종말이 올 것이라는 예언은 빗나가고 말았다.

조지 오웰은 제3차세계대전이 일어나서 지구촌이 포연에 휩싸일 것이라는 부정적 공포감을 떨쳐버릴 수 없었다. 그는 전쟁이 두려워서 스코틀랜드의 작은 섬에서 칩거의 나날을 보냈다. 오웰은 이 섬에서 불안과 고독에 몸을 떨며 '1984년'을 집필했다. 그의 정신과 육체는 부정적인 비관론과 우울증으로 황폐해져 있었다. 그는 47세의 나이에 폐결핵으로 사망했다.

사람의 생각이 육체를 지배한다. 부정적 사고의 종말은 고립과 우울한 죽음뿐이다. '3년 고개'라는 우리나라 옛 이야기도 있다. 그러나 긍정적이고 창조적 사고는 희망과 기쁨을 선물한다.

123

긴장된 마음은
부드럽게 풀어놓으라

마음이 어둡고 산란할 때는 정신을 가다듬을 줄 알아야 하고, 마음이 긴장될 때면 부드럽게 풀어놓을 줄도 알아야 한다. 그렇지 않으면 어두운 마음을 고칠지라도 조바심이 나는 괴로움은 다시 찾아들 것이다.

念頭昏散處, 要知提醒. 念頭喫緊時, 要知放下.
염 두 혼 산 처   요 지 제 성   염 두 끽 긴 시   요 지 방 하

不然, 恐去昏昏之病, 又來憧憧之擾矣.
불 연   공 거 혼 혼 지 병   우 래 동 동 지 요 의

●　●　●　●　●　●

1960년 로마올림픽 마라톤에서 69명의 선수 중 유일한 흑인으로 2시간 15분 16초라는 세계 신기록을 세운 선수가 있다. 마라톤에서 아프리카 최초로 우승을 한 아베베 비킬라이다.

그는 철저하게 배척당한 흑인으로 온갖 불운과 고통을 이겨내고 우승하였다.

4년 뒤 그는 도쿄올림픽 마라톤에서 또 세계 신기록을 세우며 우승했다. 그리고 4년 뒤 멕시코올림픽에서 3연패에 도전했지만 다리골절상을 입고 경기를 포기하고 만다. 불행히도 1년 뒤 아베베는 교통사고로 하반신이 마비되었다.

이제 마라톤선수로서의 생명은 끝났다고 생각했을 때 아베베는 고통의 끝에서 조바심내지 않고 정신을 가다듬고 마음을 모았다.

"내 다리는 더 이상 달릴 수 없지만 나에게는 두 팔이 있다."

결국 아베베는 장애인올림픽에 출전하여 사격과 양궁에서 금메달을 목에 걸었다.

고통의 끝에서 맞닥뜨리는 어둠은 마음을 모으고 정신을 가다듬는 순간 밀려날 것이다.

124

털끝만한 작은 막힘이
흐름을 막는다

맑은 날 청명한 하늘이 갑자기 변하여 천둥 번개가 치기도 하며, 거센 바람과 억수 같은 비도 홀연히 밝은 달 맑은 하늘이 되니 어찌 하늘의 움직임이 일정하겠는가? 그것은 하나의 털끝만한 막힘 때문이다. 사람의 마음 바탕도 또한 이와 같다.

霽日靑天, 倏變爲迅雷震電. 疾風怒雨, 倏變爲朗月晴空.
제 일 청 천　 숙 변 위 신 뇌 진 전　 질 풍 노 우　 숙 변 위 낭 월 청 공

氣機何常? 一毫凝滯. 太虛何常? 一毫障塞. 人心之體, 亦當如是.
기 기 하 상　 일 호 응 체　 태 허 하 상　 일 호 장 색　 인 심 지 체　 역 당 여 시

아주 작은 박새가 친구 비둘기에게 물었다.

"눈송이의 무게를 알고 있니?"

비둘기가 대답했다.

"눈송이의 무게라고? 눈송이에 무슨 무게가 있겠어. 허공처럼 전혀 무게가 없겠지."

"내 이야기를 들어 보렴. 언젠가 나는 눈 내리는 전나무 가지 위에 앉아 있었어. 할 일도 없고 해서 나는 막 내리기 시작하는 눈송이 숫자를 세기 시작했지. 가지 위에 쌓이는 눈송이 숫자를 말이야. 눈송이는 정확히 3,741,952개가 내렸어. 그런데 말이야……."

박새의 잔잔한 목소리가 이어졌다.

"그 다음 눈송이 하나가, 3,741,953번째 눈송이 하나가 가지 위에 내려앉자, 가지는 그만 뚝 부러지고 말았지. 무게가 전혀 없는 공기와 같은 눈송이

하나가 앉았을 때!"

박새의 이야기를 듣고 한참 생각에 잠겼던 비둘기가 나지막이 한 마디를 했다.

"그래 맞아. 단 한 사람의 목소리가 부족한 건지도 몰라. 세상에 평화가 내리는데도 말이야."

눈송이의 나비효과를 마음에 새긴다면, 온 인류가 인류공동체로 묶여 있음을 실감할 수 있을 것이다.

125

지식과 의지,
둘은 같이 있어야 한다

사리사욕을 누르는 데 있어서, 빨리 깨닫지 않으면 억제하기 어렵다고 말하는 사람도 있고, 이를 알았다 하더라도 인내심이 모자라면 억제하기 힘들다. 그러나 대개 지식이란 몸과 마음을 어지럽히는 번뇌를 밝혀내는 한 알의 밝은 구슬이요, 의지란 번뇌를 베는 한 자루 칼이니, 이 두 가지는 다 없어서는 안 될 것이다.

勝私制欲之功, 有曰識不早, 力不易者. 有曰識得破, 忍不過者.
승 사 제 욕 지 공   우 왈 식 부 조   역 불 이 자   유 왈 식 득 파   인 불 과 자

蓋識是一顆照魔的明珠, 力是一把斬魔的慧劍. 兩不可少也.
개 식 시 일 과 조 마 적 명 주   역 시 일 파 참 마 적 혜 검   양 불 가 소 야

하워드 휴즈는 65세 무렵에 약 25억 달러의 재산을 모은 엄청난 재력의 소유자였다. 하지만 그 많은 재산에도 불구하고 그는 정신질환에 시달리며 햇빛이 완전히 차단된 깜깜한 방에서 살았다.

텁수룩한 수염과 허리까지 내려오는 엉클어진 머리, 긴 손톱 등 육체적으로 그의 몸은 이미 파산 상태였다. 그가 한 일이라곤 병균이 두려워 벌거벗은 채 침대에 누워 있는 것뿐이었다. 그는 결국 화학 약품에 중독되어 72세의 나이에 숨을 거두었다. 인간이 그의 영혼을 잃어버린다면 그 모든 보화를 얻는 것이 다 무슨 소용이겠는가? 사람이 가진 소유의 정도에 따라 그 가치를 평가하는 이 세상에서, 우리는 진정한 부자를 가려낼 수 있어야 한다. 돈만 많은 부자란 얼마나 처량하고 불쌍한 존재인가!

126

속인다는 사실을 알아도
드러내지 말라

남이 속인다는 사실을 알고도 말하지 않고, 남에게 업신여김을 받아도 안색을 바꾸지 않는다면, 장차 어떠한 일도 해나갈 수가 있고 무궁한 발전이 있을 것이다.

覺人之詐, 不形於言. 受人之侮, 不動於色.
각 인 지 사   불 형 어 언   수 인 지 모   부 동 어 색

此中有無窮意味, 亦有無窮受用.
차 중 유 무 궁 의 미   역 유 무 궁 수 용

· · · · · ·

어느 마을에 혼자 사는 할머니가 심한 눈병으로 실명하게 되었다. 견디다 못한 할머니는 용하다는 의원에게 왕진을 청했다. 의원은 할머니 집으로 와서 눈을 치료하기 시작했다.

그런데 이 의원은 손버릇이 나쁜 사람이었다. 왕진을 다녀갈 때마다 물건을 하나씩 훔쳐가서. 석 달의 치료가 끝난 후, 집안에는 물건이 하나도 남아 있지 않았다.

"할머니, 치료가 끝났습니다. 치료비를 계산해 주세요."

안대를 풀며 할머니는 뛸 듯이 기뻐하였으나 곧 어두운 표정이 되었다.

"치료비는 드릴 수 없어요."

의원은 할머니를 상대로 재판을 걸었다.

"치료를 받고도, 치료비를 안 내는 이유를 말해 보시오."

"재판관님, 치료가 다 끝난 지금도 방 안에 있는 수십 가지의 물건이 하

나도 보이지 않으니, 어찌 눈이 다 나았다고 할 수 있나요?"

"그럼 아직도 앞이 안 보인다는 말인가요?"

"집 밖의 물건들은 잘 보이는데, 집 안의 물건들만 안 보인답니다."

할머니의 속뜻을 알아챈 재판관은 의원의 집을 샅샅이 뒤져, 광 속에 있던 할머니의 물건들을 다 찾아 주고, 도둑 의원에게 큰 벌을 주었다.

127

마땅히 단련을 받아들여라

역경이나 곤경은 호걸을 단련시켜 주는 도가니와 망치이다. 마땅히 단련을 받아들인다
면 몸과 마음에 모두 유익하고, 단련을 받아들이지 않는다면 몸과 마음이 모두 해를 보
게 된다.

橫逆困窮, 是鍛煉豪傑的一副鑪錘.
횡 역 곤 궁   시 단 련 호 걸 적 일 부 노 추

能受其鍛煉, 卽心身交益. 不受其鍛鍊, 卽心身交損.
능 수 기 단 련   즉 심 신 교 익   불 수 기 단 련   즉 심 신 교 손

⊛ • • • • • •

흑인을 해방시킨 미국의 위대한 대통령인 에이브러햄 링컨은 대통령이
되기까지 이루 말할 수 없는 시련과 좌절을 겪었다.

몹시 가난한 집에서 태어난 링컨은 책도 빌려서 읽어야 했다. 젊었을 때
겨우 얻은 직장에서 이유 없이 해고당한 것을 시작으로 지방 의회의 의원
선거에 출마했다가 낙선의 고배를 마셨고, 몇 해 후에는 작은 가게를 운영
하다 실패했다. 어릴 때 어머니를 여읜 것 외에도 젊은 시절에는 사랑하는
사람의 죽음을 겪고, 이로 인하여 심한 정신 분열에 시달려야 했다.

그 후 여러 차례 국회의원에 출마했으나 매번 낙선의 고배를 마셨으며,
그로부터 2년 후 부통령 출마에서도 또 한 번의 패배를 기록했다. 이렇게
거듭되는 실패를 경험한 뒤에야 겨우 대통령에 당선되는 영광을 누렸다.

링컨은 무서운 시련과 고난을 꿋꿋이 참아 이기고 그야말로 칠전팔기 고
난 끝에 마지막 승리의 월계관을 차지한 승리자였던 것이다.

128

천지는 하나의 거룩한 어버이다

내 몸은 하나의 작은 천지이다. 기쁨과 노여움으로 인한 허물이 없게 하고, 싫고 좋음에
절제된 법도가 있게 하면, 이것이 곧 천지의 이치에 순응하는 공부가 될 것이다. 천지는
하나의 거룩한 어버이다. 백성들로 하여금 원망이 없게 하며 모든 사물에 근심이 없도록
하면, 이 또한 화목을 돈독하게 하는 기상이다.

吾身, 一小天地也. 使喜怒不愆, 好惡有則, 便是燮理的功夫.
오신　일소천지야　사희노불건　호오유칙　변시섭리적공부

天地, 一大父母也. 使民無怨咨, 物無氛疹, 亦是敦睦的氣象.
천지　일대부모야　사민무원자　물무분진　역시돈목적기상

방탕한 생활을 하던 루소가 새사람이 된 계기는 바로 디종 아카데미의 현상공모였다.

'광고를 보는 순간 새로운 세계를 보았다. 또 다른 인간이 된 셈이지.'

그는 나중에 이렇게 술회했다. 현상공모의 제목은 '기술과 학술의 진보는 도덕의 순화와 타락, 그 어느 쪽에 기여했는가?' 였다. 그는 여기에서 기술과 학술이 도덕이나 인생을 부패시키고 있다고 주장했다. 그는 이 현상공모에서 입상했고 전혀 다른 사람이 되어 새로운 생활을 시작했다. 우선 그는 사교계에서 물러났다. 고독과 고립 속에서만 자신의 참다운 본성을 찾을 수 있다고 생각한 그는 목가적인 장소를 찾아 은둔생활에 들어갔다. 그는 간소한 시민의 복장을 하고 다녔고 시계까지도 팔아 버렸다. 시계야말로 실제로나 상징적으로 근대 기계문명의 기본적 도구였던 셈이다. 그 자신이 문명에서 벗어나 자연으로 돌아가기 시작한 것이다. 그는 나중에 자신의 경험을 토대로 '에밀' 이라는 저서를 썼다.

'자연으로 돌아가라. 거기서 마음껏 인간의 본래적인 것을 생각하고 깊이 자기 속에 파묻혀 들어가라. 그리하여 자기 속에서 되살아 나와 참다운 사람이 되어 보자.'

그는 인간이 자연적으로는 선하지만 사회에 의해 타락한다는 신념을 지니고 있었다. 인간은 자연상태에서는 자유롭고 선량했으나, 자신의 손으로 만든 사회제도나 문화에 의해 오히려 부자유스럽고 불행한 상태에 빠졌으며, 사악한 존재가 되고 말았다는 것이다. 그래서 좋은 교육이란 자연 속에서 성장하도록 놓아두는 것이라는 것이 그의 주장이었다.

129
미리 남을 의심하지 말라

남을 해치려는 마음을 가져서도 안 되며, 자신을 지키려는 마음이 없어서도 안 된다. 이것은 생각이 소홀함을 경계하는 말이다. 차라리 남에게 속아 넘어갈망정 미리 남이 나를 속일 것이라고 짐작하지 말라. 이것은 살핌이 지나침을 경계하는 말이다. 이 두 말을 아울러 간직한다면 생각이 깊어져서 덕이 두터워질 것이다.

害人之心, 不可有. 防人之心, 不可無. 此戒疎於慮也.
해 인 지 심　불 가 유　방 인 지 심　불 가 무　차 계 소 어 려 야

寧受人之欺, 毋逆人之詐. 此警傷於察也.
영 수 인 지 기　무 역 인 지 사　차 경 상 어 찰 야

二語並存, 精明而渾厚矣.
이 어 병 존　정 명 이 혼 후 의

공자가 제자들과 함께 채나라로 가던 도중 양식이 떨어져 채소만 먹으며 일주일을 버텼다. 걷기에도 지친 그들은 어느 마을에서 잠시 쉬어 가기로 했다. 그 사이 공자가 깜박 잠이 들었는데 제자인 안회는 몰래 빠져 나가 쌀을 구해 와 밥을 지었다. 밥이 다 될 무렵 공자가 잠에서 깨어났다. 공자는 코끝을 스치는 밥 냄새에 밖을 내다봤는데 마침 안회가 밥솥의 뚜껑을 열고 밥을 한 움큼 집어 먹고 있는 중이었다.

'안회는 평소 내가 먼저 먹지 않은 음식에는 수저도 대지 않았는데 이것이 웬일까? 지금까지 안회의 모습이 거짓이었을까?'

그때 안회가 밥상을 공자 앞에 내려놓았다. 공자는 안회를 어떻게 가르칠까 생각하다가 한 가지 방법이 떠올랐다.

"안회야, 내가 방금 꿈속에서 선친을 뵈었는데 밥이 되거든 먼저 조상에게 제사 지내라고 하더구나."

공자는 그가 먼저 밥을 먹은 것을 뉘우치게 하려 했던 것이다. 그런데 안회의 대답은 오히려 공자를 부끄럽게 했다.

"스승님, 이 밥으로 제사를 지낼 수는 없습니다. 제가 뚜껑을 연 순간 천장에서 흙덩이가 떨어졌습니다. 스승님께 드리자니 더럽고, 버리자니 아까워서 제가 그 부분을 이미 먹었습니다."

공자는 잠시 안회를 의심한 것을 후회하며 다른 제자들에게 말했다.

"예전에 나는 나의 눈을 믿었다. 그러나 나의 눈도 완전히 믿을 것이 못 되는구나. 예전에 나는 나의 머리를 믿었다. 그러나 나의 머리도 역시 완전히 믿을 것이 못 되는구나. 너희들은 알아 두거라. 한 사람을 이해한다는 것은 진정으로 어려운 일이라는 것을 말이다."

130

공론을 이용하여
사사로운 감정을 풀려고 하지 말라

여러 사람이 의심한다고 해서 자기 소신을 꺾지 말고, 자기 의견만을 내세워 남의 말을 흘려듣지 말라. 또한 사사로운 은혜에 사로잡혀 대국을 해치지 말고, 공론을 이용하여 사사로운 감정을 풀려고 하지 말라.

毋因群疑而阻獨見. 毋任己意而廢人言.
무 인 군 의 이 조 독 견　　무 임 기 의 이 폐 인 언

毋私小惠而傷大體. 毋借公論而快私情.
무 사 소 혜 이 상 대 체　　무 차 공 론 이 쾌 사 정

미국 신문 워싱턴 포스트 지의 자네트 쿠트라는 한 여기자가 부모로부터 날마다 마약을 주사당한 어떤 흑인 어린이의 비참한 생활을 생생하게 기사화함으로써 퓰리처상을 받았다.

그런데 나중에 그 기사가 모두 꾸며낸 것이었다는 사실이 밝혀졌다. 자네트 쿠크는 자신의 직속 상관이 워터게이트 사건의 특종으로 일약 스타가 되는 것을 보고, 특종 욕심에 그런 일을 저지른 것이었다. 결국 자네트 쿠크는 욕심이 주는 허상을 좇다가 가장 수치스러운 모습으로 세상에 드러나게 된 것이다.

오늘날 우리는 어떤가. 앞도 옆도 바라볼 새 없이 기회를 좇아 달려가고, 기회를 만들기 위해 동분서주하지 않는가. 바르게 얻은 것만이 오래 취할 수 있는 열매이고 행복이라는 것을 알고 시간이 걸릴지라도 참된 길로 가야 한다.

131
칭찬과 비난에 신중하라

착한 사람과 빨리 친해질 수 없거든 미리 칭찬하지 말라. 이간질하는 사람의 중상모략이 있을까 두렵다. 악한 사람을 쉽게 내칠 수 없다 하여 먼저 발설하지 말라. 뜻밖의 재앙을 부를까 두렵다.

善人未能急親, 不宜預揚, 恐來讒讚之奸.
선 인 미 능 급 친　불 의 예 양　공 래 참 찬 지 간

惡人未能輕去, 不宜先發, 恐招媒蘗之禍.
악 인 미 능 경 거　불 의 선 발　공 초 매 얼 지 화

다산 정약용이 낙향해 한가롭게 지내던 어느 날, 친지들과 정자에 모여 술잔을 기울이고 있었다.

어떤 사람이 술이 거나해지자, "누구누구는 부끄러운 줄 모르고 권세와 명예를 거머쥐었으니 분통이 터질 일"이라고 한탄했다.

그러자 다산은 벌떡 일어나 상대에게 술을 권하며 말했다.

"사람은 품평할 수 있는 것이 아니기 때문에 벌주를 드립니다."

얼마 지나자 또 어떤 이가 "저 말은 짐도 지지 못하면서 꼴과 콩만 축내는구나." 하고 혀를 끌끌 찼다.

다산은 또 일어서 "짐승도 말을 알아듣기 때문에 품평해선 안 된다."며 그에게 벌주를 따랐다.

그러자 함께 자리한 사람들이 "그대의 정자에서 놀기가 참 힘들다."며 "이곳에선 입을 꿰매고 혀를 묶어야겠다."고 핀잔을 주었다.

"종일토록 품평해도 화낼 줄 모르는 것이 있습니다. 주변에 있는 바위를 보세요. 입을 묶어둘 필요가 있겠습니까?"

다산은 웃으면서 반문했다.

그러자 좌중의 한 사람이 "화낼 줄 모르기 때문에 바위에 대해서 자유롭게 품평할 수 있느냐?"고 묻자, 다산은 "저는 바위에게 칭찬만 하였지, 언제 모욕을 주거나 불손하게 말한 적이 있었습니까?"라는 말로 참된 품평은 칭찬에 있음을 강조했다.

132

위대한 것은 숨겨진 채 은밀히 준비된다

푸른 하늘에 빛나는 태양처럼 드높은 절의도 어두운 방안에서 길러낸 것이며, 천지를 뒤흔드는 빼어난 경륜도 깊은 못에서 살얼음 밟듯 조심하며 만든 재주이다.

青天白日的節義,　自暗室屋漏中培來.
청 천 백 일 적 절 의　　자 암 실 옥 루 중 배 래
旋乾轉坤的經綸,　自臨深履薄處操出.
선 건 전 곤 적 경 륜　　자 임 심 리 박 처 조 출

⸙ ・ ・ ・ ・ ・ ・

이탈리아 출신의 세계적인 명 지휘자 토스카니니는 '무대 위의 독재자'로 불릴 정도로 지휘계의 거장이다. 위대한 인물의 탄생은 갑자기 이루어지는 것이 아니다. 심한 근시안인 토스카니니는 악보를 잘 볼 수 없어서, 약점을 극복하기 위해 모든 악보를 완전히 암기한 후에 연주를 하곤 했다.

어느 날 갑자기 연주회 직전에 지휘자가 병원에 입원하게 된 불상사가 일어났다. 급하게 지휘자를 찾았으나 그 많은 단원 중에서 곡을 모두 외우고 있는 사람은 없었다.

"어찌하면 좋지? 곡을 모두 외우고 있는 지휘자가 필요한데, 큰일이네."

"제가 곡을 다 외우고 있습니다."

바로 토스카니니였다. 겨우 19살밖에 되지 않았지만 그는 당당하게 지휘봉을 잡았다. 위대함은 갑자기 나타나는 것이 아니다. 은밀하게 꾸준히 준비하고 있어야 등장할 수 있는 것이다.

133
가족의 사랑은 당연하다

아버지가 사랑하고 아들이 효도하며, 형이 우애 있고 아우가 공경하여, 비록 극진한 경지에까지 이르렀다 해도 그것은 마땅히 그렇게 해야 할 것을 한 것일 뿐이므로 털끝만큼도 감격스런 생각을 가지고 볼 것이 못 된다. 만약 베푸는 자가 덕으로 여기고, 받는 쪽에서 은혜로 생각한다면 이는 곧 길에서 오다가다 만난 사람들의 일이요, 장사꾼의 관계가 되고 말 것이다.

父慈子孝, 兄友弟恭, 終做到極處, 俱是合當如此.
부 자 자 효　형 우 제 공　종 주 도 극 처　구 시 합 당 여 차

著不得一毫感激的念頭. 如施者任德 受者懷恩, 便是路人, 便成市道.
착 부 득 일 호 감 격 적 염 두　여 시 자 임 덕　수 자 회 은　변 시 노 인　변 성 시 도

⠿ • • • • • •

장자의 산목편에 나오는 일화에 임회라는 사람이 나온다.

전쟁이 나서 적군이 침범해 오자 임회는 많은 보물을 내버려 두고 갓난아이 하나만을 등에 업고 도망을 갔다. 그러자 옆 사람이 고개를 갸우뚱하며 물었다.

"돈으로 따지면 갓난아이는 보물보다 훨씬 못하지 않습니까? 그런데 왜 보물은 버리고 귀찮은 갓난아이만 업고 도망을 갑니까?"

이에 임회는 이렇게 대답하였다.

"보물은 나와 이익으로 맺어져 있지만 이 아이는 나와 운명으로 맺어져 있소이다."

이익으로 맺어진 것은 위급한 지경에 이르면 쉽게 버릴 수 있지만, 혈육은 위급한 경우 더욱 보호해야 한다는 말이다. 세상의 모든 관계 중에서 가장 우선하는 것이 피를 나눈 혈연이 아니겠는가.

134

자랑하지 않으면 허물도 없다

아름다움이 있으면 반드시 추함이 있어 대비가 되니, 내가 아름다움을 자랑하지 않는다면 누가 나를 추하다고 할 것인가? 깨끗함이 있으면 반드시 더러움이 있어 짝을 이루니, 내가 깨끗함을 초월하여 자랑하지 않는다면 누가 나를 더럽다 할 것인가?

有妍, 必有醜爲之對. 我不誇妍, 誰能醜我?
유 연   필유추위지대   아부과연   수능추아

有潔, 必有汚爲之仇. 我不好潔, 誰能汚我?
유 결   필유오위지구   아불호결   수능오아

어떤 사람이 해변가로 이사를 갔다. 이웃사람은 하루 종일 바위에 앉아 고기를 낚는 낚시광이었기 때문에 두 사람은 인사나 나누는 사이였다.

그러던 어느 날 그는 낚시광이던 이웃이 커다란 물고기를 들고 다가오는 것을 보았다. 그는 얼른 물고기를 받아들며 심심한 사의를 표했다.

"아이고, 이 귀한 것을 주시다니! 너무 감사합니다."

그는 어딘지 당황해 하는 낚시광의 태도를 보고 이상히 여기기는 했으나, 그저 사람이 겸손한 탓이거니 여기고 그냥 지나쳤다.

그 후 일 년이 지나 두 사람이 어느 정도 친분이 깊어지고 나자 이웃사람이 작년 여름에 있었던 일을 솔직히 고백하였다.

"나는 그때 내가 잡은 물고기 중에서 제일 큰 놈을 당신에게 그저 보여주려고 자랑하려고 왔었을 뿐이었소."

헛된 자랑으로 본전도 못 건진 셈이 되었다.

135

변덕과 시기, 질투를 다스리라

뜨거웠다 차가웠다 하는 변덕은 부귀한 사람이 빈천한 사람보다 더 심하고, 질투와 시기하는 마음은 남들보다 육친 간에 더욱 심하다. 만약 이때 냉철한 마음이나 평정한 마음으로 제어하지 않는다면, 거의 번뇌의 가운데 앉아 지내지 않는 날이 없을 것이다.

炎凉之態, 富貴更甚於貧賤. 妬忌之心, 骨肉尤狠於外人.
염 량 지 태　부 귀 갱 심 어 빈 천　투 기 지 심　　골 육 우 한 어 외 인

此處, 若不當以冷腸 御以平氣, 鮮不日坐煩惱障中矣.
차 처　약 부 당 이 냉 장　어 이 평 기　선 불 일 좌 번 뇌 장 중 의

플로렌스에서 온 참사관들은 당시 이탈리아에서 상당한 인기를 누리고 있던 화가, 레오나르도 다 빈치에게 플로렌스의 대형 홀을 장식할 그림을 부탁했다. 그리고 아울러 당시 아직 세상에 잘 알려져 있지 않던 젊은 무명 화가, 미켈란젤로의 소문을 듣고 그에게도 역시 그림을 부탁했다. 레오나르도의 작품은 과연 그의 천부적인 재능과 명성에 걸맞을 만큼 화려했다. 그러나 미켈란젤로의 작품을 보았을 때, 플로렌스의 참사관들은 입을 딱 벌리고 말았다. 그의 그림 속에는 무의식적으로 표현된 불가사의한 매력과 영혼의 정열로 그린 흔적이 깃들어 있었던 것이다. 그리하여 사람들은 젊은 화가 미켈란젤로의 천재성에 대해 이야기하기 시작했고, 이 소식은 레오나르도의 귀에도 들어갔다. 그는 또한 누군가가 이렇게 말하는 소리도 들었다.

"레오나르도는 이제 늙었어."

레오나르도는 끓어오르는 질투와 풋내기 화가 미켈란젤로 때문에 자신의 명성이 실추되는 것을 견딜 수 없었다. 그래서 그는 남은 생애 동안 자신의 천재성을 더 이상 살리지 못하고 어둡고 우울하게 보낼 수밖에 없었다고 한다.

136

은혜와 원한은
지나치게 밝히지 말라

공과 과실은 어떤 경우에도 혼동하지 말아야 한다. 혼동하면 사람이 게으른 마음을 품을 것이다. 은혜와 원한은 지나치게 밝히지 말아야 한다. 이를 밝히면 사람들이 불신하게 된다.

功過, 不容少混. 混則人懷惰墮之心.
공 과   불 용 소 혼   혼 즉 인 회 타 타 지 심
恩仇, 不可大明. 明則人起携貳之志.
은 구   불 가 대 명   명 즉 인 기 휴 이 지 지

유명한 철학자 플라톤이 한 번은 주변에 있는 사람들에게서 심각한 오해를 받은 적이 있었다. 그래서 많은 사람들이 그를 비방하는데도 그는 자기의 처지를 변명하려 들지 않았다. 그래서 한 제자가 플라톤에게 물어보았다.

"선생님! 왜 변명을 안 하십니까?"

그때 플라톤은 다음과 같이 답변했다.

"그들의 비난을 종결시키는 것은 나의 변명이 아니다. 그들의 비난을 침묵시킬 수 있는 유일한 길은 나의 올바른 행위뿐이다."

세상을 살아가다 보면 간혹 오해로 인해서 비난을 받을 때가 있다. 그래서 오해를 풀려고 여러 가지 방법을 다 동원한다. 그러나 그것이 쉽게 해결되지 않고 도리어 실이 꼬이듯이 더 오해가 깊어질 때가 있음을 보게 된다.

인생에도 때가 있다. 인내심을 가지고 결실을 거둘 때를 조용히 기다릴 줄 알아야 한다.

137

지위가 지나치게 높으면
위태로움을 알라

벼슬자리는 너무 높지 않아야 할 것이니 지나치게 높으면 위태로우며, 능한 일은 그 힘을 다 쓰지 말아야 할 것이니 힘을 다 쓰면 쇠퇴해지며, 행실은 너무 고상하지 말아야 할 것이니 너무 고상하면 비방이 일어나고 시기가 닥친다.

爵位, 不宜太盛. 太盛則危. 能事, 不宜盡畢 盡畢則衰.
작 위   불 의 태 성   태 성 즉 위   능 사   불 의 진 필   진 필 즉 쇠

行誼, 不宜過高 過高則謗興而毁來.
행 의   불 의 과 고   과 고 즉 방 흥 이 훼 래

하버드 대학의 헨리 누웬 박사는 어려서부터 '신동' 으로 불렸다. 그는 항상 정상의 자리에 있었다. 누웬이 만든 20여 권의 저서는 모두 베스트셀러였으며 많은 사람들로부터 추앙을 받았다.

어느 날 누웬은 많은 보수와 명예를 보장하는 하버드대학의 교수직을 사임하고 정신지체아 보호시설인 데이브레이크의 직원으로 취업했다. 그가 하는 일은 정신지체아들의 대소변을 받아내고 목욕시키는 일이었다.

사람들은 그에게 물었다.

"대학자가 왜 제자들을 가르치지 않고 엉뚱한 짓을 합니까?"

그때 누웬은 빙그레 웃으며 대답했다.

"나는 그동안 성공과 인기라는 이름의 꼭대기를 향해 오르막길만 달려왔어요. 한 장애인을 만난 후 내리막길을 통해 예수님을 만날 수 있다는 사실을 깨달았지요. 오르막길에서는 '나' 만 보일 뿐이에요."

오르막길의 끝은 뾰족하여, 삼각형의 꼭지점과 같은 위험한 낭떠러지가 있다. 정상에 선 자는 넘어질까 조심해야 한다.

등산을 해본 사람은 알 듯이, 오르막길은 비록 힘은 들지만 덜 위험하고, 내리막길이 힘은 덜 들지만 훨씬 더 위험하다. 내리막길에서 미끄러지는 일이 더 많기 때문이다.

138

선이 숨겨진 자는 공이 크다

악은 그늘을 싫어하고 선은 햇볕을 싫어한다. 그러므로 드러난 악은 재앙이 얕고 숨겨진 자는 재앙이 깊으며, 선이 나타난 자는 공적이 작고 숨겨진 자는 공이 크다.

惡忌陰. 善忌陽. 故惡之顯者禍淺, 而隱者禍深.
악 기 음   선 기 양   고 악 지 현 자 화 천   이 은 자 화 심

善之顯者功小, 而隱者功大.
선 지 현 자 공 소   이 은 자 공 대

어느 무더운 여름날, 미국 메릴랜드의 한 마을에 남루한 복장의 고학생이 나타났다. 서적 외판원인 청년은 더위와 굶주림에 지쳐 있었다. 그는 마을 입구의 허름한 집을 방문했다.

한 소녀가 학생을 맞았다.

"우리는 너무 가난해요. 책을 살 수가 없어요."

고학생은 이마의 땀을 닦아내며 시원한 우유 한 잔을 부탁했다. 소녀는 쟁반에 우유 두 잔을 담아 정성껏 대접했다. 고학생은 소녀의 친절에 감동해 수첩에 그녀의 이름을 적어두었다.

20여 년 후 메릴랜드병원에 한 여성 중환자가 실려왔다. 병원장 하워드 켈리 박사는 의사들을 총동원해 환자를 살려냈다. 그러나 여인은 1만 달러가 넘는 치료비 청구서를 받아들고 한숨을 토했다. 그런데 청구서 뒤에는 병원장의 짤막한 편지 한 장이 붙어 있었다.

"치료비는 완불되었습니다. 20년 전에 저에게 대접해 주신 우유 두 잔이 치료비입니다."

선행은 어느 때에라도 반드시 보상을 받게 된다. 그리고 감추어진 선행일수록 더욱 귀하고 아름답다.

139
덕은 주인이고 재주는 종이다

덕은 재주의 주인이고 재주는 덕의 종이니, 재주가 있으면서 덕이 없다면 마치 집 안에 주인 없이 종이 마음대로 집안일을 처리하는 것과 같다. 어찌 갖가지 도깨비가 설쳐대지 않겠는가.

德者, 才之主. 才者, 德之奴. 有才無德, 如家無主而奴用事矣,
덕 자   재 지 주   재 자   덕 지 노   유 재 무 덕   여 가 무 주 이 노 용 사 의

幾何不魍魎而猖狂?
기 하 불 망 량 이 창 광

⠿ • • • • • •

　어떤 일에나 크고 작은 비중이 있다. 또한 앞서서 일을 추진해 나가는 사람이 있고 그를 뒤따르는 사람이 있게 마련이다. 앞장 선 사람이 안전한 길로 이끈다면, 뒤따르는 사람들은 안전하게 갈 수가 있다. 그런데 앞장 선 사람이 눈이 먼 장님이라면 위험한 벼랑으로 떨어질 수도 있고, 가던 길을 뱅뱅 도는 헛된 일도 되풀이될 것이다.

　덕은 사람들을 바른 길로 인도해 주는 안전한 길잡이이다. 그러나 재주는 그렇지가 않다. 언뜻 보기에 재주는 덕보다 더 두드러져 보인다. 덕이 알지 못하는 지름길을 재주는 알고 있을 것처럼 여겨지기도 한다. 그러나 재주는 드러난 총명이고 덕은 감춰진 총명이다. 그러므로 모든 일에 덕을 앞세워야 일이 순조롭게 풀린다. 재주란 짧은 시간에 반짝이기는 해도 그 뿌리가 깊지 못해서 또 다른 재주를 만나면 시샘을 벌인다. 그러나 덕에는 시샘해야 할 적이 없다. 덕은 쌓기가 어려운 만큼 그 뿌리가 깊기 때문이다.

140

달아날 길을 터 주라

간악한 사람을 제거하고 요망한 무리를 막으려면 한 곳 정도의 달아날 길을 터 줘야 한다. 만약 한 군데도 몸둘 곳을 용납하지 않으면, 마치 쥐구멍을 막는 것과 같아서 소중한 기물들을 모두 물어뜯을 것이다.

鋤奸杜倖, 要放他一條去路.
서 간 두 행　요 방 타 일 조 거 로

若使之一無所容, 譬如塞鼠穴者, 一切去路,
약 사 지 일 무 소 용　비 여 색 서 혈 자　일 절 거 로

都塞盡, 則一切好物, 俱咬破矣.
도 새 진　즉 일 절 호 물　구 교 파 의

후한의 진식이 태구의 장관 노릇을 하고 있을 때의 일이다.

어느 날 그 집에 몰래 들어온 도둑이 들보 위에 숨어서 밤이 깊기를 기다리고 있었다. 이것을 눈치 챈 진식은 곧 자기 아이들을 불러 모아놓고 말하였다.

"사람이란 시시로 덕성을 기르기 위해 노력하지 않으면 안 된다. 세상에는 악한 일을 하는 사람도 있지만 그것은 그 사람의 본성이 아니라 좋지 않은 습관이 날로 장성하여 결국 나쁜 짓을 하게 되는 것인데, 저 들보 위에 있는 사람이 그 좋은 본보기이다."

진식이 이렇게 말할 때에 아이들은 일제히 들보 위를 쳐다보았다. 그때에 진식은 부드러운 목소리로 그 도둑을 타일렀다.

"그대의 모양을 보니 조금도 악의가 없네. 아마도 집이 가난해서 도둑질

하는 것이겠지.”

진식은 장롱에서 두 필의 명주를 도둑에게 내주며 말했다.

“빨리 돌아가서 올바른 사람이 되게나.”

이러한 일이 있은 후부터 진식이 다스리는 관내에는 도둑의 자취가 완전히 없어졌다고 한다.

141
허물과 환난은 남과 함께하라

마땅히 허물은 남과 함께할지언정 공은 함께하지 말라. 공을 같이하면 서로 시기하게 된다. 환난은 남과 함께할지언정 안락은 함께하지 말라. 안락을 같이하면 서로 원수가 되고 말 것이다.

當與人同過, 不當與人同功. 同功則相忌.
당 여 인 동 과 부 당 여 인 동 공   동 공 즉 상 기
可與人共患難, 不可與人共安樂. 安樂則相仇.
가 여 인 공 환 난   불 가 여 인 공 안 락   안 락 즉 상 구

미시간 주 서부에 사는 15세 소년이 암 치료를 받기 시작했다. 화학 요법은 효과가 있었지만 구역질이 심하게 나고 머리카락이 빠지기 시작했다. 소년은 부끄러움을 무릅쓰고 머리카락이 빠진 채 학교에 가야 했다.

그런데 학교에 간 소년은 놀라운 일을 발견했다. 소년의 많은 친구들의 머리에도 머리카락이 없었던 것이다. 친구들은 모두 머리를 면도하고 왔다. 친구의 고통을 줄여주고 친구가 잘 적응할 수 있도록 도울 수 있는 방법을 생각한 끝에, 친구와 똑같이 머리카락을 자르는 방법을 생각해낸 것이다.

다른 사람의 마음을 느낄 수 있는 능력인 감정 이입은 중요한 사랑의 능력이다. 우리는 어려움을 만났을 때 손을 내밀어 서로 도와야 한다. 상대방의 처지를 이해하고 아픔을 덜어주고 함께하려는 의지는 마음이 넉넉하지 못하면 가질 수 없는 아름다움이다. 부모와 자녀, 친구들, 남녀 이성 간에도 기쁠 때보다 어려움에 처했을 때 따뜻한 마음을 전해야 한다.

142

말 한 마디로도
사람을 구할 수 있다

군자와 선비는 가난하여 물질로 남을 구제하지는 못하지만, 어리석어 방황하는 사람을 만나면 말 한 마디로써 깨우쳐 주고, 위급하여 허둥대는 사람을 만났을 때는 말 한 마디로써 이를 구해 줄 수 있으니, 이 또한 그지없는 공덕이다.

士君子, 貧不能濟物者, 遇人痴迷處, 出一言提醒之,
사 군 자　 빈 불 능 제 물 자　 우 인 치 미 처　 출 일 언 제 성 지

遇人急難處, 出一言解救之, 亦是無量功德.
우 인 급 난 처　 출 일 언 해 구 지　 역 시 무 량 공 덕

* * * * * *

　　레오나르도 다빈치는 인류 역사상 가장 손꼽히는 천재이다. 특정한 분야뿐만 아니라 다양한 분야에서 고루 재능을 발휘했다는 점에서 타고난 천재라고 할 수 있다. 그가 그린 '모나리자'는 밀레의 '만종'과 함께 세계 미술사를 빛낸 걸작품으로 인정받고 있고, 그가 스케치한 비행기 모형도가 인류가 하늘을 나는 데 결정적인 아이디어를 제공했다. 또 당시의 천동설을 뒤집고 지구가 태양을 중심으로 돌고 있다는 지동설을 주장한 천문학자이기도 하다. 인체의 비밀을 밝혀내기 위해 연구에 몰두한 의학자, 과감한 실험정신으로 새로운 물건을 만들어 낸 발명가이기도 하다.

　　그가 스케치했던 자전거 모형도는 현대인들이 타고 다니는 자전거와 거의 비슷할 정도로 페달과 체인의 모양까지 갖추고 있고, 치밀하게 계산된 잠수함 설계도는 수많은 해양학자들에게 큰 영향을 끼쳤다. 하지만 이런 다빈치도 어렸을 때는 고아라는 이유로 주위 사람들의 따돌림을 받는 내성

적인 아이에 불과했다. 그래서 그는 집 밖에 나가는 것조차 싫어했고 다른 사람 앞에서는 엉뚱한 실수를 곧잘 저질렀다.

그러나 그를 키웠던 할머니는 다빈치가 집을 나설 때마다 귀에 대고 이렇게 속삭여 주었다고 한다.

"애야, 너는 무엇이든 할 수 있어. 할머니는 너를 믿는다."

할머니는 세상을 떠나는 날까지 그 말을 단 하루도 거르지 않고 사랑을 담아 해주었다. 할머니의 애정 어린 그 한 마디가 그의 자존감을 높여 주어 역사 속에 빛나는 천재 중의 천재가 되게 했던 것이다.

143
인정의 병폐를 극복하라

굶주리면 달라붙고, 배부르면 떠나가며, 따뜻하면 몰려들고, 추우면 버리니, 이것이 바로 인정의 병폐이다.

饑則附, 飽則颺, 燠則趨, 寒則棄, 人情通患也.
기 즉 부　포 즉 양　욱 즉 추　한 즉 기　인 정 통 환 야

전한시대 7대 황제인 무제 때 급암과 정당시라는 두 현인이 있었다. 그들은 한때 각기 구경의 지위에까지 오른 적도 있었지만 둘 다 개성이 강한 탓에 좌천, 면직, 재등용을 되풀이하다가 급암은 회양 태수를 끝으로 벼슬을 마쳤다. 이들이 각기 현직에 있을 때에는 방문객이 늘 문전성시를 이루었으나 면직되자 방문객의 발길이 뚝 끊어졌다고 한다.

사마천은 사기(史記)에서 이렇게 덧붙여 쓰고 있다.

'급암과 정당시 정도의 현인이라도 세력이 있으면 빈객이 열 배로 늘어나지만, 세력이 없으면 당장 모두 떨어져 나간다. 그러나 보통 사람의 경우는 더 말할 나위도 없다.'

또 적공(翟公)의 경우는 이렇다. 적공이 정위가 되자 빈객이 문전성시를 이룰 정도로 붐볐다. 그러나 그가 면직되자 빈객은 금세 발길을 끊었다. 집 안팎이 어찌나 한산한지 문 앞에 새그물을 쳐 놓을 수 있을 정도였다. 얼마

후 적공은 다시 정위가 되었다. 빈객들이 몰려들자 적공은 대문에 이렇게 써 붙였다.

'한 번 죽고 한 번 삶에 곧 사귐의 정을 알고, 한 번 가난하고 한 번 부함에 곧 사귐의 태도를 알며, 한 번 귀하고 한 번 천함에 곧 사귐의 정은 나타나네.'

144

가볍게 움직이지 말라

군자는 마땅히 냉철한 눈을 깨끗이 닦아야 하고, 굳은 마음을 삼가 가볍게 움직이지 말아야 한다.

君子宜淨拭冷眼, 愼勿輕動剛腸.
군 자 의 정 식 냉 안   신 물 경 동 강 장

옛날 프랑스혁명 때 악명 높은 로베스피에르가 반대파 제거 작전을 펼치려다가 실패한 일이 있었다. 명령을 받은 화학자가 용감하게도 소신대로 행동한 탓이다. 로베스피에르는 반대파를 처형하기 위해서 반대파 인사들이 병사들에게 독이 든 포도주를 먹였다고 조작 폭로를 하기로 했던 것이다. 그러자니 당연히 증거가 필요하게 되고 그래서 당시에 유명한 화학자였던 베르틀레에게 반대파가 가진 포도주를 감정해서 독이 있다는 보고서를 만들어 내라고 명령했다. 그렇지만 학자의 양심을 속일 수 없는지라 독이 들어 있지 않다는 사실을 그대로 써서 올렸다. 그러자 다시 보고서를 고치게 하려고 로베스피에르는 베르틀레를 불러 다시 명령했다.

"제가 이 자리에서 마셔 보겠습니다."

그는 포도주를 직접 마셔 실제로 독이 없다는 걸 증명해 버렸다. 로베스피에르도 "과연 용기 있는 남자군." 하면서 물러나게 했다는 얘기이다.

145
식견을 키우라

덕은 도량을 따라 발전하고 도량은 식견에 따라 자라나는 것이다. 그러므로 덕을 두터이 하려면 도량을 넓혀야 하고, 도량을 넓히려면 식견을 키워야 한다.

德隨量進, 量由識長. 故欲厚其德, 不可不弘其量.
덕 수 양 진   양 유 식 장   고 욕 후 기 덕   불 가 불 홍 기 량
欲弘其量, 不可不大其識.
욕 홍 기 량   불 가 부 대 기 식

안중근 의사가 일본군에 체포되어 사형선고를 받고 복역 중일 때, 시한부 인생을 살고 있는 감방 안에서도 하루도 빼놓지 않고 책을 읽으셨다고 한다. 하루는 한 일본인 간수가 와서 물었다.

"왜 그렇게 책을 읽으십니까. 어차피 사형선고를 받으셨는데……."

안중근 의사는 담담한 표정으로 이렇게 말했다.

"나는 하루라도 책을 읽지 않으면 입안에 가시가 돋기 때문입니다."

독서의 중요성을 강조한 말이 아닐 수 없다. 그의 이런 의연한 모습을 본 일본인들은 숙연해졌다. 그리고 존경하는 마음에 많은 일본인들이 안 의사에게 글씨를 써 달라고 부탁해서 가져가기도 하였다.

1910년 3월 26일, 중국 뤼순 감옥에서 순국할 당시 안 의사는 "5분만 시간을 주십시오. 아직 책을 다 읽지 못했습니다."라는 말을 남겼다. 그는 독서와 교육의 중요성을 몸소 실천하고 이를 증명한 것으로 유명하다.

146

새벽의 맑은 시간에 깨어
마음을 닦으라

외로운 등불이 반딧불이처럼 빛나고 삼라만상이 고요해지면, 이는 우리가 편안히 잠이 들 때요, 새벽 꿈에서 막 깨어나 만물이 아직 움직이지 않으니, 이는 우리가 혼돈에서 빠져나 올 때이다. 이때를 타서 한마음으로 빛을 돌려 밝게 비추어 보면, 비로소 이목구비가 다 몸을 묶는 질곡이요, 정욕과 기호가 다 마음을 타락시키는 기계임을 알 수 있을 것이다.

一燈螢然, 萬籟無聲. 此吾人初入宴寂時也.
일 등 형 연　만 뢰 무 성　차 오 인 초 입 연 적 시 야

曉夢初醒, 群動未起. 此吾人初出混沌處也.
효 몽 초 성　군 동 미 기　차 오 인 초 출 혼 돈 처 야

乘此而一念廻光, 炯然返照,
승 차 이 일 념 회 광　형 연 반 조

始知耳目口鼻皆桎梏, 而情欲嗜好悉機械矣.
시 지 이 목 구 비 개 질 곡　이 정 욕 기 호 실 기 계 의

❀ ● ● ● ● ● ●

　새벽 일찍 활동하는 분들 중에 신문배달을 빼놓을 수 없다. 부지런하고 성실하지 않으면 결코 할 수 없는 일이 새벽 신문배달 일일 것이다. 세계적인 마케팅 컨설턴트 제프리 폭스는 우연한 기회에 유명한 기업들의 CEO들이 대부분 신문배달을 했다는 사실을 알게 되었다. 그는 인터뷰를 통해 이들이 신문배달을 통해 배운 것을 다음과 같이 '신문배달 10계명' 으로 만들었다.

　①절대로 빼먹어선 안 된다. ②시간이 생명이다. ③아프지 않게 몸을 관리해라. ④휴가를 함부로 쓰지 말라. ⑤캠프도 가지 말라. ⑥비에 젖어 찢어진 신문은 있을

수 없다. ⑦자전거를 관리해야 신문을 잘 돌릴 수 있다. ⑧길을 절대로 잃어버려선 안 된다. ⑨피곤한 생활 습관을 버려라. ⑩변명은 통하지 않는다.

　제프리 폭스는 이 교훈이 모든 경영의 기본이자 자기 관리의 기본이 된다고 말했다. 신문 배달은 작은 일이지만 이처럼 많은 노력과 헌신이 필요한 일이다. 그리고 작은 습관을 통해 큰 일이 성취된다는 것을 알아야 한다. 오늘날은 새벽형 인간이 각광받는 시대이다.

147

반성은 모든 일에 약이 된다

자기를 반성할 줄 아는 사람은 부딪치는 일마다 모두 약이 되며, 남을 원망하는 사람은 생각하는 것마다 모두 창칼이 된다. 반성하는 한 가지 길은 선으로 나아가고, 원망하는 한 가지 길은 악의 근원을 이루니 둘의 거리는 하늘과 땅의 사이처럼 멀다.

反己者, 觸事皆成藥石. 尤人者, 動念卽是戈矛.
반 기 자   촉 사 개 성 약 석   우 인 자   동 념 즉 시 과 모

一以闢衆善之路, 一以濬諸惡之源, 相去霄壤矣.
일 이 벽 중 선 지 로   일 이 준 제 악 지 원   상 거 소 양 의

미국 부통령을 역임한 험프리의 장례식 때 일이다. 험프리 미망인의 옆 자리에는 놀랍게도 평생의 정적(政敵)인 닉슨 대통령이 앉아 있었다.

상원의원인 험프리는 닉슨을 가장 괴롭힌 정치인이었다. 그런데 험프리는 죽기 사흘 전에 잭슨 목사에게 당부했다.

"죽기 전에 닉슨 대통령을 만나게 해주오. 그에게 용서를 구해야 편히 눈을 감을 수 있을 것 같소."

닉슨은 이 소식을 듣고 급히 비행기로 달려와 손을 맞잡고 화해했던 것이다. 화해는 얼어붙은 마음도 풀어주고 마음의 응어리를 녹여 준다. 비록 악감정으로 소원한 관계라도 진심으로 대화하여 좋은 관계를 다시 회복해야 한다. 그래야 마음에 거리낌이 없는 밝은 마음을 가질 수 있다.

148
정신은 영원히 새롭다

사업과 문장은 몸과 더불어 없어지지만, 정신은 영원토록 변함없이 새롭다. 공명과 부귀는 시대에 따라 바뀌지만, 절개는 천 년이 하루와 같다. 군자는 진실로 전자의 것으로 후자의 것을 바꾸지 말아야 할 것이다.

事業文章, 隨身銷毀, 而精神萬古如新.
사 업 문 장   수 신 소 훼   이 정 신 만 고 여 신
功名富貴, 逐世轉移, 而氣絶千載一日. 君子信不當以彼易此也.
공 명 부 귀   축 세 전 이   이 기 절 천 재 일 일   군 자 신 부 당 이 피 역 차 야

⁂ • • • • • •

솔맨이라고 하는 화가가 있었다. 결혼한 지 얼마 지나지 않아 중병에 걸렸다. 침통한 표정으로 의사가 말해 주었다.

"당신은 임파선 결핵을 앓고 있소. 앞으로 3개월밖에 살지 못할 것입니다."

그의 부인은 유명한 가수로 마침 임신 중이었다.

'아, 아내에게 미안하구나. 앞으로 태어날 아이는 어떡하나? 나 없이 잘 살아갈 수 있을까?'

생각할수록 마음이 아파 견딜 수가 없었다. 머리를 감싸안고 몹시 괴로워하고 있을 때, 아내가 그를 위로했다.

"여보, 3개월밖에 못산다고 생각하지 말아요. 우리에게 주어진 3개월이라는 시간을 생각하며 감사합시다. 아무도 원망하지 말아요. 3개월이 어디예요? 그 귀한 시간을 아름답게 소중하게 만들기로 해요. 3개월이나 허락

● 255

해주신 하느님께 감사드리고요."

두 사람은 기뻐하며 감사하며 열심히 일했다. 그런데 3개월이 되기 전에 그의 병은 씻은 듯이 완쾌되었다. 마음은 몸에게 강력한 영향력을 끼치는 파워 에너지 보급소이다.

149
사람의 지혜나 재주는
믿을 수 없다

물고기를 잡으려고 쳐 놓은 그물에 기러기가 걸려드는 경우도 있고, 사마귀가 먹이를 탐내는 곳에 참새가 또한 그 뒤를 엿보기도 한다. 계략 속에 계략이 숨어 있고 변고 밖에 다시 변고가 일어나니, 어찌 인간의 지혜와 솜씨를 어찌 족히 믿을 수 있겠는가.

魚網之設, 鴻則罹其中. 螳螂之貪, 雀又乘其後.
어 망 지 설   홍 즉 리 기 중   당 랑 지 탐   작 우 승 기 후

機裡藏機, 變外生變. 智巧, 何足恃哉?
기 리 장 기   변 외 생 변   지 교   하 족 시 재

· · · · · ·

프랑스의 유명한 요리사 베르나르 르와조는 엽총으로 자살했다. 그가 얼마나 유명한 요리사였는지 그가 자살하던 날 프랑스의 텔레비전 방송국들이 정규 뉴스 시간에 그의 자살 소식을 보도했고, 며칠 후 그에 대한 특집 다큐멘터리가 방영될 정도였다.

프랑스의 세계적인 타이어 회사 미슐랭은 해마다 프랑스 내의 모든 식당을 등급별로 평가한 식당 안내서 '기드 미슐랭(Guide Michelin)'을 출간하는데, 베르나르 르와조가 경영하는 식당은 지난 27년간 줄곧 최고 등급인 별 세 개의 평가를 받아 왔었다. 그런데 웬일인지 그 해에 발간된 그 안내서에는 그의 식당이 두 등급이나 강등되어 별 한 개로 떨어져 있었다. 이에 수치심을 이기지 못한 그는 자살로 생을 마감해 버렸다.

인간의 육체는 세월이 흐르면 쇠하게 마련이기에, 인간의 능력 또한 나이가 들수록 감퇴할 수밖에 없다. 아무리 솜씨가 좋다 한들 한평생 정상의

자리를 지킬 수는 없는 법이다. 장장 27년간이나 프랑스에서 최고의 요리사로 군림했다면 그것만으로도 얼마나 감사한 일인가? 나이 들어 비록 별한 개의 등급으로 떨어졌을지라도, 평생 최고의 요리사로 살아온 자신의 경륜과 솜씨로 타인에게 봉사하며 보람 있게 살 수도 있었을 것이다.

마음을 비울 수 있었다면 가볍게 받아들일 수도 있었을 텐데, 수치심이 무거운 추가 되어 목숨을 잃게 만들고 말았다.

150
참다운 마음을 가져야 한다

사람으로서 한 점 진실하고 간절한 마음이 없다면 이는 일개 허수아비일지니, 무슨 일이든 허망할 것이다. 세상을 살아감에 있어 한 조각의 원활한 맛이 없으면 이는 곧 한 개의 나무인형과 같으니, 가는 곳마다 막힘이 있을 뿐이다.

作人, 無點眞懇念頭, 便成個花子, 事事皆虛.
작 인 무 점 진 간 염 두 변 성 개 화 자 사 사 개 허

涉世, 無段圓活機趣, 便是個木人, 處處有碍.
섭 세 무 단 원 활 기 취 변 시 개 목 인 처 처 유 애

경주 최 부잣집은 최치원의 17세손인 최진립과 그의 아들 최동량이 기틀을 마련하고, 손자인 최국선으로부터 28세손인 최준에 이르는 10대 약 300년 동안 만석꾼의 큰 부를 누린 일가이다.

이들은 부자로서의 의무에도 스스로 충실해 최 부잣집의 터를 일군 최진립은 임진왜란과 정유재란 때 의병으로 왜적과 싸웠으며, 병자호란 때 다시 청나라 군에 맞서 싸우다 전사했다. 1671년 현종 신해년 삼남에 큰 흉년이 들었을 때, 최국선은 대문을 열었다.

"모든 사람들이 굶어죽을 형편인데 나 혼자 재물을 쌓아 두어 무엇하겠느냐. 모든 굶는 이들에게 죽을 끓여 먹이도록 하라. 그리고 헐벗은 이에게는 옷을 지어 입혀주도록 하라."

큰 솥으로 매일같이 죽을 끓여서 인근은 물론 멀리서도 굶어죽을 지경이된 어려운 이들이 소문을 듣고 서로를 부축하며 최 부잣집을 찾아 몰려들

었다.

　최 부잣집은 흉년 때마다 경상북도 인구의 10%에 이르는 사람에게 구휼을 베풀었으며, 1884년 경주에서 태어난 마지막 최 부자인 최준은 상해 임시정부에 평생 자금을 지원한 독립운동가였다. 독립운동 사실이 왜경에게 발각되어 만석꾼 재산을 거의 날려버린 최준은 남은 전 재산과 살고 있던 경주 및 대구의 집까지 팔아서 1947년 대구대학과 계림학숙을 세웠는데, 이 두 학교가 합해져서 오늘날의 영남대학교가 되었다.

151
괴로움을 버리면
즐거움은 절로 온다

물은 물결만 일지 않으면 절로 고요하고, 거울은 먼지만 끼지 않으면 저절로 맑다. 그러므로 굳이 마음을 애써 맑게 할 것이 아니라, 괴롭게 하는 것만 버린다면 절로 맑아질 것이다. 또한 즐거움도 굳이 찾을 것이 아니라, 괴로움만 버린다면 절로 즐거워질 것이다.

水不波則自定, 鑑不翳則自明.
수 불 파 즉 자 정   감 불 예 즉 자 명
故心無可淸, 去其混之者而淸自現.
고 심 무 가 청   거 기 혼 지 자 이 청 자 현
樂不必尋, 去其苦之者而樂自存.
낙 불 필 심   거 기 고 지 자 이 락 자 존

중국 한나라의 유백천은 여덟 명의 자녀를 두었는데 아내가 불치의 병으로 세상을 떠나고 말았다. 그때 막내가 두 살이어서 어떻게 길러야 할지 막막하였다. 본업이 장사하는 일이었는데 아내의 일까지 겸하여 하게 되자 육체의 고달픔을 견딜 수가 없었다. 생각다 못하여 자식들 중 똑똑한 아이 한둘만 자기가 키우고, 나머지는 다 남의 집에다가 양자로 주기로 하고 어떤 자식을 자기가 기를까 하다가 제일 잘 웃는 자식을 택하기로 했다. 웃기를 제일 잘하는 자식은 장녀였는데 나이가 16살이었다. 항상 천사 같은 미소가 몸에 밴 이해심 많은 딸로 마을에서도 칭찬이 자자했었다.

당시 태현 황제의 아들인 소황세자가 사냥을 나왔다가 이 소녀를 만나 미소 짓는 모습에 반하여 사랑하게 되었고, 부인으로 삼으니 그 미소로 인하여 형제들이 흩어지지 않게 되었다고 한다.

미국의 심리학자 페킨스의 말에 따르면 사람을 감동시킬 수 있는 미소를 지을 수 있는 마음이 되려면 적어도 세 가지가 갖추어져야 하는데, 첫째는 마음의 평안이 있어야 하며, 둘째는 상대방에 대한 존경과 사랑의 마음가짐이 있어야 하고, 그리고 셋째는 자기 분야에 대하여 자신감을 가지고 있을 때에만 그런 미소가 우러나올 수 있다고 했다. 천사같이 미소 짓는 인사 한 번이 우리들의 세상을 따뜻하게 만들어 준다.

152

모든 일에 스스로 조심하라

한 번 잘못된 생각으로 하늘의 뜻을 거역할 수도 있고, 한 마디 잘못한 말로 천지자연의 조화를 깨뜨리며, 한 가지 그릇된 일로 자손들에게 재앙을 줄 수도 있으니, 모든 일에 스스로 조심하여 경계해야 한다.

有一念而犯鬼神之禁, 一言而傷天地之和,
유 일 념 이 범 귀 신 지 금　　일 언 이 상 천 지 지 화

一事而釀子孫之禍, 最宜切戒.
일 사 이 양 자 손 지 화　　최 의 절 계

1596년 네덜란드 상인 빌렘 바렌츠는 북극항로를 개척하기 위해 항해를 시작했다가 빙하에 갇히고 만다.

"이제 식량이 다 떨어졌습니다. 선장님, 어떻게 할까요?"

"음……, 그래도 우린 책임을 다해야 한다. 식량에는 손대지 말라."

시간이 지날수록 먹지 못해 쓰러지는 선원들이 늘어갔다. 그러나 배 안에 있는 물건들은 네덜란드라는 나라와 러시아 사이의 국가적인 상거래 물품들이었다. 나라 사이의 약속을 어기면 국가의 명예는 추락될 수밖에 없었다. 결국 굶주림을 못 이겨 17명의 선원 중 8명이 굶어 죽었고, 바렌츠도 희생되었다.

하시만 빙하가 녹이 무사히 귀환한 배에는 러시아의 시베리아 고객들에게 배달할 식량과 모포 등이 가득했다. 굶어 죽을망정 고객의 화물에 손대면 안 된다는 상인정신을 지킨 것이었다. 돈 되는 일이면 먹을 것으로 장난치는 일도 주저하지 않는 현대인의 눈으로 보면 어이없을 만큼 우둔하기 짝이 없는 행동이지만 바렌츠 일행의 정직과 신용 덕분에 네덜란드는 17세기를 자신들의 시대로 만들 수 있었다.

153

엄한 다그침보다
스스로 감화되게 하라

일은 급하게 서두르면 명백해지지 않고, 너그럽게 늦추면 저절로 밝혀지니 조급하게 굴어 그르치지 말라. 사람은 부리려고 할 때 순종하지 않다가도, 가만히 놓아두면 스스로 감화되는 수가 있으니 엄하게 단속하여 그 고집이 심해지게 하지 말라.

事有急之不白者, 寬之或自明, 毋躁急以速其忿.
사 유 급 지 불 백 자   관 지 혹 자 명   무 조 급 이 속 기 분
人有操之不從者, 縱之或自化, 毋操切以益其頑.
인 유 조 지 부 종 자   종 지 혹 자 화   무 조 절 이 익 기 완

· · · · · ·

미국 미시간주의 한 고아원에 문제소년 한 명이 들어왔다. 소년은 원생들과 싸움을 일삼았다. 베라다 선생은 인내심을 갖고 끊임없이 소년을 격려했다.

"하느님은 너를 매우 사랑하신다. 큰 꿈을 가져라."

그러나 소년의 행동에는 변화가 없었다. 결국 그 문제소년은 퇴학을 당하고 말았다. 소년은 퇴학당한 후에 비로소 베라다 선생의 소중한 가르침을 깨달았다. 그리고 피자가게에 취직해 열심히 일했다. 소년에겐 피자 한 개를 11초에 반죽하는 탁월한 솜씨가 있었다. 그의 머릿속은 베라다 선생이 심어준 큰 꿈으로 가득 찼다.

소년은 자신의 꿈을 실현시키기 위해 피자회사를 설립했다. 이 회사가 바로 미국에서 두 번째로 큰 '도미노피자'이다.

이 고아 소년의 이름이 토머스 모나한이다. 현재 토머스는 피자사업을

통해 벌어들인 돈으로 미국 프로야구 명문구단인 디트로이트를 운영하고 있다. 그리고 수많은 청소년들에게 장학금을 지급하고 있다.

"제가 사업에 성공할 수 있었던 것은 베라다 선생의 사랑의 가르침 때문입니다."

사랑이 사람을 변화시키고, 사랑의 감화만이 오래 지속된다.

154

덕으로 수양되지 않으면
무의미하다

절개와 의리가 높고 문장이 탁월할지라도, 덕으로 수양된 것이 아니라면, 결국 혈기의 간신 노릇이나 하고 재주의 손발이 되고 말 것이다.

節義傲青雲, 文章高白雲,
절 의 오 청 운 문 장 고 백 운

若不以德性陶鎔之, 終爲血氣之私 技能之末.
약 불 이 덕 성 도 용 지 종 위 혈 기 지 사 기 능 지 말

건축회사에 다니던 사람이 퇴직을 얼마 앞두고 사장으로부터 마지막 부탁을 받았다.

"마지막으로 집 한 채만 더 지어 주시오."

그 말을 듣자 마음속으로 와락 짜증이 밀려왔다.

'이제 곧 퇴직인데 좀 쉬게 놔주지, 끝까지 편히 쉬는 꼴을 못 보는군.'

그러고는 모든 일을 설렁설렁, 대충대충 했다. 좋은 재료도 구하지 않고 감독과 시공도 철저하게 하지 않았다. 그저 겨우 준공검사를 넘길 정도로 지어놓은 집이 거의 완성될 무렵, 사장이 이 사람에게 찾아와 말했다.

"이 집은 바로 당신 것입니다. 당신의 은퇴를 기념하기 위한 내 마음의 선물입니다. 받아주십시오."

"네⋯⋯?"

우리는 마지막까지 주어진 일에 책임감을 가지고 최선을 다해야 한다.

155

전성기 때 물러나라

일을 그만두고 물러나려거든 전성기 때 물러나고, 몸 둘 곳을 고르려거든 남보다 뒤처진 자리에 앉아라.

謝事, 當謝於正盛之時. 居身, 宜居於獨後之地.
사사 당사어정성지시   거신   의거어독후지지

오페라 가수 제니 린드는 '스웨덴의 나이팅게일'로 불렸는데, 전성기 때 홀연히 무대를 떠났다. 그녀는 부와 명예와 사랑을 한몸에 받은 시대의 영웅이었다. 사람들은 인기의 달콤함을 경험한 린드가 곧 무대에 복귀할 것으로 생각했다. 그러나 무대를 떠난 이후 완전히 소식이 끊겼다.

몇 년 후 한 친구가 린드를 찾았다. 그녀는 무릎 위에 성경을 올려놓고 저녁노을을 바라보고 있었다. 기쁨과 감격이 충만한 표정이었다.

"전성기 때 무대를 떠난 이유가 뭐야? 환호에 찬 무대가 그립지 않아?"

그녀는 아름답게 물든 저녁노을과 성경을 가리키며 말했다.

"무대 위의 기쁨은 순간의 환희일 뿐이야. 금세 사라지지. 성경과 아름다운 자연은 내게 영원한 기쁨을 선물해 주거든."

행복의 열쇠는 마음에 있다. 인간에게는 누구나 영원을 추구하는 본능을 지니고 있다.

156

보답을 생각하지 말고 베풀라

덕을 삼가려면 마땅히 아주 작은 일부터 삼가고, 은혜를 베풀 때는 갚지 못할 사람에게 힘써 베풀라.

謹德, 須謹於至微之事. 施恩, 務施於不報之人.
근 덕　수 근 어 지 미 지 사　시 은　무 시 어 불 보 지 인

스페인에 있는 발렌치아 근교에서 딸기를 따고 있던 한 남자에게 한 마리의 개가 달려왔다. 개는 그의 주위를 바삐 맴돌며 방해를 했다. 결국 그 개의 이상한 몸짓에 눈치를 챈 그는 개의 뒤를 쫓아가 보았다.

개는 곧장 철도로 달려갔다. 거기에는 9세 소녀가 발이 선로에 꼭 끼어서 꼼짝도 하지 못하고 있었다.

"도와주세요!"

달려온 그 남자가 소녀의 발을 빼려고 애를 썼지만 헛수고였다. 그때 기차가 돌진해 오고 있는 것이 보였다.

"사람이 있어요!"

그 남자는 기차를 향해 마구 손짓을 하며 크게 소리를 질러댔다. 다행스럽게도 기관사가 알아차리고 기차를 세웠고 그 남자는 소녀의 발을 빼낼 수 있었다.

나중에 밝혀진 바에 따르면 소녀는 발이 선로에 끼이기 전에 버터빵을 이 떠돌이개와 나눠 먹었다고 한다. 그래서 이 개는 감사의 표시로 소녀의 생명을 구하기 위해 최선을 다했던 것이다.

개도 빵 하나의 은혜를 갚으려고 애쓰는데, 사람으로서 받은 은혜를 잊고 사는 경우가 얼마나 많은가. 스스로를 돌아볼 수 있어야 하겠다.

157

번잡을 버리고
마음을 고요히 지키라

시중 사람들과 사귐은 산골 노인을 벗 삼는 것만 못하고, 고관대작의 집에 드나들며 허리를 굽실거리는 것은 오막살이를 찾아가는 것만 못하다. 거리에 떠도는 말을 듣는 것은 나무꾼과 목동의 노래를 듣는 것만 못하고, 현재 사람들의 덕 없음과 과실을 말함은 옛 사람의 아름다운 말과 행실을 이야기하는 것만 못하다.

交市人, 不如友山翁. 謁朱門, 不如親白屋.
교 시 인　불 여 우 산 옹　알 주 문　불 여 친 백 옥

聽街談巷語, 不如聞樵歌牧詠. 談今人失德過擧,
청 가 담 항 어　불 여 문 초 가 목 영　담 금 인 실 덕 과 거

不如述古人嘉言懿行.
불 여 술 고 인 가 언 의 행

● ● ● ● ● ●

유태인 제자 한 사람이 랍비에게 찾아와 물었다.

"가난한 사람들은 비록 가진 것은 없지만 힘이 닿는 데까지 서로 도우며 살려고 노력하는데, 저는 왜 그런 마음이 생기지 않는 걸까요?"

랍비는 잠시 무엇인가 생각하더니 이렇게 말했다.

"창 밖을 내다보아라. 무엇이 보이느냐?"

"엄마가 자녀의 손을 잡고 다정하게 길을 걷고 있습니다. 그리고 마차 한 대가 한가롭게 달려가고 있군요."

"그래? 그렇다면 이번에는 벽에 걸린 거울을 자세히 들여다보아라. 무엇이 보이느냐?"

"제 모습 밖에는 보이는 것이 없습니다."

그러자 랍비는 조용히, 그리고 단호하게 제자에게 말했다.

"창이나 거울 모두 유리로 만들어졌지만 유리에는 칠을 하게 되면 자신의 모습 밖에는 볼 수 없는 것이지."

우리가 남을 도울 수 있는 길은 자신의 마음을 먼저 비우는 것이다. 넉넉하고 투명한 마음으로 주위를 둘러보는 시간을 가졌으면 좋겠다.

158

덕은 모든 일의 바탕이다

덕이란 사업의 바탕이니, 기초가 튼튼하지 못한 집이 오래간 적은 없었다.

德者, 事業之基. 未有基不固而棟宇堅久者.
덕 자　사 업 지 기　미 유 기 불 고 이 동 우 견 구 자

* * * * * *

알렉산더 바셰가 중요한 실험을 하기 위해 수년간 갖은 노력을 다 기울여 준비를 해 왔다. 어느 날 그는 탁자 위에 여러 신기한 실험도구들을 실험할 수 있도록 쌓아 놓은 후에 집을 잠깐 비웠다. 그 사이에 어머니가 연구실을 지나가다가 그만 치마로 쌓아 놓은 실험 도구를 건드려 모든 도구들을 박살내고 말았다.

놀란 어머니는 이 사실을 며느리에게 고백하였다. 아내에게서 이 말을 전해 들은 바셰는 잠시 정신을 잃은 듯이 잠자코 서 있다가 입을 열었다.

"…… 잠깐 맑은 공기 좀 마시고 오마."

바셰는 밖으로 나갔다가 5분 후에 완전히 기분을 바꾸어 유쾌한 표정으로 다시 집으로 들어왔다. 그날 이후, 자기 가족들에게는 결코 그 일에 대해서는 단 한 마디도 언급하지 않았다. 단지 페어맨 로저스에게 이렇게 고백했을 뿐이다.

"나는 5분 동안은 어머니를 사랑하지 못했지요."

159

덕 있는 마음은
자손의 무성한 뿌리가 된다

남들에게 마음의 덕을 잘 베푸는 것이 자손의 뿌리가 된다. 뿌리를 내리지 않고 가지와 잎
이 무성한 일은 없었다.

心者, 後裔之根. 未有根不植而枝葉榮茂者.
심 자   후 예 지 근   비 유 근 불 식 이 지 엽 영 무 지

한 청년이 대학을 졸업 후 미국 뉴욕박물관에 임시직 사원으로 취직했다.
청년은 매일 한 시간씩 일찍 출근해 박물관의 마룻바닥을 닦았다. 청년은
마루를 닦으며 항상 행복한 표정을 지었다. 박물관장이 청년에게 물었다.

"대학교육을 받은 사람이 바닥청소를 하는 것이 부끄럽지 않은가?"

"이곳은 그냥 바닥이 아닙니다. 박물관의 마룻바닥입니다."

청년은 성실성을 인정받아 정식직원으로 채용됐다. 그는 알래스카 등을
찾아다니며 고래와 포유동물에 대한 연구에 몰입했다. 그리고 몇 년 후에
는 세계에서 가장 권위있는 고래 박사로 불리게 되었고, 나중에는 뉴욕박
물관 관장까지 맡았다. 이 사람이 바로 세계적인 고래학자 로이 채프먼 앤
드루스 박사이다. 성공한 사람들의 최고 자산은 한결같은 성실성과 인내,
그리고 주어진 상황 속에서 기쁜 마음으로 일하는 것이다. 작은 일을 정성
껏 감당하는 사람이라야 큰일도 감당할 수 있다.

160

자기 집에 무한히 있는데
왜 거지 노릇을 하는가

옛 사람이 이르기를 "자기 집에 무한히 있는 것을 버려두고 왜 남의 집 문전에 밥그릇을 디밀며 거지 노릇을 하는가?"라고 했다. 또 이르기를 "벼락부자가 된 가난뱅이여, 꿈 이야기는 그만하라. 누구네 집 부엌인들 불을 때면 연기가 안 날까?"라고 했다. 전자는 가지고 있으면서도 알지 못하는 어리석음을 경계한 것이고, 후자는 자기가 가진 보잘것없는 것을 자랑하는 어리석음을 경계한 것이다. 가히 이것을 학문의 간절한 훈계로 삼을 만하다.

前人云, '抛却自家無盡藏, 沿門持鉢效貧兒'.
전 인 운　　포 각 자 가 무 진 장　　연 문 지 발 효 빈 아

又云, '暴富貧兒休說夢, 誰家竈裡火無烟'.
우 운　　폭 부 빈 아 휴 설 몽　　수 가 조 리 화 무 연

一箴自味所有. 一箴自誇所有. 可爲學問切戒.
일 잠 자 미 소 유　　일 잠 자 과 소 유　　가 위 학 문 절 계

한 부자 노인이 살았는데, 돈은 많지만 지독한 구두쇠였다. 이 구두쇠 노인이 병이 들었다.

'하루 지나면 완쾌되겠지! 이틀 지나면 완쾌되겠지.'

그러나 일주일이 지나도 차도는커녕 오히려 병이 더 악화되어 갔다. 할 수 없이 아들들이 의사를 불러왔다. 의사가 진찰을 해보더니 말했다.

"주사 한 대만 맞으시면 완쾌됩니다."

"주사 한 대에 얼마요?"

"만 원입니다."

이 말을 듣자 구두쇠 노인은 팔을 내저으면서 거절했다.

"아이고, 주사 안 맞아요. 어떻게 모은 재산인데 함부로 쓴단 말이오!"

병은 점점 악화되었다. 이제는 드러누워 있을 수조차 없게 되었다. 아들들이 할 수 없이 의사를 또 불러왔다 의사는 다시 진찰해 보더니 말했다.

"이제 주사 3대만 맞으시면 완쾌됩니다."

그러자 구두쇠 노인은 다 죽어가는 소리로 물었다.

"그게 전부 얼만데요?"

3만 원이라는 대답을 듣자 구두쇠 노인은 또 의사를 돌려보냈다. 병은 점점 심해져서 이젠 물조차 못 먹을 처지가 되었다. 할 수 없이 아들들이 다시 의사를 불러왔다. 의사는 진찰을 다하더니, "이제는 주사를 수백 대를 맞아도 도저히 고칠 수가 없습니다." 하고는 나가버렸다.

그 날 밤 모진 고통을 겪으면서 노인이 운명할 때 그는 자기가 지금까지 모아놓았던 금고를 가리키면서 "저 돈……!" 한 마디를 남긴 채 숨을 거두고 말았다.

161

학문은 끼니와 같으니
일마다 깨우치라

도덕은 일종의 공중적인 물건이니 마땅히 사람마다 행하게 하고 학문은 날마다 집에서 먹는 일종의 끼니와 같으니 마땅히 일마다 깨우치고 삼가게 하라.

道是一重公衆物事, 當隨人而接引.
도 시 일 중 공 중 물 사   당 수 인 이 접 인

學是一個尋常家飯, 當隨事而警惕.
학 시 일 개 심 상 가 반   당 수 사 이 경 척

삼국의 대립이 팽팽할 당시, 오나라 손권의 부하 중에 여몽이라는 장수가 있었다. 졸병에서 전쟁의 공으로 장군까지 된 여몽이었으나 무식했다. 그러나 손권은 그가 이론적인 병법까지 알기를 원해서 학문을 깨우치도록 충고를 했다. 이때부터 그는 전장에서도 손에서 책을 놓지 않고 공부했다.

얼마 후 뛰어난 학식을 가진 노숙이 여몽과 의논할 일이 있어 찾아갔다. 노숙은 여몽과 막역한 친구여서 여몽을 누구보다도 잘 알고 있었다. 그래서 그와 얘기를 나누는 사이 그의 박식함에 깜짝 놀라면서 말했다,

"이 사람 언제 그렇게 공부했나? 이제 오나라 있을 때 여몽이 아닐세."

그러자 여몽은 이렇게 대꾸했다.

"선비가 헤어진 지 사흘이 지나면 눈을 비비고 다시 대해야 할 정도로 달라져 있어야 하는 법이라네."

162
남을 믿는 사람은 진실하다

남을 믿는다는 것은 사람들이 모두 성실하지 못하더라도 자기만은 성실하기 때문이며, 남을 의심한다는 것은 사람들이 모두 속이지 않더라도 자신이 스스로를 속이기 때문이다.

信人者, 人未必盡誠. 己則獨誠矣.
신 인 자 인 미 필 진 성   기 즉 독 성 의

疑人者, 人未必皆詐. 己則先詐矣.
의 인 자 인 미 필 개 사   기 즉 선 사 의

＊ ● ● ● ● ●

어느 고을에 바둑을 잘 두어 '국수'라 불리는 대감이 있었다. 워낙 바둑을 좋아해 신분의 높고 낮음을 가리지 않고 바둑을 두었다. 어느 날 허름한 옷차림의 군졸 한 명이 말을 끌고 와서 내기 바둑 두기를 청했다. 대감이 흔쾌히 응하자 군졸은 끌고 온 말을 걸었고, 대감은 한 달 먹을 양식을 주겠다고 했다. 내기 바둑에서 결국 군졸이 지고 말았다.

"소인이 도저히 당할 수가 없습니다. 약속대로 말을 두고 가겠습니다."

"자네 전 재산 아닌가. 약속은 했지만 난 괜찮으니 말을 가져가게나."

"아닙니다. 약속은 지켜야지요. 그 대신 다시 한 번 기회를 주십시오. 그때는 제가 반드시 이겨 말을 찾아가겠습니다."

"좋지. 언제라도 오게나."

그리고 며칠 뒤 말을 잃은 군졸이 다시 찾아와 바둑을 두자고 했다. 그런데 지난번과는 달리 도저히 군졸을 당할 수가 없었다. 세 판을 내리 진 대감은 일전에 받은 말을 도로 내주며 물었다.

"이제 보니 자네 바둑 실력이 보통이 아닐세 그려. 그런데 어째서 지난번에는 그렇게 맥없이 졌는가?"

군졸은 웃으며 대답했다.

"실은 이곳에 볼일이 있어 말을 끌고 왔지만 여비가 모자라 말을 먹일 수가 없었습니다. 그래서 대감댁에 와서 내기 바둑을 두어 일부러 진 다음 말을 맡긴 것이지요. 그 동안 말을 돌보아 주셔서 고맙습니다."

대감은 군졸이 괘씸했으나 한편으로 그 기지가 놀라워 말과 함께 지난번 내기에 걸었던 한 달 양식을 내주었다.

163

너그러운 사람은
만물을 살아나게 한다

생각이 너그럽고 두터운 사람은 봄바람이 따뜻하게 만물을 기르는 것 같아서 무엇이든지
이런 사람을 만나면 살아나고, 마음이 모질고 각박한 사람은 차가운 눈이 만물을 얼게 하
는 것과 같아서 무엇이든지 이런 사람을 만나면 죽는다.

念頭寬厚的, 如春風煦育, 萬物遭之而生.
염 두 관 후 적   여 춘 풍 후 육   만 물 조 지 이 생

念頭忌刻的, 如朔雪陰凝, 萬物遭之而死.
염 두 기 각 적   여 삭 설 음 응   만 물 조 지 이 사

세계적인 역사서로 알려진 '프랑스 혁명사'를 토마스 칼라일이 원고를 탈
고하기 전에 있었던 일이다. 칼라일은 2년에 걸쳐 수만 페이지나 되는 프랑

스 혁명사의 원고를 마치고 친구인 존 스튜어트 밀에게 감수를 요청했다. 존은 '자유론'을 쓴 저자였다.

존은 약 1개월 동안 원고를 검토한 뒤에 칼라일에게 돌려주려고 원고를 찾았다. 그런데 그 원고를 아무리 찾아도 없었다. 존은 하녀에게 혹시 원고를 보았는지 물었다. 그런데 하녀는 너무나 태연히 버리는 종이 뭉치인 줄 알고 벽난로 불쏘시개로 태워 버렸다고 말했다.

존은 창백한 얼굴로 칼라일을 찾아가서 자초지종을 설명했다. 칼라일은 괜찮다고 친구를 위로했지만, 2년의 수고가 하루아침에 날아가 버린 현실 앞에서 망연자실했다.

어느 날 칼라일은 아침 산책길에서 벽돌공이 땀흘리며 벽돌을 쌓고 있는 것을 보았다. 그것을 지켜보던 칼라일은 새로운 용기를 얻었다.

'벽돌공은 한 번에 한 장씩의 벽돌을 쌓는다. 나도 그렇게 하면 된다. 프랑스 혁명사의 내용을 하나하나 다시 기억하며 벽돌을 쌓는 것이다.'

그 일은 힘들었지만 칼라일은 꾸준히 계속하여 마침내 원고를 완성하였다. 그렇게 완성된 원고는 불태워진 원고를 거의 완벽하게 재생시켰고, 처음의 원고 내용보다 훨씬 더 훌륭했다.

164

선악의 결과는 반드시 나타난다

착한 일을 하고 그 이익을 보지 못함은 마치 수풀 속의 보이지 않는 데서 자라는 동과와
같아서 남이 모르는 사이에 저절로 자라나며, 악한 일을 하고 그 손해를 보지 않음은 마치
앞뜰의 봄눈 녹듯 하여 자기도 모르는 사이에 손해를 보게 될 것이다.

爲善, 不見其益, 如草裡東瓜, 自應暗長.
위 선　불 견 기 익　여 초 리 동 과　자 응 암 장

爲惡, 不見其損, 如庭前春雪, 當必潛消.
위 악　불 견 기 손　여 정 전 춘 설　당 필 잠 소

어느 유명한 회사에서 신입 사원을 뽑을 때, 일류 대학을 나온 능력 있는
지원자들이 많이 지원했다. 서류 전형을 마치고 시험을 치른 합격자들에게
남은 것은 면접시험뿐이었다. 면접은 사람됨을 가늠하는 가장 중요한 시험
이기에 사장이 직접 하기로 되어 있었다. 면접시험을 앞둔 사람들은 저마
다 사장이 묻는 말에 대답을 잘하기 위해 열심히 준비했다.

그런데 이상하게도 지원자들을 한 사람씩 만난 사장은 한 마디의 질문도
하지 않았다. 드디어 면접시험이 끝나고 7명의 합격자가 발표되었다. 나머
지 사람들은 어째서 합격이 되지 않았는지 궁금했다. 사장은 이렇게 대답
했다.

"우리 회사는 똑똑한 사람보다 열심히 성실하게 일하는 사람이 필요합니
다. 그래서 면접을 보기 위해 들어오는 문 앞에 휴지 한 장을 떨어뜨렸습니
다. 그리고 들어오면서 떨어진 휴지를 주워 휴지통에 넣은 사람을 합격시

켰습니다."

그 해에 휴지를 줍고 들어온 사원들은 과연 다른 해에 뽑은 사원들보다 성실하게 회사 일을 잘해서 많은 사람들에게 칭찬을 받으며 중요한 일을 감당해 나갔다. 일은 입으로, 말로 하는 것이 아니라 손과 발을 움직여서 하는 것이다.

165

불우한 친구에게는
더 따뜻하게 대하라

옛 친구를 만나거든 이전에 사귀었던 정에 금이 가지 않도록 마음가짐을 더욱 새롭게 하고, 비밀스런 일을 처리할 때는 남의 의심을 사지 않도록 더욱 분명히 할 것이며, 불우한 친구나 사람을 대할 때는 예우를 더욱 융숭하게 한다.

遇故舊之交, 意氣要愈新,
우 고 구 지 교   의 기 요 유 신
處隱微之事, 心迹宜愈顯,
처 은 미 지 사   심 적 의 유 현
待衰朽之人, 恩禮當愈隆.
대 쇠 후 지 인   은 례 당 유 융

⁕ • • • • • •

어느 날, 한 젊은이가 왕실에서 급한 부름을 받았다.

'이 명령을 받는 즉시 바로 대궐로 들어오라. 명령을 어기면 큰 벌을 내리겠노라.'

뜻밖에 임금님의 부름을 받은 젊은이는 두려움에 벌벌 떨었다. 젊은이는 대궐에 들어가는 일이 겁이 났다. 자기와 같이 평범한 청년이 무슨 일로 대궐에 불려 갈 일이 있겠는가. 벌벌 떨던 젊은이는 친한 세 친구에게 같이 가 달라고 부탁하기로 마음먹었다. 젊은이는 가장 친하다고 믿는 첫 번째 친구부터 찾아갔다.

"큰일났네. 임금님이 아침 일찍 대궐로 들어오지 않으면 큰 벌을 내리겠다고 하셨네. 혼자서는 너무 무섭네. 나와 함께 가 주지 않겠나?"

젊은이의 말에 첫 번째 친구는 냉정하게 말했다.

"이거 미안하네. 내일 급한 일이 있어서 안 되겠네."

젊은이의 실망은 이만저만이 아니었다. 젊은이는 두 번째 친구를 찾아가서 부탁했다.

"음, 대궐 앞까지는 함께 가주겠네. 그 이상은 안 되겠네."

젊은이는 두 친구에게 배신당한 것 같은 생각이 들어 마음이 아팠다. 무거운 마음으로 젊은이는 세 번째 친구를 찾아가서 부탁해 보았다. 말이 끝나기도 전에 세 번째 친구는 젊은이의 손을 꼭 잡으며 말했다.

"당연히 가겠네. 그리고 자네가 얼마나 좋은 사람인지 증인이 되겠네."

세 번째 친구의 말을 듣는 젊은이의 눈에는 눈물이 어렸다.

166

검약을 앞세워 인색을 가리지 말라

근면이란 도덕과 의리의 실행에 민첩한 것인데도 세상 사람들은 근면의 이름을 빌려 자신의 가난을 면한다. 검약이란 재물에 담박함이거늘 세상 사람들은 검약의 이름으로 자신의 인색함을 꾸민다. 군자의 몸을 지키는 방법이 도리어 소인의 사리사욕을 영위하는 도구로 쓰이고 있으니 안타까운 일이다.

勤者, 敏於德義, 而世人借勤而濟其貧.
근 자　민 어 덕 의　　이 세 인 차 근 이 제 기 빈

儉者, 淡於貨利, 而世人假儉以飾其吝.
검 자　담 어 화 리　　이 세 인 가 검 이 식 기 린

君子持身之符, 反爲小人營私之具矣, 惜哉.
군 자 지 신 지 부　반 위 소 인 영 사 지 구 의　석 재

〰〰 • • • • • •

　일본에서 67세의 나이로 숨진 미야우치라는 거지 노인이 있었다. 그런데 놀라운 사실은 그의 다락방에는 5천만 엔이 예금된 통장과 1억 7천만 엔가량의 주식이 숨겨 있었다. 이것은 그가 일생 동안 헐벗고 굶주리며 모은 돈이었으며, 이를 모으기 위해 미야우치 노인은 현미쌀을 사다 먹고 남이 주는 야채 부스러기나 날로 먹고, 어쩌다가 끓일 것이 생기면 방 안까지 들고 들어와 풍로에다가 주워온 나뭇조각을 때서 끓여 먹었고 목욕은 기껏해야 일 년에 한두 번 하였다.

　결국 그 노인은 돈을 아끼기 위하여 값싼 음식을 먹은 결과 영양실조와 동맥경화증으로 사망했다. 그 남은 재물은 누구를 위한 것인지…… 안타까울 뿐이다.

167
즉흥적인 일은 오래가지 않는다

즉흥적으로 일을 시작한 사람은 일을 시작하자마자 곧 멈추니, 이 어찌 멈추지 않고 돌아
가는 수레바퀴라고 할 수 있겠는가? 일시적인 감정과 지혜로 얻은 깨달음은 깨닫자마자
금방 흐려지니 영원히 밝은 등불은 될 수 없다.

憑意興作爲者, 隨作則隨止, 豈是不退之輪?
빙 의 흥 작 위 자　　수 작 즉 수 지　　기 시 불 퇴 지 륜

從情識解悟者, 有悟則有迷, 終非常明之燈.
종 정 식 해 오 자　　유 어 죽 유 미　　종 비 상 명 지 등

이탈리아의 지체 높은 공작이 어느 날 길을 걷다가 열심히 상자를 만들고
있는 노동자를 보고 어디에 쓸 상자길래 그렇게 열심히 만드느냐고 물었다.

"저는 여기에다 꽃씨를 뿌릴 생각입니다"

"그렇다면 흙을 담아야 하겠군요. 기왕에 흙으로 채울 상자라면 무엇 때
문에 그렇게 정성을 다해서 깎고 다듬는단 말이오? 쓸데없는 일에 애를 쓰
고 있군요. 그렇게 훌륭하게 만든다고 해서 누가 알아준답니까?"

"그러나 저는 그렇게 생각하지 않습니다. 나사렛에서 목수 일을 하신 예
수님이었다면, 주어진 일을 아무렇게나 하셨겠습니까?"

그 노동자의 이름은 미켈란젤로였다. 자기 사업에 근실한 사람은 사업을
번창시킨다. 열심을 갖고 부지런하고 성실하게 일하므로 사업이 번창 일로
를 달리게 되는 것이다. 또한 최선을 다하며 나아감으로 중단 없는 발전을
이루고 마침내 큰 성공을 거두고 명예를 얻게 된다.

168

남의 허물은 관대하게,
자기 허물은 엄하게 하라

남의 허물은 용서해야 하지만 자기의 허물은 용서해서는 안 되며, 자기의 고통은 굳게 참
아야 하지만 남의 고통에 대해서는 방관하지 말라.

人之過誤, 宜恕, 而在己則不可恕. 己之困辱, 當忍, 而在人則不可忍.
인 지 과 오　의 서　　이 재 기 즉 불 가 서　　기 지 곤 욕　당 인　　이 재 인 즉 불 가 인

링컨은 대통령 재임 시에는 많은 비난을 받았다. 행동보다는 사색이 많
은 우유부단한 지도자라는 평가를 받았다. 그러나 링컨은 사후에 국민들로
부터 더 많은 존경을 받았다. 그가 얼마나 훌륭한 지도자였는지를 보여주
는 편지 한 장이 최근 공개되었다. 링컨은 남북전쟁 때 게티즈버그전투를
마치고 미드 장군에게 총공격 명령을 내렸다. 짧은 편지 한 장과 함께…….
  '미드 장군, 이 작전이 성공한다면 그것은 모두 당신의 공이오. 실패의 모
든 책임은 내가 지겠소. 만약 작전이 실패하면 장군은 링컨의 명령이었다
고 말하시오. 그리고 이 편지를 공개하시오'.

169

어울려 살며 섞이지 않아야
참된 청백이다

능히 속세를 초탈할 수 있는 것이 기인(奇人)이지, 일부러 기이한 척한다면 괴이한 사람이다. 오속에 섞이지 않아야 곧 청백한 것이지, 속된 것을 끊고 청백만을 찾는 자는 청백이 아니라 과격이 된다.

能脫俗, 便是奇. 作意尙奇者, 不爲奇而爲異.
능 탈 속   변 시 기   작 의 상 기 자   불 위 기 이 위 리

不合汚, 便是淸. 絶俗求淸者, 不爲淸而爲激.
불 합 오   변 시 청   절 속 구 청 자   불 위 청 이 위 격

❀ • • • • • •

하이램이라는 소년이 있었다. 그의 부모는 그를 양육하는 것이 귀찮았다. 그래서 집에서 떨어뜨리려고 아직 어린 나이임에도 불구하고 강제로 장기 사관학교에 입학시켜 버렸다. 153cm밖에 되지 않았던 그는 그곳에서 늘 키가 작다고 친구들에게 놀림을 받았다.

"야, 난쟁이! 좀 빨리빨리 걷지 못해!"

그렇게 수모를 받으며 어렵게 사관학교를 졸업했지만 불행하게도 그는 신체적 왜소함 때문에 장교로 임관되지 못했다. 그 일은 그에게 큰 마음의 상처가 되었다.

'하지만 누구를 원망하겠는가!'

그는 자신의 육체적 결함을 비관하지 않고 고향에 내려가 농사를 짓기 시작했다.

그러던 중 남북전쟁이 터져 장교가 더 필요하게 되자 그는 북군 장교로

임관되어 싸우게 됐다. 비록 상관이나 부하들로부터 좋은 대접을 받진 못했지만 불평하지 않고 묵묵히 최선을 다했다.

마침내 그의 성실한 태도는 많은 사람들로부터 존경과 신뢰를 얻게 되어 미국 최초의 육군대장이 되었고, 끝내 미국의 제18대 대통령에 당선되었다. 그가 바로 율리시스 그랜트 대통령이다.

170

은혜는 박하게 시작하여
두텁게 이어가라

은혜는 박하게 베푸는 것에서 시작하여 두텁게 해야 한다. 처음에는 두텁게 하다가 나중에 박하게 한다면 사람들은 그 은혜를 잊을 것이다. 위엄은 엄격하게 시작하여 너그럽게 해야 한다. 처음에는 너그럽게 하다가 나중에 엄격하게 하면 사람들이 그 가혹함을 원망할 것이다.

恩宜自淡而濃. 先濃後淡者, 人忘其惠.
은 의 자 담 이 농　　　선 농 후 담 자　　　인 망 기 혜

威宜自嚴而寬. 先寬後嚴者, 人怨其酷.
위 의 자 엄 이 관　　　선 관 후 엄 자　　　인 원 기 혹

◦ ◦ ◦ ◦ ◦ ◦

한 동네에서 같이 자란 죽마고우 친구가 있었다. 초등학교부터 대학까지 함께 다녔다. 두 사람은 같이 사업을 시작하였다. 영철이가 철수에게 말했다.

"넌 부양할 가족이 많으니 수익금의 두 배를 가져가라."

영철이는 철수에게 두 몫을 챙겨주었다.

"고맙다. 넌 진정한 내 친구야."

사업은 크게 번성하였다. 그런데 얼마 후 영철이가 결혼을 했다. 결혼한 지 몇 달 후 그의 아내가 남편에게 바가지를 긁기 시작했다.

"왜 일은 똑같이 하는데 당신이 친구보다 월급을 절반만 가져오는 거예요?"

아내의 집요한 성화를 견디지 못해 영철이는 철수에게 말했다.

"앞으로는 수입을 똑같이 나눠야겠어."

그 말을 들은 철수는 서운했다. 친구의 마음이 변한 것 같아서였다.

"꼭 그래야겠어? 가족이 더 늘어 어려운데……."

철수의 말을 들은 영철이도 섭섭하긴 마찬가지였다.

'그동안 얼마나 배려해 줬는데 그것도 모르고…….'

결국 두 친구는 마음이 상해 완전히 헤어지고 말았다. 사람이 불완전하다는 것을 안다면 길게 보고 오래오래 관계를 유지해 나가는 지혜가 필요하다.

171
깨끗한 뜻으로 마음을 맑게 하라

마음을 비우면 참된 본성이 나타난다. 쉬지 않고 본성을 구하려 애쓰는 것은 마치 물결을 헤치며 달을 찾는 것과 같다. 뜻이 깨끗하면 마음도 맑아진다. 뜻을 맑게 하지 않고 마음만 맑아지기를 구하는 것은 마치 거울을 찾으려고 하면서 먼지를 더함과 같다.

心虛則性現. 不息心而求見性, 如撥波覓月.
심 허 즉 성 현   불 식 심 이 구 견 성   여 발 파 멱 월

意淨則心淸. 不了意而求明心, 如索鏡增塵.
의 정 즉 심 청   불 료 의 이 구 명 심   여 색 경 증 진

20세기의 성자인 슈바이처 박사는 아프리카의 랍바네대 병원에서 죽어가는 생명들을 위하여 모든 것을 바쳤다. 그래도 자금이 부족하여 모금을 하여 병원의 유지비를 충당하였다. 한번은 모금하기 위하여 고향에 돌아갔을 때 역에 많은 친척들과 동료들이 마중 나와 있었다.

열차가 도착했을 때 맞으러 나온 환영객들은 그가 1등실, 2등실에서 나오기를 기다렸다. 그러나 그는 맨 뒤칸인 3등 열차에서 걸어서 나오고 있었다. 기다리던 사람들은 달려가서 박사에게 물었다.

"왜 3등칸을 타고 오셨습니까?"

슈바이처 박사는 웃으면서 이렇게 대답하였다.

"4등칸이 있어야지요."

더 낮은 자리가 없음을 아쉬워하는 태도였다. 겸손한 자가 존경을 받는다. 욕심 없는 태도에서는 사람을 감화시키는 능력이 배어 나온다.

172

남들의 태도에 따라
일희일비하지 말라

내가 귀할 때 사람들이 받드는 것은 나의 높은 감투를 받드는 것이다. 내가 천할 때 업신여기는 것은 베옷과 짚신을 업신여기는 것이다. 그러므로 진정 나를 받드는 것이 아니니 어찌 기뻐할 것이며, 진정 나를 업신여기는 것이 아니니 어찌 성낼 것인가?

我貴而人奉之, 奉此峨冠大帶也. 我賤而人侮之, 侮此布衣草履也.
아 귀 이 이 봉 지 봉 차 아 관 대 대 야   아 천 이 인 모 지   모 차 포 의 초 리 야

然則原非奉我, 我胡爲喜? 原非侮我, 我胡爲怒?
연 즉 원 비 봉 아   아 호 위 희   원 비 모 아   아 호 위 노

⸙ • • • • •

'걸리버 여행기'를 쓴 조나단 스위프트가 하인과 함께 여행을 할 때였다. 어느 날 흙이 묻은 구두를 닦지 않은 하인을 스위프트가 크게 나무랐다. 하인은 눈 하나 깜짝하지 않고 변명을 늘어놓았다.

"주인님께서 나들이를 하시면 어차피 다시 더러워질 게 아니겠습니까?"

그날 오후, 스위프트는 호텔 주인을 불러 저녁 식사는 한 사람 분만 차려 오라고 일렀다.

이 말을 전해들은 하인은 놀란 얼굴로 달려와서는, 주인님을 모시고 다니려면 자기도 식사를 해야 되는데 무슨 영문이냐고 물었다.

스위프트가 그 모양을 웃으며 바라보다가 말했다.

"이 사람아, 저녁은 먹어 뭣하나? 나들이를 하고 나면 어차피 다시 배가 고파질 텐데…… 쓸데없는 짓 아닌가."

그제서야 하인은 부끄러워 아무 말도 하지 못했다.

294 •

173

사랑이 없다면 참된 인간이 아니다

'쥐를 위하여 항상 밥 덩어리를 남겨 두고, 나방을 불쌍히 여겨 등불을 켜지 않는다' 라는 옛 사람의 생각은, 우리 인간이 태어나서 자라며 생활하는 데 마땅히 있어야 할 근본적인 것이다. 만약 이런 마음이 없다면 흙이나 나무와 다름이 없다.

爲鼠常留飯, 憐蛾不點燈.
위 서 상 류 반   연 아 부 점 등

古人此等念頭, 是吾人一點生生之機.
고 인 차 등 염 두   시 오 인 일 점 생 생 지 기

無此, 便所謂 '土木形骸' 而已.
무 차   변 소 위   토 목 형 해   이 이

미국의 어느 가정에 사내아이가 태어났다.

어머니는 성격이 매우 난폭해 걸핏하면 폭력을 일삼았다. 아버지는 아이가 태어나기 며칠 전 심장마비로 사망했다. 어머니는 그 후 세 번 결혼했으나 한 번도 화목한 가정을 꾸리지 못했다.

부모의 사랑을 받지 못하고 자란 소년은 문제아로 변했다. 급우들과 싸우는 것이 일과였다.

중학교 생활기록부에 기록된 담임선생의 평가는 혹독했다.

"이 소년은 사랑이라는 말조차 모르는 것 같다."

소년은 고등학교를 중퇴했다. 해병대에서도 쫓겨났다.

청년은 사생아인 한 여성과 결혼했으나 난폭한 성격으로 인해 가정에서도 추방되고 말았다.

1963년 11월 22일 케네디 대통령이 군중들의 환호에 답하며 평화스럽게 거리를 지나가고 있었다. 청년은 적의에 가득 찬 표정으로 총을 발사해 대통령을 살해했다.

이 청년의 이름은 스물네 살의 문제아 리 하비 오스월드. 잘못된 가정교육이 낳은 비극이었다.

병든 가정에서 문제아가 나온다.

174
사람의 마음 바탕은
곧 하늘과 같다

사람의 마음의 바탕은 곧 하늘과 같다. 기쁜 생각은 빛나는 별이나 아름다운 구름과 같고, 분노는 성난 우레나 사나운 비와 같다. 또한 인자한 생각은 부드러운 바람이나 달콤한 이슬과 같고, 엄숙한 생각은 뜨거운 햇볕이나 찬 서리와 같으니 어느 것이라도 없어서는 안 된다. 다만 생길 자리에 생기고 스러질 자리에 스러져 시원스럽고 거리낌이 없어야 하는데, 이럴 수만 있다면 곧 하늘과 한 몸이 되는 것이다.

心體, 便是天體. 一念之喜, 景星慶雲. 一念之怒, 震雷暴雨.
심체　변시천체　일념지희　경성경운　일념지노　진뢰폭우

一念之慈, 和風甘露. 一念之嚴, 烈日秋霜.
일념지자　화풍감로　일념지엄　열일추상

何者少得? 只要隨起隨滅, 廓然無碍, 便與太虛同體.
하자소득　지요수기수멸　확연무애　변여태허동체

19세의 폴 마이어는 보험 세일즈맨이 되고자 했지만 번번이 실패했다. 50 개의 회사에서 면접을 본 뒤에야 겨우 취직의 기회를 잡을 수 있었으나 그 마저 말을 더듬는다는 이유로 3주 만에 해고되었다. 하지만 그는 풀이 죽기는커녕 오히려 당당하게 말했다.

"당신은 지금 미국 최고의 세일즈맨을 놓쳤습니다. 나는 반드시 미국 제일의 판매 기록을 만들 것이고 당신들은 그것을 신문에서 읽게 될 것이오."

폴 마이어는 최고의 세일즈맨이 되겠다고 매일 아침 다짐했다.

하루는 폴 마이어가 세일즈를 위해 대기업의 최고 경영자를 만나러 다닐 때였다. 매번 시간이 없다며 비서실에서부터 문전 박대를 하니 그도 차츰 지쳐 갔다. 그러다 문득 좋은 생각이 떠오른 그는 고급스런 포장지에 싼 자

그마한 상자를 비서에게 건네며 회장님께 전해 달라고 부탁했다. 상자를 풀어 본 회장은 폴 마이어의 재치와 끈기에 감탄했고 그 일을 계기로 평생 그와 좋은 관계를 유지했다. 상자 안에는 다음과 같은 편지가 있었다.

'저는 기도하며 하느님도 매일 만나고 사는 사람인데 어찌하여 회장님을 만나기는 이다지도 힘들단 말입니까? 훌륭한 세일즈맨으로 성공하고자 하는 젊은이를 위해 잠시만 시간을 내주시면 무한한 영광이겠습니다. 제게 기회의 문을 조금만 열어 주십시오.'

결국 그는 27세의 젊은 나이에 최고의 판매 기록을 올린 세일즈맨으로 성공을 거머쥐었다.

175

일의 유무를 떠나 지혜로 마음 중심을 잡으라

일이 없을 때는 마음이 어두워지기 쉬우니 정적 속에서도 깨어나 밝게 비춰보아야 하고, 일이 있을 때는 마음이 흩어지기 쉬우니 밝은 지혜로 마음의 중심을 잡아야 한다.

無事時, 心易昏冥, 宜寂寂而照以惺惺.
무 사 시 심 이 혼 명 의 적 적 이 조 이 성 성
有事時, 心易奔逸, 宜惺惺而主以寂寂.
유 사 시 심 이 분 일 의 성 성 이 주 이 적 적

일본의 나카이 마사츠구는 오사카의 다운타운 중심가에 조그만 일본식 파전 가게를 개업했다. 그러나 손님이 오지 않았다. 개업한 지 며칠이 지나도 가게는 한가하기만 했다.

'어떻게 하지? 어떻게 해야 손님들이 찾아올까?'

고민하던 그 남자는 어느 날 갑자기 자전거에 배달통을 싣고서 주변을 바쁘게 돌아다니기 시작했다. 다음 날도, 그 다음 날도, 계속해서 자전거를 타고 달렸다. 그렇게 며칠째 계속해서 배달통을 싣고 달리는 그 남자를 보면서 사람들은 이렇게 생각하게 되었다.

'와! 저 가게는 배달이 끊이질 않는구나!'

그리고 신기하게도 그때부터 손님들이 밀려오기 시작했다. 그로부터 30년 후, 그 가게는 종업원이 600명이 넘는 일본 제일의 파전 가게가 되었다. 그는 바쁜 척을 해서 일본에서 제일 바쁜 현실을 만들어낸 인물이 되었다.

176
냉정한 눈으로 일을 파악하라

일을 의논하는 사람은 몸을 그 일의 밖에 두어 이해를 모두 살펴야 하고, 일을 맡을 사람은 몸을 일의 안에 두어 이해의 생각을 버려야 한다.

議事者, 身在事外, 宜悉利害之情. 任事者, 身居事中, 當忘利害之慮.
의 사 자　신 재 사 외　의 실 리 해 지 정　임 사 자　신 거 사 중　당 망 리 해 지 려

캘리포니아 황금광 시대에 전 재산을 팔아서 광산을 산 한 남자가 있었다. 그는 수개월 동안 광산을 팠지만 아무것도 찾지 못했다. 마침내 그는 낙심하여 황금을 찾는 것을 포기하고 그 광산을 한 동방 사람들에게 팔았다.

몇 년 뒤 광산의 새 주인들은 광산에 황금이 있는지 찾아보았다. 이들은 이전의 광부가 굴을 파다 버려두고 간 녹슨 곡괭이와 랜턴 등이 있는 장소를 발견했다. 이들은 땅을 다시 파기 시작했으며 얼마 안 되어 금을 발견했다. 이들은 단지 15cm만 더 팠을 뿐이다.

즉 예전의 광부들이 15cm만 더 팠더라면 황금을 발견할 수 있었다는 것이다. 우리의 삶 속에서도 이따금 너무나 일찌감치 포기할 때가 있다. 계획을 세웠으면 끝까지 밀어붙이는 인내와 의지가 필요하다.

177

요직에 있을 때는
몸가짐을 공평하게 하라

군자가 권세 막강한 요직에 앉았을 때는 몸가짐을 엄정하고 공평하게 하고, 마음은 온화
하고 평이하게 갖되 조금이라도 아첨꾼들과 가까이하지 말 것이며, 또한 너무 과격하게
굴어 소인들의 독침을 건드리지 말아야 한다.

士君子處權門要路, 操履要嚴明, 心氣要和易.
사 군 자 처 권 문 요 로   조 리 요 엄 명   심 기 요 화 이

毋少隨而近腥羶之黨, 亦毋過激而犯蜂蠆之毒.
무 소 수 이 근 성 전 지 당   역 무 과 격 이 범 봉 채 지 독

• • • • • •

청백리이자 명재상으로 손꼽히는 황희 정승이 있다.

하루는 세종이 그 집을 찾았는데 너무 초라했다. 방 안엔 거적이 깔려 있
었고, 천장은 빗물이 새서 얼룩져 있었다. 그 모습을 본 세종은 마음이 편치
않았다.

"비용을 대줄 테니 당장 집과 세간을 마련토록 하오."

세종의 말에 황희는 사양하며 아뢰었다.

"아닙니다. 나라의 녹을 먹는 선비가 옷과 비바람을 막을 집이 있으면 그
만입니다."

요즘 같으면 융통성이 없는 답답한 사람이라고 비웃음을 받을 수도 있겠
지만, 그렇게 소신을 지켰기에 최장수 재상을 지낼 수 있었을 것이다.

황희는 태종과 세종의 총애를 받아 24년간 재상 재임 중 19년을 영의정
에 있으면서 조정의 모든 일에 있어서 원칙과 소신을 지켰고, 대부분의 일

을 공평무사하게 처리하면서도 때로는 배려와 관용의 리더십을 발휘하여 건국 초기 조선 왕조를 안정시키는 데 크게 기여하였다.

또한 정승의 자리에 있으면서 자신과 가족에게는 엄했지만 친족 중에 고아나 과부로서 간혹 살림이 가난한 자가 있으면 반드시 혼수를 장만해 결혼하도록 해주거나, 재물을 마련해 살아갈 길을 열어 주었다.

178

원만함으로 몸을 보전하라

절개와 의리를 내세우는 사람은 절개와 의리 때문에 헐뜯음을 당하고, 도덕과 학문을 내세우는 사람은 도덕과 학문 때문에 원망을 불러들인다. 그러므로 군자는 악한 일에 가까이하지 않고 좋은 일에도 가까이 서지 않는다. 오직 원만한 화기만이 곧 몸을 보전하는 보배인 것이다.

標節義者, 必以節義受謗. 榜道學者, 常因道學招尤.
표 절 의 자 필 이 절 의 수 방 방 도 학 자 상 인 도 학 초 우

故君子不近惡事, 亦不立善名. 只渾然和氣, 纔是居身之珍.
고 군 자 불 근 악 사 역 불 립 선 명 지 혼 연 화 기 재 시 거 신 지 진

⸭ • • • • • •

일본의 한 실직자가 보험설계사를 하기로 마음먹고 열심히 뛰어 다녔지만 실적이 없었다. 열흘, 한 달, 연말이 다 되어도 마찬가지였다. 그는 결국 포기하기로 마음먹었다. 그때 옆에 있던 아내가 말했다.

"여보, 당신의 이력서에 한 건의 실적도 올리지 못했다는 기록이 남게 된다는 게 너무 안타까워요. 한 건이라도 좋으니 한 번만 더 시도해 보세요."

아내의 간절한 부탁에 그는 12월 31일 12시까지는 최선을 다해 보겠다고 작정하고 힘을 내 예전에 찾아갔던 집 대문을 다시 두드렸다.

그러자 주인이 문을 활짝 열고 반갑게 맞는 것이 아닌가.

"마침 아내와 한 번만 더 오시면 가입해 주자고 상의하던 중이었습니다."

주인은 보험에 가입한 뒤 '포기하지 말라'며 그를 격려해 주었다.

그 뒤 그는 일본 최고의 보험설계사가 되었고, 많은 재산까지 모으게 되었다. 그가 바로 유명한 이치무라 기도시이다.

179

진심으로 감화시켜
내 편을 만들라

속이는 자를 만나거든 진심으로 감동시키고, 포악한 자를 만나거든 온화한 기운으로 감화시키며, 마음이 비뚤어지고 사욕에 어두운 사람을 만나거든 정의와 절개로 격려하라. 이렇게 하면 천하에 나의 휘하에 들어오지 않는 자가 없을 것이다.

遇欺詐的人, 以誠心感動之, 遇暴戾的人, 以和氣薰烝之,
우 기 사 적 인   이 성 심 감 동 지   우 폭 려 적 인   이 화 기 훈 증 지

遇傾邪私曲的人, 以名義氣節激勵之, 天下無不入我陶冶中矣.
우 경 사 사 곡 적 인   이 명 의 기 절 격 려 지   천 하 무 불 입 아 도 야 중 의

· · · · · ·

이방실은 고려 공민왕 때의 명장으로 홍건적을 물리치는데 큰 공을 세웠다. 그는 젊었을 때부터 힘이 세고 배짱이 좋았다. 언젠가 그가 황해도 지방을 지나다가 얼굴이 험상궂게 생긴 젊은이를 우연히 만났다.

"어디까지 가시는지는 몰라도 제가 모시겠습니다."

이방실이 젊은이의 행동 하나하나를 뜯어보니 분명 도둑이 틀림없었다.

"이 활과 화살통을 갖고 있거라. 난 잠깐 변소에 다녀오겠다."

이방실은 변소에 가 앉아 거적 틈새로 젊은이를 살펴보니 잽싸게 이방실을 향해 활을 쏘는 것이 아닌가! 이방실은 날아오는 화살을 모조리 손으로 잡았다. 화살통 속의 화살이 다 날아오자 이방실은 밖으로 나갔다. 이방실은 화살을 젊은이에게 던지는 체하고는 바로 뒤에 있는 상수리나무에 날아가 박히도록 던졌다. 그러자 젊은이는 깜짝 놀라 걸음아 나 살려라 도망을 쳐버렸다.

그로부터 오랜 세월이 흘러 이방실도 나이가 들고, 벼슬도 높아졌다. 한 번은 황해도의 한 마을을 지나게 되었는데, 해가 져서 하룻밤 묵기 위해 제법 규모가 큰 한 농가를 찾아갔다. 얼마 후에 주인이 술상을 차려 왔다.

"어떻게 이렇게 넉넉한 재산을 모으셨소?"

술이 취하자 주인이 자기의 과거를 털어놓았다.

"젊은 시절에는 산적이 되어 남의 재물을 많이 빼앗았습니다. 그런데 어느 날, 길에서 우연히 한 젊은 선비를 만났지요. 제가 만난 사람 중에서 가장 용감하고 힘센 사람이라 하마터면 죽을 뻔했습니다. 선비의 도량으로 겨우 도망친 후, 비로소 세상에는 저보다 강한 사람이 있다는 걸 깨닫고 행동을 바로잡았습니다. 강도질을 할 때는 항상 불안하더니, 지금은 이렇게 편안할 수가 없습니다. 모두 그 젊은 선비 덕분입니다. 제게는 은인인 셈이지요."

이방실이 주인의 얼굴을 살펴보니 그는 예전에 자신을 해치려던 그 젊은 이였다.

180
자비와 결백은
향기로운 이름이 오래간다

온 정성을 다한 자비는 가히 천지간의 화기를 빚어낼 것이고, 작은 생각의 결백은 가히 맑고 향기로운 이름을 백 대에 걸쳐 밝게 드리울 것이다.

一念慈祥, 可以醞釀兩間和氣. 寸心潔白, 可以昭垂百代清芬.
일 념 자 상　가 이 온 양 양 간 화 기　촌 심 결 백　가 이 소 수 백 대 정 분

스위스에서 16세 소년이 백혈병에 걸려 아무 소망도 없이 하루하루를 지내고 있었다. 그런데 어느 날 그에게 화분 하나가 배달되었는데, 거기에는 다음과 같이 씌어진 카드 하나가 있었다.

"나도 7살 때에 백혈병이란 사형선고를 받았었지만 지금은 완전히 고침을 받아서 22살이 되도록 건강하게 살고 있습니다. 조금도 염려하지 말고 용기를 내십시오."

이 소년은 이 카드를 보고 큰 용기를 얻게 되었다.

'그래! 나도 이분처럼 건강해질 수 있어.'

소년은 힘을 내 힘든 치료를 잘 이겨냈고, 결국 백혈병을 이겨내게 되었다.

181

평범한 덕행만이 화평을 부른다

은밀한 계교와 괴상한 습관, 이상한 행동과 기이한 재주는 모두 세상을 사는 데 화근이 된다. 그러므로 오직 한 가지, 평범한 덕행만이 혼돈을 온전히 하여 화평을 부를 수 있다.

陰謀怪習 異行奇能, 俱是涉世的禍胎.
음 모 괴 습 이 행 기 능 구 시 섭 세 적 화 태
只一個庸德庸行, 便可以完混沌而召平和.
지 일 개 용 덕 용 행 변 가 이 완 혼 돈 이 소 평 화

미국의 대통령 에이브러햄 링컨이 켄터키주를 방문하였다. 그때 한 육군 대령이 얼음을 탄 위스키를 권했다. 링컨은 정중하게 거절했다.

"대령, 성의는 고맙지만 사양하겠소."

대령은 잠시 후 주머니에서 담배 한 개비를 꺼내 대통령에게 권했다.

링컨은 대령에게 거듭 사양의 뜻을 전한 후 이야기 하나를 들려주었다.

"아홉 살 때 어머니가 나에게 말씀하셨소. '에이브야, 이제 나는 회복이 불가능하단다. 엄마가 죽기 전에 한 가지 약속을 해야겠다. 평생 술과 담배를 입에 대지 않겠다고 약속해 줄 수 있겠니?' …… 그날 나는 어머니께 약속했고 지금까지 지켜왔소. 이것이 바로 술과 담배를 거절하는 이유라오."

대령은 링컨에게 머리를 숙여 존경의 뜻을 표했다.

링컨이 국민들로부터 존경을 받는 것은 돌아가신 어머니와의 약속을 소중하게 생각했기 때문이다.

182

세상을 무난히 사는 방법은
참는 것이다

옛말에 이르기를 '산에 오르거든 험한 비탈길을 견디고, 눈을 밟거든 위험한 다리를 건너는 걸 견뎌라.' 라고 했다. 즉 이 견딜 내(耐)자 한 글자는 깊은 뜻을 지니고 있다. 만약 이 비뚤어지고 험한 인정과 고르지 못한 세상길에서 견딜 내 자 한 글자를 얻어 붙잡고 지나가지 않는다면, 어찌 가시덤불과 구렁텅이에 빠지지 않을 수 있겠는가?

語云, '登山耐側路, 踏雪耐危橋', 一耐字極有意味. 如傾險之人情
어 운   등산내측로   답설내위교   일내자극유의미   여경험지인정
坎坷之世道, 若不得一耐字撑持過去, 幾何不墮入榛莽坑塹哉?
감 가 지 세 도   약 부 득 일 내 자 탱 지 과 거   기 하 부 타 입 진 망 갱 참 재

고아였던 한신은 소년 시절 극히 불우한 세월을 보냈다. 그가 어려울 때 마을의 건달 하나가 시장 바닥에서 한신에게 싸움을 걸었다. 건달은 소리치며 모욕을 주며 놀려댔다.

"야, 이놈아! 몸뚱이만 커가지고, 칼을 차고 있으면 다냐? 속은 겁쟁이면서? 이놈아 용기가 있으면 나를 찔러봐. 그럴 용기가 없으면 내 가랑이 아래로 기어가라."

한신이 그를 한참 쳐다보더니 빙그레 웃으면서 엎드려 그의 가랑이 밑으로 기어 나갔다. 온 시장 사람들은 그를 겁쟁이라고 비웃었다.

후에 한신은 한고조 유방을 도와 한나라를 세우는 데 큰 공을 세웠다. 그는 한나라 최고 장군이 되어 고향에 금의환향하였다. 옛날에 그에게 모욕을 주었던 건달은 한신이 온다는 소식을 듣자 '겨울 삭풍에 사시나무 떨듯' 떨면서 목만 어루만지고 있었다. 그가 한신 장군 앞에 끌려오자 한신이 말했다.

"그때 너를 죽일 수도 있었다. 그런데 그러면 살인자가 되어 도망을 다녀야 하고, 내 꿈을 이룰 수 없었기 때문에 이를 악물고 참았다. 수치를 안고 치욕을 참아야만 큰일을 이루어낼 수 있다."

한신은 벌을 받을까 봐 떨고 있는 그를 안심시킨 후 동네 치안을 담당하는 직책에 임명하였다.

183

마음 바탕을 밝게 지키는 사람이 당당한 사람이다

공명을 자랑하고 문장을 뽐내는 사람은 모두 외물에 의해 훌륭해진 것으로 진정한 것이 아니다. 그러므로 마음의 바탕이 찬란하게 빛나는 본래의 모습을 잃지 않았다면, 사소한 공적조차 하나 없고, 글자 한 자 안 배웠다 할지라도 당당한 사람이 될 수 있는 것이다.

誇逞功業, 炫耀文章, 皆是靠外物做人.
과 령 공 업　　현 요 문 장　　개 시 고 외 물 주 인

不知心體瑩然, 本來不失, 卽無寸功隻字, 亦自有堂堂正正做人處.
부 지 심 체 형 연　본 래 불 실　즉 무 촌 공 척 자　　역 자 유 당 당 정 정 주 인 처

그리스 철인 아리스토텔레스의 제자이기도 했던 알렉산더 왕은 기원전에 서양에 알려졌던 세계를 정복한 영웅 왕이다. 그는 마케도니아의 왕으로 재임한 기간 중에 벌인 전쟁마다 모두 승리를 거두었다. 그는 20세에 즉위하여 선왕 필립의 유지를 받들어 기원전 333년 페르시아를 무너뜨렸고, 332년에는 타이어를 정복하여 그 이름을 떨쳤다. 그 여세를 몰아 그는 이집트와 바벨론을 정복하였고, 인도 원정을 하여, 인더스강을 건너가 지금의 편자브 지방까지 정복하였다.

그는 오랜 전쟁으로 지친 군대의 건의에 따라 귀국하다가 바빌론에서 그일생을 마감하였는데, 그때 그의 나이 33세였다. 그는 용기와 학식을 두루갖춘 사람으로 학문에 깊은 조예를 갖고 많은 철학자들과 사귀었다. 그가어느 날 시내를 가다가 길거리 모퉁이에서 우두커니 앉아 있는 디오게네스를 보게 되었다.

"디오게네스여, 소원이 있으면 무엇이나 다 들어줄 터이니 말해 주시오."

정말 알렉산더는 디오게네스가 원하기만 한다면 자기가 정복한 나라의 반이라도 떼어달라면 줄 생각이었다.

디오게네스는 이렇게 말했다.

"현명한 왕이시여. 현재 왕께서는 따뜻한 햇빛을 가로막고 계십니다. 나의 소원은 제가 햇빛을 쬘 수 있도록 왕께서 비켜주시는 것입니다."

184
어떤 때에도 마음 중심을 잃지 말라

바쁜 중에 한가로움을 얻으려면 먼저 한가할 때 그 마음의 자루를 찾아들고, 시끄러운 가운데에서 고요함을 취하려면 먼저 고요할 때 그 중심을 세워야 한다. 그렇지 않으면 경우에 따라 움직이게 되고, 사건에 따라 흔들리게 된다.

忙裡, 要偸閒, 須先向閒時討個杷柄.
망 리 　요 투 한 　　수 선 향 한 시 토 개 파 병

鬧中, 要取靜, 須先從靜處立個主宰.
요 중 　요 취 정 　　수 선 종 정 처 입 개 주 재

不然, 未有不因境而遷 隨事而靡者.
불 연 　미 유 불 인 경 이 천 　수 사 이 미 자

※ ● ● ● ● ● ●

백사(白沙) 이항복이 영의정 자리에 있었을 때의 이야기다. 어느 날 하루 일과를 마치고 퇴궐하여 돌아오는 길이었다. 영의정 대감의 행차인지라 앞서가는 하인의 외침만큼이나 위세가 당당했다.

그런데 이날 그만 작은 사고가 생겼다. 한 노파가 머리에 광주리를 이고 있다가 미처 길을 피하지 못하는 사고가 발생한 것이었다. 여인이 이고 있던 광주리가 땅바닥에 떨어지면서 팔다 남은 과일 몇 개가 나뒹굴었다. 대감은 그냥 피해 갈 것을 조용히 지시했다. 집에 돌아온 대감은 하인들을 불러 모아 호통을 쳤다.

"너희 잘못은 곧 내 잘못이 된다. 백성에게 억울한 일을 만들어서야 되겠느냐? 적당한 조치를 해주도록 해라."

그때 어디선가 날카로운 노파의 목소리가 들려왔다. 고개를 들어 보니

담 너머에서 아까의 그 노파가 악을 쓰고 있는 것이 분명했다. 대감은 서둘러 하인들에게 꼼짝 말라고 분부를 내렸다. 여인의 욕설과 악쓰는 소리가 계속 이어졌다.

"그러고도 네가 이 나라 정승이냐? 썩 나오지 못할까!"

구석에 꼼짝 말고 틀어박혀 있으라는 엄명은 받았으나 하인들은 여차하면 뛰어나갈 자세로 발을 굴렀다. 마침 손이 하나 와 있다가 더는 그 소리를 듣고 있기가 민망했던지 조용히 항의를 했다.

"어찌 저런 패악을 내버려 두십니까?"

"내 잘못인데 어찌 내가 나서서 그만두라고 할 수 있겠소."

당대의 사람들은 참으로 도량이 넓은 재상이라고 모두 입을 모았다.

185
남의 인정을 무시하지 말라

나의 마음을 흐리게 하지 말고, 남의 인정을 무시하지 않으며, 재물을 헛되이 다 탕진하지 말라. 이 세 가지는 가히 천지를 위하여 마음을 세우고, 만민을 위하여 목숨을 세우며, 자손을 위하여 복을 만드는 길이다.

不昧己心. 不盡人情. 不竭物力.
불 매 기 심   부 진 인 정   불 갈 물 력

三者可以爲天地立心, 爲生民立命, 爲子孫造福.
삼 자 가 이 위 천 지 립 심   위 생 민 립 명   위 자 손 조 복

🐝 ● ● ● ● ● ●

베토벤에게는 크리스토퍼라는 동생이 있었다. 그는 투기에 열중하여 대단한 부자가 되었다. 그는 모은 돈으로 땅을 사재기하여 자칭 '토지 소유자'라고 칭했다.

언젠가 베토벤이 돈에 쪼들려 견디다 못해 동생에게 통사정했다.

얼마 후에 동생으로부터 다음과 같은 답장이 왔다.

'지금은 매우 살기 어려운 세상이며 이때를 이겨 나가려면 누구나 있는 힘을 다해 일해야 할 것입니다. 하지만 형님이 선택한 직업은 딱하게도 죽기에는 부족하고 살기에는 더욱 모자라는 수입밖에 안 됩니다. 따라서 형님이 지금과 같은 딱한 처지에 있는 것도 따지고 보면 형님 자신에게 책임이 있습니다. 죄송합니다만 저는 형님을 도와 드릴 수가 없습니다. 당신의 동생 토지 소유자 크리스토퍼 올림.'

이런 답장을 받자 분을 못 참은 베토벤은 단숨에 다음과 같이 한 줄짜리

편지를 써 보냈다.

'네 돈은 필요 없다. 네 설교는 더욱 필요 없다. 두뇌의 소유자 루드비히.'

재물 앞에 마음을 빼앗긴 자들은 이와 같이 부모형제도 몰라보게 된다. 그러곤 인정이나 도리는 무시하고 오직 치부, 하나에만 목적을 두게 된다.

186

공직에 임할 때와
가정에 필요한 말

공직에 임할 때 두 마디의 말이 있으니, 오직 공평하면 밝은 지혜가 생기고, 오직 청렴하면 위엄이 생긴다. 가정에는 두 마디의 말이 있으니, 오직 용서하면 불평이 없고, 오직 검소하면 살림이 넉넉하다는 것이다.

居官, 有二語, 曰惟公則生明, 惟廉則生威.
거 관　유이어　왈유공즉생명　유렴즉생위

居家, 有二語, 曰惟恕則情平, 惟儉則用足.
거 가　유이어　왈유서즉정평　유검즉용족

김종서 장군은 용맹스럽기로 유명했다. 그 기개가 하늘을 찔렀다. 오랑캐를 무찌르고 6진을 개척해 큰 공을 세운 김종서는 병조 판서가 되자 몹시 거만하게 굴었다. 어느 날, 우연하게도 황희 정승은 의자에 앉아 글을 쓰고 있는 김종서의 자세가 한쪽으로 기울어져 있는 것을 보았다.

'한 나라의 장군이 저렇게 흐트러진 자세를 취하다니! 본이 되지 않는구나. 즉시 바로잡아야겠다.'

황희 정승은 하인을 불러 큰 목소리로 일렀다.

"여봐라, 병조판서 대감의 한쪽 의자다리가 짧은 모양이니 나무토막으로 괴어 드리도록 해라. 대감의 자세가 기우뚱해서야 볼썽사나워 되겠느냐!"

이 말에 김종서는 소스라치게 놀라며 자세를 고쳐 꼿꼿하게 앉았다. 천하의 김종서가 황희 정승의 말 한 마디에 진땀을 흘릴 만큼 혼났다는 것만 봐도, 그의 위엄을 알고도 남음이 있을 것이다.

187

부귀한 자리에서
빈천한 처지를 헤아리라

부귀한 처지에 있을 때는 마땅히 빈천한 처지의 고통을 알아야 하고, 젊었을 때 모름지기
노쇠한 처지의 괴로움을 생각해야 한다.

處富貴之地, 要知貧賤的痛癢. 當少壯之時, 須念衰老的辛酸.
처 부 귀 지 지 요 지 빈 천 적 통 양 당 소 장 지 시 수 념 쇠 로 적 신 산

⸬ • • • • •

1794년 제주목사 심낙수가 조정에 올린 상황보고에는 분초를 다투는 절
박감이 흘러넘쳤다.

'굶어 죽은 사람이 600여 명에 달합니다. 섬 전체에 전염병이 성했고 거
듭 흉년이 들었습니다. 며칠 새 해일을 동반한 돌풍이 불면서 곡식들이 바
다의 짠물에 김치를 담근 것처럼 절여졌습니다. 쌀 2만여 섬이 없으면 백성
들은 장차 다 죽을 것입니다.'

정조가 즉시 곡식 1만 1천 석을 배 5척에 실어 제주로 보냈지만 폭풍우를
만나 모두 다 바닷속으로 침몰하고 말았다. 그 절체절명의 순간에 구세주
로 등장한 것이 거상 김만덕이었다. 그녀는 반평생 객주 운영으로 모은 돈
으로 육지에서 곡식을 사와 진휼미로 관청에 실어 보냈다. 굶주려 부황으
로 죽어가던 수천 명이 목숨을 건졌다. 탄복한 정조가 큰 상을 내리고자 했
으나 만덕은 사람의 도리를 한 것뿐이라며 사양했다.

188

지나치게 분명하지 말고
너그럽게 용납하라

몸가짐은 지나치게 깨끗하게 하지 말아야 한다. 모든 욕됨과 때 묻음을 용납할 수 있어야 한다. 남과 사귈 때는 지나치게 분명하지 말아야 한다. 모든 선악과 지혜와 어리석음을 받아들일 수 있어야 한다.

持身, 不可太皎潔. 一切汚辱坵穢, 要茹納得.
지 신 불 가 태 교 결   일 절 오 욕 구 예   요 여 납 득
與人, 不可太分明. 一切善惡賢愚, 要包容得.
여 인 불 가 태 분 명   일 체 선 악 현 우   요 포 용 득

• • • • • •

어떤 노인 하나가 젊었을 때부터 매사에 모가 나지 않고 둥글게 처세하여 머리가 백발이 되도록 시비 한 번 없이 살아왔다. 하루는 한 사람이 헐레벌떡 달려왔다.

"큰일났습니다. 아침에 남산이 무너졌습니다."

"그럴 걸세. 수천 년이 넘게 오래된 산이니 괴이한 일은 아니지."

노인의 대답에 옆에 있던 한 노인이 어처구니없다는 듯 말했다.

"무슨 소리! 산이 늙었다고 무너지나?"

"그렇지. 워낙 땅속 깊이 박혀 있으니 무너질 염려는 없겠네."

노인은 태연히 대답했다. 그때 젊은이 하나가 또 달려왔다.

"참 이상한 일도 있네요. 황소가 쥐구멍에 들어갔지 뭡니까."

"원래 소란 놈의 성품이 우직하니 쥐구멍에도 돌진했을 걸세."

듣고 있던 노인이 손사래를 치며 말했다.

"아니, 소가 어찌 그 작은 쥐구멍 속으로 들어갈 수 있단 말인가?"

이 말을 듣고 노인은 다시 말을 바꾸었다.

"그러게 말이네. 덩치가 큰데 쥐구멍에도 들어갈 수 없을 거야."

노인은 여러 사람의 말에 한 번도 잘못되었다고 하지 않는 것이었다. 보다 못해 그곳에 있던 한 사람이 반박을 했다.

"어허! 사람이 어찌 그렇소? 이 말, 저 말, 모두 옳다는 것이오?"

노인은 정색을 하고 대답했다.

"이것은 내가 이렇게 늙어서까지 몸을 편안히 지내는 비결이니 비웃지 마오. 나는 이렇게 해서 모난 사람들의 화살을 피해 왔다오."

189

소인과 원수를 맺지 말라

소인과 원수를 맺지 말라. 소인에게는 그 나름의 상대가 있다. 군자에게 붙어 아첨하지 말라. 군자는 원래 사사로운 은혜를 베풀지 않는다.

休與小人仇讐, 小人自有對頭. 休向君子諂媚, 君子原無私惠.
휴 여 소 인 구 수   소 인 자 유 대 두   휴 향 군 자 첨 미   군 자 원 무 사 혜

영국 역사상 최고의 검술사로 명성을 쌓아 온 오말이라는 고수에게는 30년 이상 자웅을 겨뤄 온 막강한 라이벌이 있었다. 한번은 막상막하의 실력을 자랑하는 이 두 명의 검술사가 서로 검술 실력을 다투던 중 한 사람이 먼저 말에서 떨어지는 치명적인 실수를 범하고 말았다. 단 한칼이면 상대를 제압할 수 있는 절호의 기회인 셈이었다.

그 순간, 궁지에 몰린 검술사가 오말의 얼굴에 침을 뱉고 말았다. 예기치 않은 상대 검술사의 무례한 행동에 놀란 오말은 즉시 검을 내려놓고 이렇게 말했다.

"오늘 결투는 여기서 끝내고 다음에 다시 겨루기로 합시다."

어리둥절해진 사람들이 이유를 묻자 오말은 이렇게 말했다.

"나는 지난 30여 년간 검술을 통해서 나 자신을 연마해 왔습니다. 나에게는 원칙이 하나 있는데 그것은 화가 났을 때는 절대로 검을 쓰지 않는다는

것입니다. 그 결과 나는 숱한 검술 시합에서 한 번도 져본 적이 없습니다. 그런데 조금 전에 그가 내게 침을 뱉는 순간, 화가 치밀어 올랐습니다. 내가 만일 분노를 품은 채 상대와 겨룬다면 결코 승리의 기쁨을 맛보지 못할 것 같더군요. 그래서 일단 흥분을 가라앉힌 후 다시 겨루기로 한 것입니다."

그날 이후 그들은 검술의 최고 달인을 뽑는 데 실패했다. 왜냐하면, 오말의 말에 깊은 감동을 한 경쟁자가 오말의 제자가 되기로 결심했기 때문이다.

190
이론에 집착하는 병은
고치기 어렵다

욕심에 날뛰는 병은 고칠 수 있으나, 이론에 집착하는 병은 고치기 어렵고, 사물의 장애는 없앨 수 있으나, 의리에 얽매인 장애는 없애기 어렵다.

縱欲之病可醫, 而執理之病難醫. 事物之障可除, 而義理之障難除.
종 욕 지 병 가 의   이 집 지 리 병 난 의   사 물 지 장 가 제   이 의 리 시 상 난 세

1973년, 하버드대에 절친한 두 친구가 있었다. 바로 영국 청년 콜레트와 그의 절친 빌 게이츠였다. 둘은 공부를 할 때나 밥을 먹을 때도 거의 붙어 다녔다. 2학년이 되었을 때 모험심이 강했던 빌 게이츠가 콜레트에게 사업 제안을 했다.

"우리 자퇴하고 사업해 보지 않을래? 같이 컴퓨터 프로그램을 개발해 보자."

콜레트는 그의 말에 솔깃했지만 자퇴를 하고 싶진 않아서 제안을 거절했다. 그의 꿈은 공부였지 사업이 아니었다.

빌 게이츠는 혼자 하버드 대학을 2학년 때 자퇴했다.

그 후 10년이 지났을 때 콜레트는 하버드대 박사과정 진행 중이었다. 그런데 자퇴를 하여 사업을 시작한 빌 게이츠는 엄청난 성공과 더불어 백만장자가 되어 있었다.

그리고 또 10년이 흘렀을 때 당시 빌 게이츠는 미국 부호 순위에서 당당히 2위를 했다. 콜레트는 1995년에 박사학위를 따고, 32비트 재무회계 프로그램 사업에 뛰어들었지만 성공할 수 없었다. 이미 빌 게이츠는 그때 32비트보다 1,500배 빠른 회계 시스템을 개발하여 상용화하고 있었기 때문이다. 자신이 하려고 하는 일에 대해서 자신감을 갖고 적절한 시기와 타이밍을 잡아 과감하게 도전하는 것이 필요하다.

191

마음 수양은 깊게,
일은 신중히 하라

마음의 수양은 마땅히 백 번을 단련하는 쇠붙이처럼 해야 한다. 급하게 이루어지는 것은
깊은 수양이 아니다. 일을 할 때는 마땅히 천 균(3천 근)이나 나가는 무거운 활로 목표물을
겨냥하듯이 신중을 기해야 한다. 가벼이 한다면 큰 업적을 이룰 수 없다.

磨礪者, 當如白煉之金. 急就者, 非邃養.
마 려 자   당 여 백 련 지 금   급 취 자   비 수 양

施爲者, 宜似千鈞之弩. 輕發者, 無宏功.
시 위 자   의 사 천 균 지 노   경 발 자   무 굉 공

의술은 뛰어나지만 인색하기로 유명한 의원이 있었다. 의원이 자기 아이
를 고쳐준 것에 감사해서 한 여인이 예쁜 비단 주머니를 내밀며 말했다.

"감사의 뜻으로 제가 직접 만들었습니다. 받아 주세요."

그러자 의원은 비단 주머니를 도로 내밀며 말했다.

"나는 사례를 물건으로 받지 않습니다. 현금을 주십시오."

무안해진 부인은 주머니를 다시 집으며 물었다.

"그럼 치료비는 얼마인지요?"

"다섯 냥이오."

그 말을 들은 부인은 잠자코 그 비단 주머니 속에 들어 있던 열 냥 중에서 다섯 개만 꺼내 의원에게 준 다음 비단 주머니 들고 가버렸다.

192
아첨과 칭찬을 경계하라

소인에게 미움을 받고 욕을 먹을지라도, 그들에게 아첨이나 칭찬을 듣지 말아야 한다. 또한 소인은 군자에게 꾸중을 들어가며 깨우칠지언정, 군자에게 포용당해 용서받는 일이 없도록 하라.

寧爲小人所忌毀, 毋爲小人所媚悅.
영 위 소 인 소 기 훼　　무 위 소 인 소 미 열
寧爲君子所責修, 毋爲君子所包容.
영 위 군 자 소 책 수　　무 위 군 자 소 포 용

　　장자의 이웃 중에 조상이라는 사람이 있었다. 그는 송나라 사람이었다. 한 번은 조상이 송나라를 대표해서 진나라에 특사로 파견된 일이 있었다. 그가 집을 나설 때는 분명히 마차 몇 대가 갔을 뿐이었는데, 진왕의 마음을 어떻게 부드럽게 녹였는지 돌아올 때는 무려 마차 백 대가 함께 왔다. 우쭐해진 조상이 장자에게 말했다.

　　"자네처럼 피골이 상접해서는 누렇게 뜬 얼굴로 찢어지게 가난한 마을에서 짚신이나 삼으며 살라고 한다면 난 절대로 그렇게 못하네. 날 보게. 송나라 특사로 한 번 다녀왔을 뿐인데 마차 백 대를 벌었으니 이게 바로 내 능력 아니겠는가."

　　조상이 장자 앞에서 이렇게 오만함을 드러내자, 장자가 말했다.

　　"진왕이 병이 들어 의사를 모셔왔는데 종기를 치료해 줘서 마차 한 대를 주었다고 하더군. 그리고 치질을 치료해 준 의사에게는 마차 다섯 대를 주었다고 하네. 한 마디로 치료 부위가 천할수록 상으로 받는 마차의 대수가 늘어난다는 뜻이지. 자네가 마차 백 대를 하사받았으니 치질 정도는 핥아서 치료해 주었나? 정말 추잡하군. 어서 여기를 떠나게."

조상은 장자에게 자랑하고 싶은 마음으로 찾아왔지만 본전도 찾지 못하고 돌아갔다.

193

명예욕은 숨어 있어서
그 해가 더 깊다

사사로운 이익을 탐하는 자는 어차피 도리에서 벗어나 있기 때문에 애초부터 그 해로움이
겉으로 드러나 있어 해가 끼친다 해도 심하지 않지만, 명예를 탐하는 자는 은근히 도덕 속
에 숨어 있기 때문에 그 해로움은 숨겨져 있는 만큼 깊고 심하다.

好利者, 逸出於道義之外, 其害顯而淺.
호리자　　일출어도의지외　　기해현이천

好名者, 竄入於道義之中, 其害隱而深.
호명자　　찬입어도의지중　　기해은이심

명예에 대한 애착이 강한 경건한 수도자가 있었다. 사탄들은 회의를 열
어 수도자를 타락시키기로 했다. 첫 번째 방법으로 사탄은 수도자에게 커
다란 금덩이를 보여주었다. 그러나 수도자는 눈도 깜빡하지 않았다. 두 번
째는 아름다운 여인을 보내 눈앞에서 교태를 부리게 했다. 수도자는 마치
돌을 보듯 무표정했다. 이번에는 좀 더 강력한 무기를 동원했다. 수도자의
마음에 '의심'의 씨앗을 심으며 속삭였다.

"지금 네가 하고 있는 금욕생활에 무슨 의미가 있는가. 당장 포기하라."

그러나 수도자의 표정에는 조금의 변화도 없었다. 결국 사탄의 우두머리
가 나섰다.

"그런 방법으로는 수도자를 유혹할 수 없다. 내가 최후의 방법을 동원하
겠다."

사탄의 우두머리는 수도자의 귀에 대고 이렇게 속삭였다.

"당신의 경쟁자가 방금 종단의 총재로 피선됐다는 소식입니다."

수도자는 이 말을 듣고 벌컥 화를 내며 자리에서 일어났다. 인간의 가장 큰 약점 중 하나는 경쟁에서 한없이 나약해진다는 것이다. 경쟁에서 자유로운 사람이 진정한 성자다.

194
각박함과 경박함을 경계하라

남에게 입은 은혜는 비록 깊어도 갚지 않으나, 원한은 얕아도 갚는다. 남의 약함을 들었을 때는 비록 명백하지 않더라도 의심하지 않으나, 선함은 뚜렷해도 의심한다. 이것이야말로 각박함의 극치이고, 경박함이 심한 것이니 신경 써서 경계해야 한다.

受人之恩, 雖深不報, 怨則淺亦報之.
수인지은　수심불보　원즉천역보지

聞人之惡, 雖隱不疑, 善則顯亦疑之.
문인지악　수은불의　선즉현역의지

此刻之極 薄之尤也. 宜切戒之.
차각지극　박지우야　의절계지

🧩 ● ● ● ● ●

어느 날 굶주림에 지친 장자가 마침내 자존심을 버리고 벼슬하는 친구에게 곡식을 빌리러 갔다. 장자의 초췌한 몰골을 본 친구는 딱 잡아 거절하고 싶었으나 차마 냉정하게 뿌리칠 수는 없었다.

"암, 빌려 주지. 그런데 지금은 없고 한 달 후에 세금을 걷으니 그때 가서 빌려 주겠네."

그러자 장자가 친구에게 다음과 같은 이야기를 했다.

"어제 내가 여기로 오는 길에 숨넘어가는 목소리로 나를 부르는 소리가 있어 돌아보니 수레바퀴로 파인 곳에 고인 물 속에 붕어 한 마리가 있었네. 내가 그 붕어에게 그곳에서 무엇을 하느냐고 묻자 붕어가 말하길, '나는 동해 용궁의 왕이오. 그런데 지금 화급을 다투는 곤경에 처해 있소. 나를 좀 도와주오.' 하고 애원하질 않겠나. 그래서 나는 또 말했네. '좋소. 도와주겠소. 하나 나는 지금 남쪽의 물나라에 가고 있는 중이니, 내가 그곳에 가서 큰 강물을 그대에게 돌려 대줄 테니 그때까지 기다리오.' 라고 말일세. 그러자 붕어가 나에게 또 말하더군. '나는 있어야 할 곳을 잃어 촌각을 다투는 위급 지경에 있소. 당장 한 되나 한 말쯤의 물만 있으면 살 수 있소. 그대가 갖고 있는 것 조금만 나누어주면 될 터인데 왜 그렇게 삶은 호박에 이도 들어가지 않을 헛소리를 하는 것이오?' 라고 말하면서 '그대가 나를 다시 찾으려면 시장 건어물전에 가서 찾으시오.' 라고 말하더란 말씀이네."

촌각을 다투는 위경에 처한 사람에게는 '다음에' 라는 말은 몰인정한 말이다. 즉시 도움을 주어야 한다. 도움을 못 줄망정 입바른 소리만 늘어놓는다면 죄를 더하는 일이 될 것이다.

195

고자질하고 헐뜯지 말라

고자질하고 헐뜯는 사람은 마치 조각구름이 해를 가리는 것과 같아서 오래지 않아 저절로 밝혀진다. 아양을 떨고 아첨하는 사람은 마치 틈새로 스며드는 바람이 살갗을 해치는 것과 같아서 그 해로움을 깨닫지 못한다.

讒夫毁士, 如寸雲蔽日, 不久自明.
참 부 훼 사　여 촌 운 폐 일　불 구 자 명

媚子阿人, 似隙風侵肌, 不覺其損.
미 자 아 인　사 극 풍 침 기　불 각 기 손

효봉은 일본 와세다 법학부를 나와 조선인 최초의 판사가 되었다. 평양 복심 법원에서 사형선고를 내린 것에 회의를 품고 그 스스로 모든 부귀영화를 내버리고 엿장수로 변신, 전국을 3년간 떠돌다가 38세에 금강산 신계사에서 석두 화상 문하에 출가하여 승려가 되었다. 평생 무자 화두를 들고 불철주야 참구했던 효봉은 엿장수중, 판사중, 절구통 수좌, 그리고 너나 잘해 스님으로 불렸다.

어느 제자가 효봉에게 다른 이의 잘못을 고자질하고 있었다.

"그러니까 그자는 술 마시지요, 담배 피우지요, 게다가 여색을 가까이 하지요. 그러니 그자에게 절대로 중요한 소임을 맡겨서는 안 됩니다."

"하면, 수행자가 술 마시면 안 된다는 말이지?"

"그렇습니다."

"수행자는 담배 피워도 안 된다는 말이지?"

"그렇습니다."

"수행자는 여색을 가까이 해서도 안 된다는 말이지?"

"네, 그렇습니다."

"그걸 알고 있으면……."

"네, 큰스님."

"…… 너나 잘 해라, 인석아!"

나쁜 짓인 줄 알면 너나 잘하면 될 일이지 왜 고자질하느냐는 호통이었다.

수없이 많은 수행자를 너나 잘하라고 호통치며 경책하셨기에 '판사중'에 이어 '너나 잘해 스님'으로 불렸다.

196

옹졸하고 급한 마음을 경계하라

높고 험한 산에서는 나무가 잘 자라지 못하나, 굽이쳐 감도는 골짜기에는 초목이 무성하다. 물살이 세고 급한 곳에는 물고기가 없으나, 물이 깊고 고요하면 물고기와 자라들이 모여든다. 이처럼 지나치게 고상한 행동과 옹졸하고 급한 마음은 군자가 깊이 경계해야 한다.

山之高峻處無木, 而谿谷廻環, 則草木叢生.
산 지 고 준 처 무 목　　이 계 곡 회 환　　즉 초 목 총 생

水之湍急處無魚, 而淵潭停蓄, 則魚鼈聚集.
수 지 단 급 처 무 어　　이 연 담 정 축　　즉 어 별 취 집

此高絕之行 褊急之衷, 君子重有戒焉.
차 고 절 지 행　편 급 지 충　군 자 중 유 계 언

⬚ • • • • • •

아시시의 성 프랜시스는 제자들과 함께 산속에서 살고 있었다.

어느 날 한 소년이 혼자 남아 집을 지키는데 악명 높은 산적 세 사람이 찾아왔다. 그들의 방문 목적에 대해서는 물어볼 필요가 없었다.

"무슨 일 때문에 오셨습니까?"

소년은 물어볼 필요도 없는 말을 물었다. 도둑은 도둑질하고자 하는 한 가지 목적뿐이기 때문이다.

"흐흐흐……."

세 도둑은 소년이 가소로워 너털웃음을 웃었다. 소년은 마음속으로 기도하면서 용기를 다하여 큰소리로 호통을 쳤다.

"남들은 땀 흘려 일하는데 너희들은 남의 것을 훔쳐 먹으려는 것이냐!"

의외의 말에 도둑들은 마음이 찔렸는지 그대로 돌아가 버렸다.

도둑들이 간 뒤 바로 프랜시스가 돌아왔다. 소년은 자랑스러운 듯이 있었던 일을 고했다. 그러자 프랜시스가 섭섭한 투로 말했다.

"그건 네가 실수했다. 지금 곧 도둑들에게 가서 이 빵과 포도즙을 주고 오너라."

소년은 선생님의 말씀대로 그들을 바로 쫓아가서 빵과 포도즙이 든 선물을 전달했다.

그런데 그들은 그것을 먹지 않고 소년을 따라 수도원으로 왔으며, 회개하고 프랜시스의 제자들이 되었다.

197

겸허하고 원만한 성격이
큰 성공을 이룬다

큰 공적을 세우고 사업을 크게 이룬 자는 겸허하고 원만한 성격이 대부분이고, 일을 그르치고 기회를 놓치는 사람 중에는 고집 센 사람이 많다.

建功立業者, 多虛圓之士.
건 공 립 업 자 다 허 원 지 사
僨事失機者, 必執拗之人.
분 사 실 기 자 필 집 요 지 인

　사회생활을 할 때 빼놓을 수 없는 중요한 덕목은 원만한 대인관계이다. 실력과 능력이 출중해도 대인관계에 실패하여 좌절하는 사람도 흔히 볼 수 있다.

　원만한 대인관계를 위해서는 우선 상대방의 이야기에 귀 기울여 들어주는 자세가 몸에 배어 있어야 한다. 나의 주장을 내세우기보다 상대방을 배려해 주면 그 진심은 통하게 되어 있다.

　상대방의 단점을 이야기할 때도 상대방이 기분 나쁘지 않게 조심해서 말해야 한다. 충고를 해주고 오히려 사이가 멀어지는 경우가 많이 있다. 상대방의 기분을 나쁘게 만들면서 충고를 하기보다는 적당한 기회에 진심을 전할 수 있어야 한다. 그래야 고맙게 받아들일 수 있다.

　무슨 일을 할 때에는 상대를 배려하는 입장으로 대한다면 누구나 대인관계가 원만해질 것이다. 무엇보다도 상대방의 입장에서 생각해 보아야 한다. 그 사람의 입장에서 생각해 보면 그 사람의 마음을 알 수 있다.

　항상　자기중심적으로만 생각한다면 이해타산적으로 변하고, 다른 사람 중심으로 생각한다면 이타적인 보람 있는 삶을 살 수 있을 것이다.

198

세상살이에는 알맞은 조율이 필요하다

세상을 살아가는 데 있어서는 꼭 세속과 같게 하지도 말고, 다르게 하지도 말라. 일을 하는 데 있어서는 남을 싫어하게 하지도 말고, 또한 기쁘게 하지도 말라.

處世, 不宜與俗同, 亦不宜與俗異.
처세   불 의 여 속 동   역 불 의 여 속 이

作事, 不宜令人厭, 亦不宜令人喜.
작 사   불 의 영 인 염   역 불 의 영 인 희

옛날 어떤 궁궐에 어릿광대 한 사람이 있었다. 그 어릿광대의 임무는 왕을 즐겁게 해드리는 것이었다. 시간이 지나자 왕은 그 어릿광대의 하는 짓에 싫증이 났다. 마침내 어느 날, 왕은 부하들에게 명령을 내렸다.

"여봐랏! 이 게으른 놈을 당장 사형에 처하렷다!"

얼굴이 파랗게 질린 사나이가 임금님 앞에 넙죽 꿇어 엎드렸다.

"잘못했습니다. 제게 1년의 시간 여유만 주시면 가장 아끼는 말에게 하늘을 날 수 있는 기술을 가르쳐 보겠습니다."

"뭐? 말이 하늘을 날 수 있는 기술을? 좋다! 만약 딱 1년이 지난 후에도 말이 날지 못한다면 넌 사형이다."

"아, 그럼요. 임금님 뜻대로 하십시오."

사나이는 임금님 앞에서 물러 나왔다. 온몸에서 식은땀이 흘러내렸다. 소식을 듣고 걱정이 된 사나이의 친구들이 주위로 몰려들었다.

"아무리 상황이 급해도 그런 터무니없는 말을 함부로 하면 어떡하나?"

친구들의 말을 듣고 있던 사나이가 빙그레 웃으며 말했다.

"그래, 걱정해 줘서 고맙네. 그래도 지금 당장 죽지 않은 게 어딘가? 생각해 보게. 자네들의 말대로 1년이란 시간이 짧다면 짧지만 길다면 한없이 길기도 한 시간이네. 혹시 이 1년 안에 임금님이 돌아가실지도 모르잖은가? 아니면 혹시 그 사이에 내가 죽을지도 모르지. 아니, 어쩌면 그 안에 말이 병이 나서 죽을지도 몰라. 1년 안에 무슨 일이 일어날지 어느 누가 안단 말인가? 그리고 또 모르지! 이런 나를 하느님이 불쌍히 여기셔서, 혹시 1년이 지나 말이 정말 하늘을 날게 해주실지도 모르잖나?"

199

군자는
만년에 정신을 더욱 갈고 닦아야 한다

하루해가 저무는데 오히려 노을은 아름답고, 한 해가 장차 저물려고 하는데 새로이 귤이
꽃다운 향기를 뿜는다. 그러므로 군자는 만년에 다시금 정신을 백 배로 갈고 닦아야 한다.

日旣暮而猶烟霞絢爛, 歲將晚而更橙橘芳馨.
일 기 모 이 유 연 하 현 란   세 장 만 이 갱 등 귤 방 형

故末路晚年, 君子更宜精神百倍.
고 말 로 만 년   군 자 갱 의 정 신 백 배

중국의 장자가 어느 날 남루한 베옷에 다 떨어진 짚신을 신고 위나라의
혜왕을 배알했다. 왕은 장자를 보자마자 측은히 여겨 한마디 하였다.

"선생은 어찌 그리 피폐하십니까?"

이 말은 들은 장자는 미소를 지으며 말했다.

"선비로서 도덕적으로 행하지 않는 것이 피폐한 것입니다. 옷이 해어지
고 신이 떨어진 것은 단지 가난한 것이지 피폐한 것이 아닙니다."

200

총명함과 재능을 드러내지 말라

매의 서 있는 모습은 조는 것 같고, 범은 병든 듯 걷는다. 하지만 이것이 바로 사람을 움켜
잡고 물어뜯는 그들의 수단이다. 그러므로 군자는 총명함을 드러내지 말고 재능도 뚜렷하
게 나타내지 말아야 하는데, 그렇게 함으로써 큰일을 할 수 있는 역량을 기를 수 있다.

鷹立如睡, 虎行似病, 正是他攫人噬人手段處.
응 립 여 수　　호 행 사 병　　정 시 타 확 인 서 인 수 단 처

故君子要聰明不露 才華不逞, 纔有肩鴻任鉅的力量.
고 군 자 요 총 명 불 로　　재 화 불 령　　재 유 견 홍 임 거 적 력 량

르네상스를 대표하는 화가 미켈란젤로는 고집이 세고 자신의 작품에 대
해 자부심이 강한 인물로 유명하다. 그는 아무리 많은 돈을 주어도 내키지

않으면 결코 작품을 제작해 주지 않았고, 또 자신의 작품에 결코 사인을 하지 않았다. 그는 마리아가 죽은 예수를 끌어안고 슬퍼하는 '피에타상'을 제외하고는 어느 작품에도 사인을 남기지 않았다. 이런 습관은 바티칸의 시스티나성당의 천장에 '천지창조'를 그리던 때로 거슬러 올라간다.

1508년 교황 율리우스 2세의 명령으로 시스티나성당의 천장화를 그리게 된 미켈란젤로는 사람들의 성당 출입을 막고 무려 4년 동안 성당에 틀어박혀 그림을 그렸다. 천장 밑에 세운 작업대에 앉아 고개를 뒤로 젖힌 채 천장에 물감을 칠해나가는 고된 작업이었다. 그는 나중에 목과 눈에 이상이 생길 정도로 온 정성과 열정을 다 바쳤다. 그는 마지막으로 사인을 한 뒤 흡족한 표정으로 붓을 놓고 지친 몸을 쉬려고 성당 밖으로 나왔다. 그런데 성당 문을 나섰을 때 그는 눈앞의 광경에 감탄하고 말았다. 눈부신 햇살과 푸른 하늘, 높게 날고 있는 새들…….

'그 어떤 화가가 위대한 대자연의 모습을 제대로 표현할 수 있을까?'

그때 미켈란젤로의 마음에 작은 울림이 들렸다.

'신은 이렇게 아름다운 자연을 창조하고도 어디에도 이것이 자신의 솜씨임을 알리는 흔적을 남기지 않았는데 나는 기껏 작은 벽화 하나 그려 놓고 나를 자랑하려 서명을 하다니…….'

그는 즉시 성당으로 돌아갔다. 그리고 작업대 위에 서서 자신의 사인을 지워 버렸다. 이후부터 미켈란젤로는 그 어느 작품에도 자신의 사인을 남기지 않았다.

201

검약과 겸양도 지나치면 좋지 않다

검약은 아름다운 덕이나 지나치면 인색하고 천박해져서 오히려 정도를 해치게 되고, 겸양은 아름다운 행위지만 그 도가 지나치면 비굴해져서 본마음을 의심하게 된다.

儉美德也. 過則爲慳吝, 爲鄙嗇, 反償雅道.
검 미 덕 야   과 즉 위 간 린   위 비 색   반 상 아 도

讓懿行也. 過則爲足恭, 爲曲謹, 多出機心.
양 의 행 야   과 즉 위 족 공   위 곡 근   다 출 기 심

인도 우화 중에 이런 이야기가 있다. 어떤 한 농부가 논을 개간했다. 열심히 거름을 주고 정성을 다한 그의 논에 심은 벼는 잘 자라서 대풍을 이루었다. 그런데 가만히 살펴보니 아래에 있는 다른 사람의 논으로 자신의 논에 있는 물이 흘러 내려가 역시 똑같이 대풍을 이룬 것이 아닌가.

농부는 자신의 논에 있는 풍부한 거름기가 가득 들어 있는 물이 아랫논으로 흘러 들어가는 것이 아까워서 견딜 수가 없었다. 그래서 다음해에는 자신의 논을 물 한 방울 새어나가지 못하도록 튼튼하게 개조하였다.

'됐다! 인제 아까운 우리 물이 남의 논으로 흘러 들어가지 않겠지.'

농부는 흐뭇한 마음에 웃음이 절로 나왔다. 그런데 농부의 바람대로 상황이 잘되지 않고 큰일이 벌어졌다. 논에는 역시 거름기가 가득한 물이 그득하였지만, 흘러 나갈 곳이 없었기에 고인 물이 썩기 시작했던 것이다. 물이 썩는 바람에 벼까지 모두 썩어 버려서 인색한 농부는 큰 손해를 입고 말았다.

202

뜻대로 되지 않는다고 근심하지 말라

뜻대로 되지 않는다고 근심하지 말고, 마음이 유쾌하다고 기뻐하지 말며, 오래 편안함을 믿지 말고, 처음이 어렵다고 꺼리지 말라.

毋憂拂意. 毋喜快心. 毋恃久安. 毋憚初難.
무 의 불 의　　무 희 쾌 심　　무 시 구 안　　무 탄 초 난

⠿ • • • • •

　화가 알베르트와 그의 친구는 둘 다 화가 지망생들이었지만 너무나 가난해서 그림 공부를 할 수 없었다. 알베르트와 그의 친구는 오랫동안 궁리한 끝에 한 방법을 찾았다. 한 사람이 먼저 그림 공부를 하고, 그동안 다른 한 사람은 돈을 벌어 친구를 돕자는 것이었다.

　알베르트가 먼저 공부를 하기로 하고, 친구는 잠시 그림을 뒤로 하고 일터로 나갔다. 몇 년 후, 드디어 알베르트는 유명한 화가로 성장했다. 이제 알베르트의 친구가 공부해야 할 차례였다.

　"이제 자네 차례야. 돈 걱정 말고 공부에만 전념하게."

　친구는 기쁜 마음으로 그림 공부를 시작하게 되었다. 그러나 그에게 새로운 실망과 좌절이 찾아왔다. 너무 오랫동안 그림을 그리지 않고 일만 해왔기 때문에 손이 굳어져 그림을 그릴 수 없게 된 것이다. 그는 절망했지만 결국 슬픔을 이기고 오히려 친구를 위하여 기도하기 시작했다.

344 ●

어느 날 알베르트는 그림 공부를 하고 있는 친구를 만나러 친구의 화실에 들어가려 할 때, 화실 안에서 들려오는 친구의 기도 소리를 듣게 되었다. 눈물로 알베르트를 위하여 기도하는 모습에 알베르트는 큰 감동을 받았다.

그는 집으로 돌아와 문틈으로 보이던 친구의 거친 손을 생각하며 그림을 그렸다. 그 그림이 유명한 '기도하는 손'이라는 알베르트의 대표작이다. 거칠어진 화가의 손은 모두에게 큰 감동을 안겨주었다.

203

잦은 술잔치를 경계하라

술잔치의 즐거움이 잦은 집안은 좋은 집안이 아니고, 명성이 나기를 좋아하면 선비가 아니며, 높은 벼슬에 생각이 많으면 좋은 신하가 아니다.

飲宴之樂多, 不是個好人家.
음 연 지 락 다　　불 시 개 호 인 가

聲華之習勝, 不是個好士子.
성 화 지 습 승　　부 시 개 호 사 자

名位之念重, 不是個好臣士.
명 위 지 념 중　　불 시 개 호 신 사

춘추전국시대 제나라의 유명한 해학가 순우곤은 언변이 뛰어나 여러 차례 사신으로 파견되었지만 비굴한 모습은 조금도 보이지 않았다.

어느 날 초나라의 침략을 불시에 받은 제나라 위왕은 조나라에게 구원군을 요청하기 위해 순우곤을 파견하였다.

순우곤이 조나라 병사 10만 명과 전차 1,000승을 이끌고 제나라로 돌아오자 이를 본 초나라 병사는 밤에 철수해 버렸다. 위기를 모면한 위왕은 매우 기뻐하여 순우곤을 위해 축하연을 베풀었다.

지혜롭고 상대편의 마음을 잘 읽는 순우곤은 주색을 겸비한 위왕에게 간접적으로 다음과 같이 간하였다.

"술이 극에 달하면 어지러워지고, 즐거움이 극에 달하면 슬퍼지는데 만사가 모두 그와 같습니다."

이 말은 곧 달도 차면 기울고 모든 사물이 그와 같으므로 나라의 운세도 같다는 뜻이다.

이후 위왕은 순우곤의 진솔하고 충직함을 깨닫고 철야로 주연을 베푸는 것을 삼갔다고 하며, 순우곤을 제후의 주객으로 삼아 왕실의 주연이 있을 때는 꼭 곁에 두고 술을 마셨다고 한다.

204

괴로움이 즐거움으로 바뀌게 하라

세상 사람들은 마음에 맞는 것으로만 즐거움을 삼기 때문에 도리어 즐거움에 이끌려 괴로운 곳에 있게 된다. 통달한 선비는 마음에 어긋나는 것으로도 즐거움을 삼기 때문에 괴로움이 즐거움으로 바뀌어 온다.

世人以心肯處爲樂, 却被樂心引在苦處.
세 인 이 심 긍 처 위 락   각 피 락 심 인 재 고 처

達士以心拂處爲樂, 終爲苦心換得樂來.
달 사 이 심 불 처 위 락   종 위 고 심 환 득 락 래

· · · · · ·

미국 영화 중에 '우리 생애 최고의 해'라는 영화가 있다. 제2차세계대전 중 헤럴드 러셀이라는 공수부대원이 전투에 나갔다가 포탄에 맞아 두 팔을 잃어 불구자가 된다. 그는 참혹한 좌절에 빠진다.

'이제 나는 어떻게 살까. 아무 데도 쓸모없는 고깃덩어리가 되었으니……!'

그런 가운데 그에게 차츰 진리의 마음이 들기 시작했다. 잃은 것보다 가진 것이 더 많다고 자각하게 된 것이다.

의사는 그에게 의수를 만들어 주었다. 그것으로 글을 쓰고 타이프도 치기 시작했다. 그의 이야기는 영화화되어 직접 불구자의 모습으로 출연하게 되었다. 그는 정성을 다해 연기를 했고, 그 해 그는 이 영화로 아카데미 주연상을 탔다. 그는 상금을 상이용사를 위해 기부하였다.

어떤 기자가 찾아와 그에게 물었다.

"당신의 신체적인 조건이 당신을 절망케 하지 않았습니까?"

그러자 그는 결연히 대답하였다.

"아닙니다. 나의 육체적인 장애는 나에게 도리어 가장 큰 축복이 되었습니다. 어떤 역경 속에서도 잃어버린 것을 계산할 것이 아니라 남아 있는 것을 생각하고 희망을 가져야 하지요. 남은 것을 값지게 사용할 때 잃은 것의 열 배를 보상받으니까요."

그의 말처럼 역경을 이겨내는 지혜는 아직도 자신에게 남아 있는 것들, 즉 희망을 부여잡는 것이다.

205

가득 찬 곳과 위급한 곳의
마음 졸임을 알라

가득 차 있는 곳에 있는 사람은 마치 물이 넘치려다가 아직 넘치지 않음과 같아서 다시 한
방울을 더함도 마음 졸이며 꺼리고, 위급한 자리에 있는 사람은 마치 나무가 꺾이려다가
아직 꺾이지 않음과 같아서 다시 조금 더 누르는 것도 마음 졸이며 꺼리는 것이다.

居盈滿者, 如水之將溢未溢, 切忌再加一滴.
거 영 만 자   여 수 지 장 일 미 일   절 기 재 가 일 적

處危急者, 如木之將折未折, 切忌再加一搦.
처 위 급 자   여 목 지 장 절 미 절   절 기 재 가 일 닉

· · · · · ·

옛날에 한 청년이 임금을 찾아가 인생의 성공 비결을 가르쳐 달라고 간
청했다. 임금은 말없이 컵에다 포도주를 가득 따라 청년에게 건네주면서
별안간 큰 소리로 군인을 부르더니 명령을 내렸다.

"이 젊은 청년이 저 포도주 잔을 들고 시내를 한 바퀴 도는 동안 너는 칼
을 빼들고 그를 따라라. 만약 포도주를 엎지를 때에는 당장에 목을 내리쳐
라!"

청년이 식은땀을 흘리며 조심조심 그 잔을 들고 시내를 한 바퀴 돌아오
자, 임금은 시내를 도는 동안 무엇을 보고 들었는지 물었다. 청년은 아무것
도 보지 못하고 듣지도 못했다고 대답했다. 임금님은 다시 물었다.

"넌 거리에 있는 거지도, 장사꾼들도 못 보고 술집에서 노래하는 것도 못
들었단 말이냐?"

"네, 저는 아무것도 보지도, 듣지도 못했습니다."

"그렇다. 그것이 네 인생의 교훈이다. 네가 거리를 한 바퀴 돌면서 그 잔만 바라보느라 정신을 집중시킨 것처럼 모든 것에 집중하고 살면 인생에 성공할 것이고, 유혹과 악한 소리도 네게 들려오지 않을 것이다."

자신의 일에 집중하지 못하는 사람은 여기저기를 기웃대며 산만하게 행동한다.

진정한 성공의 비결은 자기가 하는 일에 긍지를 갖고 다른 일에 곁눈질하지 않는다는 것이다. 그렇게 최선을 다하면 성공할 수 있다.

206

냉철한 눈과 귀와 마음을 가지라

냉철한 눈으로 사람을 보고, 냉철한 귀로 말을 들으며, 냉철한 정으로 일에 대응하고, 냉철한 마음으로 도리를 생각하라.

冷眼觀人. 冷耳聽語. 冷情當感. 冷心思理.
냉 안 관 인 냉 이 청 어 냉 정 낭 감 냉 심 사 리

한 현자가 왕의 친서를 가지고 전쟁의 위기에 놓인 이웃나라로 갈등을 해소하기 위하여 떠났다. 현자는 이웃나라의 왕을 만나서 말했다.

"본국의 왕이 초승달이면 대왕께서는 보름달입니다."

이 말 한 마디로 인하여 양국 간의 문제는 잘 해결되었다.

그러나 이 현자는 귀국 후 왕에게 불려 가게 되었다. 왕은 노고를 치하하기는커녕 얼굴이 붉으락푸르락해져서 호되게 책망을 하였다.

"나를 초승달이라고 말했다는 게 사실인가?"

그러자 현자는 웃으면서 대답하였다.

"폐하! 보름달은 기울어 끝나는 달입니다. 초승달은 이제 막 시작하는 달이지요. 초승달에게는 미래가 있으나 보름달은 기우는 일만 남아 있습니다."

이 말을 들은 왕은 노여움을 풀고 현자에게 오히려 큰 상을 내렸다.

207

어진 사람과 빈천한 사람의 차이점

어진 사람은 마음이 너그럽고 느긋하기 때문에 복이 두텁고 경사가 오래가며 일마다 너그럽고 느긋한 기상을 이룬다. 빈천한 사람은 마음이 좁고 급하기 때문에 녹이 박하고 은혜로움이 적어 일마다 좁고 급한 모양을 이룬다.

仁人, 心地寬舒. 便福厚而慶長, 事事成個寬舒氣象.
인 인　심 지 관 서　　변 복 후 이 경 장　사 사 성 개 관 서 기 상

鄙夫, 念頭迫促. 便祿薄而澤短, 事事得個薄促規模.
비 부　염 두 박 촉　　변 녹 박 이 택 단　사 사 득 개 박 촉 규 모

가난한 집에서 태어난 흑인 제프 헨더슨은 어려서부터 도둑질을 일삼아 '손버릇이 나쁜 제프리'로 불렸다. 급기야 학교를 그만두고 마약 판매에 손대 그는 스물네 살에 19년 7개월의 형을 선고받고 수감되었다.

교도소에서 헨더슨이 맡은 일은 재소자들이 가장 꺼리는 설거지였다. 그는 끼니마다 1500명의 그릇을 닦았다.

그런데 설거지가 요리에 눈뜨는 계기가 될 줄이야. 그는 어깨너머로 본 요리법을 공책에 적어두었다가 외우고, 주방 허드렛일을 하며 요리를 배우기 시작했다. 신문에 소개된 요리사들 이야기를 읽으며 잠 못 이루기를 여러 해, 그는 변하기 시작했다.

"뜨거운 증기에 살갗이 갈라질 때, 방탕했던 예전과 지금이 비교되면서 내가 저지른 잘못들이 고통스러워지기 시작했습니다. 주방은 내 과거를 정면으로 바라보게 했습니다."

그는 출소하자마자 로스앤젤레스의 한 식당에서 접시 닦이를 시작했고, 요리사 경력을 쌓기 위해 여러 호텔에 입사원서를 내밀었다. 그렇게 세계적인 요리사가 되겠다는 꿈에 간절하게 매달린 결과 라스베이거스 벨라지오 호텔 최초의 흑인 총주방장 자리에 오를 수 있었다. 꿈을 안고 노력하면 기적이 일어난다.

208
사람을 사귀는 데는 신중하라

악한 말을 듣더라도 금방 미워하지 말라. 고자질하는 자의 분풀이가 두렵다. 선한 말을 듣
더라도 금방 사귀지 말라. 간사한 사람의 출세를 이끌어 줄까 두렵다.

聞惡, 不可就惡. 恐爲讒夫洩怒. 聞善, 不可急親. 恐引奸人進身.
문 악　불 가 취 오　공 위 참 부 설 노　문 선　불 가 급 친　공 인 간 인 진 신

⠿ • • • • • •

세르반테스는 말하기를 "소금 한 말을 함께 먹고 나서야 비로소 벗을 알
수 있다."고 하였다. 사귐은 그렇게 신중해야 한다는 말이다.

어느 사람에게 사랑하는 외아들이 있었는데, 자기 친구들은 모두 목숨을
걸고 서로를 위하는 막역한 관계라고 아버지에게 자랑했다. 아버지는 믿어
지지 않아 실제로 그들의 우정을 한번 시험해 보자고 했다.

어느 날 밤 큰 돼지 한 마리를 잡아 깨끗이 다듬어 사람의 시체처럼 가마
니로 돌돌 말아 가지고는 아들이 친구 중 하나를 찾아갔다. 그리고 화급한
목소리로 문을 두드리며 친구를 불렀다. 아닌 밤중에 쫓기는 듯이 급하게
문을 두드리는 소리에 놀라서 자다가 눈을 비비고 나오는 친구에게 아들이
애원했다.

"여보게! 내가 오늘 어떤 사람과 언쟁 끝에 그만 사람을 죽였는데, 우선
이 시체를 숨길 데가 없으니 자네 집에 좀 숨겨줄 수 없겠나?"

이 말을 듣고 있던 친구는 아무 말도 없이 문을 닫고는 들어가 버렸다. 이렇게 하기를 밤이 새도록 죽은 돼지를 등에 지고 친구 집을 다 다녀 보았지만 누구 하나 어려움에 처한 친구를 구해주겠다는 자가 없었다.

이때에 뒤에 숨어서 지켜보던 아버지는 아들에게 다가와 이번에는 나를 따라와 보라고 하고는 친구 집을 찾아갔다. 새벽녘에 기진맥진한 듯이 찾아와 문을 두드리는 소리를 들은 부친의 친구는 사정이 급하게 되었음을 알아차렸는지 자세한 이야기는 나중에 하고 우선 들어오라고 하더니, 시체를 광에 넣게 하고는 두 부자를 맞아 주었다. 이때에 아버지는 웃으며, 친구에게 본래의 목적을 말하고는 지고 온 돼지로 즐거운 잔치를 벌였다.

참된 친구는 어려움에 처했을 때에 알 수 있다.

209

마음이 온화해야
복이 절로 모여든다

성질이 조급하고 마음이 거친 사람은 한 가지 일도 이루지 못하고,
마음이 온화하고 기질이 순한 사람은 백 가지 복이 절로 모여든다.

性燥心粗者, 一事無成. 心和氣平者, 百福自集.
성 조 심 조 자　일 사 무 성　심 화 기 평 자　백 복 자 집

서둘러서 되는 일이란 아무것도 없다. 어떤 일을 하든지 침착하게 생각
한 뒤에 차분히 행동에 옮겨야 한다. 일을 맡겼을 때 성실하고 꼼꼼하게 일
을 잘 처리하면 그 사람에게는 더 많은 일이 맡겨지게 된다. 한 번 일을 잘
처리하면 그 사람을 신뢰하게 되어 더 많은 일을 맡기기 때문이다.

'내일 이 지구가 멸망한다 하더라도 나는 오늘 한 그루의 사과나무를 심
겠다.' 는 스피노자의 말은 큰 교훈을 준다. 조급한 마음으로, 설익은 지식
으로 큰일을 이루어야겠다는 생각은 어리석다. 지식이나 사회의 경험은 한
걸음, 한 걸음씩 쌓아 나가야 한다. 단단한 주춧돌을 놓지 않고 50층의 고층
건물을 쌓아올릴 수는 없다. '급할수록 돌아가라.' 는 말이 있듯이 화급을
다투는 일일수록 여유 있는 마음가짐이 필요하다.

210
사람을 각박하게 부리지 말라

사람을 부릴 때는 각박하게 대하지 말라. 각박하게 대하면 성과를 올리려는 사람도 떠나게 된다. 친구를 사귈 때는 마구 사귀지 말라. 마구 사귀면 아첨하는 자가 모여든다.

用人, 不宜刻. 刻則思效者去. 交友, 不宜濫. 濫則貢諛者來.
용 인 불 의 각 각 즉 사 효 사 거 교 우 불 의 람 남 즉 공 유 자 래

⠿ • • • • • •

후한 말엽, 유비는 관우, 장비와 의형제를 맺고 한나라의 부흥을 위해 군사를 일으켰다. 그러나 군기를 잡고 계책을 세워 전군을 통솔할 군사가 없어 늘 조조군에게 고전을 면치 못했다.

어느 날 유비가 은사인 사마휘에게 군사를 천거해 달라고 청하자 그는 이렇게 말했다.

"복룡이나 봉추 중 한 사람만 얻으시오."

"대체 복룡은 누구고, 봉추는 누구입니까?"

그러나 사마휘는 말을 흐린 채 대답하지 않았다.

그 후 제갈량의 별명이 복룡이란 것을 안 유비는 즉시 수레에 예물을 싣고 양양 땅에 있는 제갈량의 초가집을 찾아 갔다. 그러나 제갈량은 집에 없었다. 며칠 후 또 찾아갔으나 역시 출타하고 없었다.

"전번에 다시 오겠다고 했는데. 이거, 너무 무례하지 않습니까? 듣자니

그 자는 아직 나이도 젊다던데⋯⋯."

"그까짓 제갈공명이 뭔데. 형님, 이젠 다시 찾아오지 마십시오."

마침내 동행했던 관우와 장비의 불평이 터지고 말았다. 관우와 장비가 극구 만류하는데도 유비는 단념하지 않고 세 번째 방문길에 나섰다. 그 열의에 감동한 제갈량은 마침내 유비의 군사가 되어 적벽대전에서 조조의 100만 대군을 격파하는 등 많은 전공을 세웠다.

그 후 제갈량의 헌책에 따라 위나라의 조조, 오나라의 손권과 더불어 천하를 삼분하고 한나라의 맥을 잇는 촉한을 세워 황제를 일컬었으며, 지략과 식견이 뛰어나고 충의심이 강한 제갈량은 재상이 되었다.

211

위기에는 기지를 발휘하라

바람이 비껴 불고 빗발이 급한 곳에서는 마땅히 다리를 굳건히 세워야 하고, 꽃이 무르익고 버들이 탐스러운 곳에서는 눈을 높은 데 두고, 길이 위태롭고 험한 곳에서는 머리를 재빨리 돌려야 한다.

風斜雨急處, 要立得脚定.
풍 사 우 급 처　　요 입 득 각 정

花濃柳艶處, 要着得眼高.
화 농 류 염 처　　요 착 득 안 고

路危徑險處, 要回得頭早.
노 위 경 험 처　　요 회 득 두 조

⊕ • • • • • •

1800년대 독일의 철혈재상 비스마르크는 의뢰하는 것도 의뢰받는 것도 철저하게 배격했던 사람이었다.

젊은 시절 그는 어느 친구와 사냥을 갔던 일이 있었다. 그런데 어쩌다가 친구가 수렁에 빠져 살려달라고 소리를 쳤다. 그 친구의 몸이 수렁 속으로 가라앉기 시작했다.

그것을 본 비스마르크는 달려가서 그의 머리에 총구를 겨냥하였다. 그리고는 말했다.

"자네를 건지려고 내 손을 내밀었다가는 나까지 빠져 죽을 것이네. 그렇다고 그냥 두게 되면 무한한 고생을 하겠는데, 이는 친구의 도리가 아닐 터이니, 자네의 고생을 덜어 주겠네. 저승에 가서도 내 우정을 잊지 말게나."

비스마르크는 방아쇠를 당기려고 했다.

그것을 본 그 친구는 너무도 당황하고 괘씸하게 생각한 나머지 사력을
다해 빠져 나오려고 안간힘을 다하였다. 그 결과 그 친구는 그 늪에서 빠져
나올 수가 있었다.

화를 내며 항의를 하는 친구에게 비스마르크는 이렇게 말했다고 한다.

"내 총은 자네의 머리를 겨냥한 것이 아니라 자네의 생각이었네."

212

공명심이 강한 사람은
겸양을 익히라

절개와 의리가 있는 사람은 온화한 마음을 길러야 분쟁의 길을 걷지 않을 것이고, 공명심이 강한 사람은 겸양의 덕을 체득해야 비로소 질투의 문을 열지 않을 것이다.

節義之人, 濟以和衷, 纔不啓忿爭之路.
절 의 지 인　제 이 화 충　재 불 계 분 쟁 지 로

功名之士, 承以謙德, 方不開嫉妬之門.
공 명 지 사　승 이 겸 덕　방 불 개 질 투 지 문

• • • • • •

칼레는 영국 도버시와 가장 가까운 프랑스의 해안도시였다.

1347년, 칼레는 영국군의 집중 공격을 받았다. 이들은 악조건 속에서도 1년이 넘도록 대항했지만 결국 항복하였다.

영국 왕 에드워드 3세는 소리쳤다.

"1년 동안 골치 아프게 한 칼레의 모든 시민들을 죽여 버리겠다!"

그러나 칼레측의 사절과 측근들의 조언으로 결국 그 말을 취소하였다. 대신 에드워드 3세는 다른 조건을 내걸었다.

'6명의 시민을 뽑아 와라. 칼레 시민 전체를 대신해 처형하겠다.'

그 정도에서 마무리가 되는 것을 다행으로 생각했지만 희생자 6명을 뽑아야 하는 새로운 고민이 생겼다. 그때 상위층 중 한 사람인 외스티슈 드 생 피에르가 앞으로 나서며 말했다.

"내가 죽겠소."

그러자 뒤이어 시장과 법률가, 부자 상인과 그의 아들, 그리고 귀족 등이 동참하였다. 다음날 아침 그들은 사형장으로 출발하였다.

모든 시민은 통곡하고 애통해 했다. 그리고 한없는 존경과 경의를 표했다.

추상같은 왕의 명령이 떨어지기 직전, 임신 중이던 왕비가 애원했다.

"폐하, 제발 자비를 베풀어 주십시오."

왕비의 간청에 에드워드 3세는 자신의 명령을 바꾸었다.

"처형을 취소한다! 그들을 사면하고, 모든 칼레의 시민도 사면하겠다!"

에드워드 3세 역시 그들의 용기와 희생정신에 감동했던 것이다.

이들의 용기와 희생정신은 '노블레스(명예) 오블리주(의무)' 의 상징이 되었다.

213

때에 따라 몸가짐을 달리 하라

공직에 있을 때는 편지 한 장을 쓰더라도 절도 있게 써야 한다. 그래야 요행을 바라고 모여드는 무리를 막을 수 있다. 은퇴 후 시골에서 지낼 때에는 몸가짐을 너무 엄히 굴지 말아야 한다. 그래야 주변 사람들이 허물없이 다가와 정을 두텁게 할 수 있다.

士大夫居官, 不可簡牘無節. 要使人難見, 以杜倖端.
사 대 부 거 관   불 가 간 독 무 절   요 사 인 난 견   이 두 행 단

居鄕, 不可崖岸太高. 要使人易見 以敦舊好.
거 향   불 가 애 안 태 고   요 사 인 이 견   이 돈 구 호

조선 시대의 명정승으로 이름을 떨친 황희 정승은 공과 사의 구분이 칼날처럼 분명한 사람이었다. 공직에 있을 때는 아무리 가까운 친척이라고 해도 사사로운 부탁을 결코 들어 준 적이 없었을 만큼 청렴결백하였다. 아랫사람들에게는 너그러우면서도 엄격하게 대하며 모든 일을 공평무사하게 처리했다.

뇌물이 통하지 않는 재상이라는 소문이 나자, 황희 정승의 집 앞에는 벼슬자리를 부탁하러 오는 사람들의 발자취가 뚝 끊겼다.

그러자 황희 정승의 아들이 아버지를 기쁘게 해 드리기 위해 잔치를 하자는 의견을 내놓았다. 명색이 재상인데 언제나 가족들끼리만 지내는 것이 이웃 사람들 보기에도 안 되었다고 생각했기 때문이다.

"그럴 필요 없다. 공직에 있는 사람이 사사로운 친분을 만들면 소신껏 정치를 할 수 없는 법, 잔치는 벼슬에서 물러난 뒤 하도록 하자."

아들은 아버지의 깊은 마음을 헤아리자 더욱 고개가 숙여졌다.

조정에서는 엄하기가 서릿발 같은 황희 정승이었지만, 집안의 아이들에게는 전혀 딴판이었다. 마당에서 놀고 있는 하인의 자녀들에게까지 황희 정승은 더없이 인자한 할아버지였다. 무릎 위에까지 기어올라 수염을 잡아당기는 장난꾸러기들도 있었다. 황희 정승은 공직에 있을 때나, 벼슬에서 물러났을 때에도 항상 일반 농부들처럼 꽁보리밥에 나물 반찬을 먹는 검소한 생활을 했다.

214

대인이나 서민을 두루 두려워하라

대인을 두려워하라. 대인을 두려워하면 방종한 마음이 없어진다. 서민을 두려워하라. 서민을 두려워하면 횡포를 휘두른다는 평을 듣지 않을 것이다.

大人不可不畏. 畏大人則無放逸之心.
대 인 불 가 불 외   외 대 인 즉 무 방 일 지 심
小民亦不可不畏. 畏小民則無豪橫之名.
소 민 역 불 가 불 외   외 소 민 즉 무 호 횡 지 명

미국의 34대 대통령이었던 아이젠하워가 사관학교 2학년이었을 때 일이다. 사관학교에서는 때로 상급생들이 신입생들에게 기합을 주고 호통치며 군기를 잡곤 했다. 하루는 신입생 한 명이 뛰어가다가 아이젠하워를 들이받았다. 아이젠하워 역시 잘됐다 생각하고 그를 세워놓고 소리를 지르기 시작했다.

"너는 명예로운 사관생도라기보다는, 겨우 시시한 이발쟁이 같은 녀석이로구나! 어떻게 그렇게 부주의할 수가 있는가!"

그러자 그 신입생은 어깨를 탁 펴더니 큰 소리로 당당하게 말했다.

"네, 선배님! 저는 이발사였습니다. 저는 이 학교에 입학하기 전까지 이발사로서 가족들을 부양해 왔습니다!"

아이젠하워는 당황스러워 할 말을 잃었다. 설마 이발사일 것이라곤 생각도 못했던 것이다. 자신은 지금 남의 생계를 모욕하고 무시한 것이다. 그는

더 이상 어떻게 해야 할지 몰라 얼굴을 붉힌 채 숙소로 돌아왔다.

'다시는 다른 사람을 무시하거나 모욕하는 언행을 하지 말아야지.'

그는 굳은 결심을 했다.

아이젠하워는 그의 자서전에서 이 일에 대하여 이렇게 기록하고 있다.

'나의 그 행동은, 다른 사람에 대하여 너무나 가볍게 생각했던 자신을 깨닫게 하는 큰 교훈이 되었다.'

그 후로 그는 제2차세계대전 때 연합군 사령관으로서 큰일을 감당할 때나, 미국의 대통령으로서 직분을 수행할 때나 늘 다른 사람을 배려하고 격려하는 위대한 지도력을 발휘했다.

215

뜻대로 안 될 때
나보다 못한 사람을 생각하라

일이 뜻대로 안 될 때 문득 나보다 못한 사람을 생각하면 원망하는 마음이 저절로 스러진
다. 마음이 조금 게을러질 때 문득 나보다 나은 사람을 생각하면 정신이 분발한다.

事稍拂逆, 便思不如我的人, 則怨尤自消.
사 초 불 역   변 사 불 여 아 적 인   즉 원 우 자 소

心稍怠荒, 便思勝似我的人, 則靜神自奮.
심 초 태 황   변 사 승 사 아 적 인   즉 정 신 자 분

게리 제웰은 중증 뇌성마비를 앓아 몸이 불편했다. 그러나 그녀는 자신
이 부드럽게 흘러내리는 아름다운 가운을 입고 똑바로 걷는 모습을 늘 마
음속에 그리기 시작했다.

'나는 할 수 있어. 남들처럼 똑바로 걸을 수 있어.'

그녀는 꾸준히 그 꿈을 버리지 않고 실현하기 위해 열심히 노력했다. 그
러던 차에 그녀는 희극배우가 될 것을 결심했다. 그녀에게는 극복해야 할
장애물이 너무나 많았다.

무엇보다도 그녀를 한 사람의 연기자로 진지하게 뽑아줄 극단이 없었다.
그러나 그녀는 포기하지 않았고 마침내 로스앤젤레스에 있는 코미디 스토
리에서 무료공연을 하게 되었다. 무척 힘들었지만 게리는 자신의 핸디캡들
을 오히려 장점으로 이용할 수 있었다. 그녀의 뛰어난 유머 감각은 관객의
마음을 두드렸고 즐겁고 감동적인 시간을 보낼 수 있었다. 결국 그녀는 대

성공을 거두었다.

게리는 그 후 수많은 TV쇼에 출연했고 성공적인 삶을 살면서 사람들에게 희망을 주었다.

우리의 상황과 모습이 최악이더라도 그 마음을 바꾸어 노력하면, 누군가에게는 위로가 되고 희망이 될 수 있다.

216

올바른 마음가짐으로 살라

기쁨에 들떠 가볍게 승낙하지 말고, 술 취한 기분에 성내지 말라. 유쾌함에 들떠 일을 많이 벌이지 말고, 고달프다 하여 끝나기도 전에 그치지 말라.

不可乘喜而輕諾. 不可因醉而生嗔.
불 가 승 희 이 경 락   불 가 인 취 이 생 진
不可乘快而多事. 不可因倦而鮮終.
불 가 승 쾌 이 다 사   불 가 인 권 이 선 종

🧩 • • • • • •

중국 춘추전국 시대 말, 복부제가 선부라는 고을의 원님으로 있을 때, 이웃 제나라의 군사들이 쳐들어온다는 소식이 왔다.

"성문을 닫아라!"

복부제는 즉시 성문을 닫으라고 명령했다. 그런데 추수기여서 성문 밖에는 보리가 누렇게 익어 있었다.

백성들은 원님을 찾아가서 건의했다.

"기껏 농사지어 적에게 곡식을 넘겨줄 바에야, 적이 도착하기 전에 모두 나가서 아무 밭에서나 자기 힘대로 거두어들이는 것이 어떻겠습니까?"

하지만 복부제는 그들의 청을 뿌리치고 성문을 닫게 했다. 복부제를 존경하던 백성들은 융통성이 없는 결정을 했다며 원망하기 시작했다. 게다가 곡식을 다 수탈당한 백성들의 원성이 높아지자 적을 이롭게 했다는 죄목으로 복부제는 왕의 심문을 받게 되었다.

복부제는 왕 앞에서 말했다.

"일 년 지은 곡식을 적병들에게 빼앗긴 것은 아깝기 짝이 없는 일이나, 급하고 손쉽다고 해서 남의 곡식을 마구 베어다 먹는 버릇이 생기면 그것은 10년이 가도 고칠 수 없는 일입니다."

왕은 멀리 내다볼 줄 아는 그의 식견에 탄복했다. 죄를 엄히 다스린 사회의 백성들은 비록 물질이 풍요롭지 못해도 마음을 합할 수 있고 양심이 죄를 이기며 살 수 있는 저항력을 기를 수 있다.

217

일에 집중하여
자유로운 경지에까지 이르라

독서를 잘하는 사람은 책을 읽어 손발이 절로 춤추는 경지에까지 이르러야 한다. 그래야
비로소 형식에 구애받지 않는다. 사물을 잘 보는 사람은 마음과 정신이 녹아서 물건과 하
나가 될 때까지 이르러야 한다. 그래야 비로소 외형에 구애받지 않는다.

善讀書者, 要讀到手舞足蹈處, 方不落筌蹄.
선 독 서 자   요 독 도 수 무 족 도 처   방 불 락 전 제
善觀物者, 要觀到心融神洽時, 方不泥迹象.
선 관 물 자   요 관 도 심 융 신 흡 시   방 불 니 적 상

當나라 때 시선(詩仙)으로 불린 이백은 서역의 무역상이었던 아버지를 따
라 어린 시절을 촉나라에서 보냈다. 젊은 시절 도교에 심취했던 이백은 유
협의 무리들과 어울려 쓰촨성 각지의 산을 떠돌기도 하였다. 이때 학문을
위해 상의산에 들어갔던 이백이 공부에 싫증이 나 산에서 내려와 돌아오는
길에 한 노파가 냇가에서 바위에 도끼를 갈고 있는 모습을 보게 되었다. 이
상하게 생각한 이백이 물었다.

"할머니, 지금 무엇을 하고 계십니까?"

"바늘을 만들려고 한단다."

노파의 대답을 들은 이백이 기가 막혀서 "도끼로 바늘을 만든단 말씀입
니까?" 하고 큰 소리로 웃자, 노파는 가만히 이백을 쳐다보며 꾸짖듯 말하
였다.

"애야, 비웃을 일이 아니다. 중도에 그만두지만 않는다면 언젠가는 이 도

끼로 바늘을 만들 수가 있단다."

이백은 크게 깨달은 바 있어 그 후로는 한눈팔지 않고 글공부를 열심히 하였다고 한다. 그가 고금을 통하여 대시인으로 불리게 된 것은 이러한 경험이 있었기 때문이다.

218

하늘의 뜻, 세상의 뜻

하늘은 지혜로운 한 사람을 보내 여러 사람의 어리석음을 깨우치게 했거늘, 세상은 오히려 제 잘난 것을 뽐내어 남의 모자라는 것을 들춰내려 한다. 하늘은 부유한 사람 하나를 보내 여러 사람을 가난에서 구제하게 했거늘, 세상은 오히려 제 가진 것을 자랑하여 남의 가난함을 업신여기려 든다. 참으로 천벌을 받을 일이 아닐 수 없다.

天賢一人, 以誨衆人之愚, 而世反逞所長, 以形人之短.
천 현 일 인 이 회 중 인 지 우 이 세 반 령 소 장 이 형 인 지 단

天富一人, 以濟衆人之困, 而世反挾所有, 以凌人之貧.
천 부 일 인 이 제 중 인 지 곤 이 세 반 협 소 유 이 능 인 지 빈

眞天之戮民哉!
진 천 지 륙 민 재

⸙ • • • • •

1920년 아르메니아가 공산 러시아에 의해 유린당한 이후 이 나라에서는 그리스도를 증거하는 일이 무척 어려워졌고 위험했다. 그러나 신실한 신앙인인 네리 먼 남작은 사람의 법보다 하느님을 더 순종하였다. 그는 그리스도를 전하기에 쉬지 않았고 어려운 때일수록 굳건히 서야 함을 권면하였다. 그러나 얼마 지나지 않아 그는 감옥에 갇혔다. 그는 감옥에서도 갇혀 있는 죄수들에게 복음을 전했다. 이를 본 간수가 그를 조롱했다.

"여보시오. 당신의 그리스도는 너무 무력해서 당신을 옥에서 구해내지도 못하지 않소?"

"내가 옥에 갇힌 것이 도리어 그리스도의 권능을 증명하는 것이오. 내가 그대더러 이 옥에 들어와 갇힌 사람들에게 전도하게 해달라고 청한다면 들

어 주겠소?"

"물론 안 되지요."

"그러니까 당신은 그리스도의 권능을 깨달아야 합니다. 그분께서 나를 여기 갇힌 자들에게 전도하게 데려 오셨소. 그대는 사실 내 전도를 위하여 숙식을 무료로 제공하는 셈이라오."

219

이도 저도 아닌 중간이 문제다

지극한 현인이야 무슨 걱정이 있겠는가? 또한 어리석은 사람은 아는 것도 없고, 생각도 없기 때문에 더불어 학문을 논할 수도 있고 공을 세울 수도 있다. 그런데 유독 중간 사람들이 문제다. 그들은 나름대로 생각과 지식이 있기 때문에 억측과 시기도 많아서 일마다 함께하기가 어렵다.

至人, 何思? 何慮? 愚人, 不識不知, 可與論學. 亦可與建功.
지인 하사 하려 우인 불식부지 가여논학 역가여건공

唯中才的人, 多一番思慮知識, 便多一番億度猜疑, 事事難與下手.
유중재적인 다일번사려지식 변다일번억탁시의 사사난여하수

❀ ● ● ● ● ● ●

대단한 웅변가로 알려진 마르쿠스 안토니우스는 강력한 지도자이자 용맹스런 군인이었다. 또 잘생긴 외모에 머리도 뛰어났다. 그러나 그에게 한 가지 부족한 점이 있었는데, 바로 도덕과 인격의 결함이었다.

하루는 그의 스승이 보다못해 면전에서 소리를 질렀다.

"마르쿠스, 이 덩치만 큰 애야! 세상은 정복할 수 있으면서 한낱 유혹은 뿌리치지 못하느냐?"

스승의 그런 호통을 듣고서도 그는 말초적인 욕구에서 벗어나지 못하였다. 그렇게 그의 삶은 아무 일도 없는 듯 지속되는 것 같았지만, 이집트로 원정을 떠났을 때, 자신과 제국의 가장 중요한 순간에, 그는 번쩍이는 미끼를 보게 된다.

클레오파트라가 무방비 상태에 있는 그의 마음에 들어온 것이다. 순간의 쾌락을 위해 그녀와 불륜 관계를 맺은 그는 자신의 아내는 물론 지도자로서 갖고 있던 권력, 나아가 생명까지 빼앗기고 말았다.

　제아무리 강한 힘과 폭넓은 지식이 있어도 도덕에 대한 바탕 위에 세워져 있지 않으면 무용지물이 되고 만다. 힘도 사람을 살리는데, 지식도 사람을 바르게 인도하는 데 선한 영향력으로서 작용해야 한다.

220

입을 굳게 지키라

입은 곧 마음의 문이니 입을 굳게 지키지 못하면, 마음의 참기틀이 빠져 나간다. 뜻은 곧 마음의 발이니 뜻을 지켜 내지 못하면, 마음이 나쁜 길로 달려가 버리고 만다.

口乃心之門. 守口不密, 洩盡眞機. 意乃心之足. 防意不儼, 走盡邪蹊.
구 내 심 지 문   수 구 불 밀   설 진 진 기   의 내 심 지 족   방 의 불 엄   주 진 사 혜

'말 한 마디로 천 냥 빚을 갚는다.' 는 말이 있다. 말의 큰 힘을 보여 주는 말이다. 또한 '세 치 혀로 다섯 자의 몸을 살리기도 하고 죽이기도 한다.' 는 말도 있다. 함부로 하는 말이 얼마나 위태로운가를 보여 준다.

석우로는 신라 제10대 임금인 내해왕의 아들로, 조분왕 때에 이찬 벼슬에 올라 대장군이 되었다. 그는 북방의 책임을 맡아 전쟁에 늘 승리했다. 그러나 지혜와 계략이 뛰어나고 용감한 반면에 입이 워낙 가벼워 함부로 말을 내뱉곤 하였다. 그래서 끝내 그 허튼 소리가 빌미가 되어 목숨까지 잃고 말았다. 침해왕 3년, 왜국의 사신 갈나고가 오자 석우로가 접대하였다. 그때 석우로는 갈나고와 이야기를 나누다 무심코 한 마디 했다.

　"여보시오. 이제 얼마 안 있으면 그대 나라의 임금을 우리나라의 노예로 삼고, 왕비는 또 하녀로 삼을 날이 올 것이오. 하하하!"

　갈나고는 속으로 몹시 분개하였다. 갈나고가 자기네 나라로 돌아가 이 말을 그대로 전하자, 왜국의 임금은 크게 노하여 당장 장군 우도주군을 보내 신라를 치게 하였다. 갑자기 공격을 당한 신라는 침해왕이 피난해야 하는 긴박한 사태까지 벌어졌다. 장군들끼리 전략을 세우는 자리에서 이 일에 책임을 느낀 석우로가 앞으로 나섰다.

　"이번 전쟁은 나 때문에 일어났으니 혼자 적진에 가겠소."

　석우로는 그 길로 혼자 왜군을 찾아갔다. 석우로의 변명에도 왜군은 끝내 화를 풀지 않고 석우로를 꽁꽁 묶은 뒤 나무를 쌓아 놓고 불태워 죽였다. 석우로는 비록 용감무쌍해서 위험한 전쟁에서 승리할 수 있는 지혜와 용기를 가졌으나, 입조심을 못한 탓으로 불행한 죽음을 맞고 말았다.

221

남의 허물은 작게,
내 허물은 크게 보라

남을 꾸짖을 때는 허물이 있는 가운데서도 허물이 없음을 찾아내면 감정이 평온해진다.
자기를 꾸짖을 때는 허물없는 속에서도 허물이 있음을 찾아내면 덕이 자란다.

責人者, 原無過於有過之中, 則情平.
책 인 자　원 무 과 어 유 과 지 중　즉 정 평
責己者, 求有過於無過之內, 則德進.
책 기 자　구 유 과 어 무 과 지 내　즉 덕 진

궁궐에서 왕과 신하가 모여 앉아 흥겨운 잔치를 즐기고 있는데 갑자기
불이 모두 꺼져버렸다. 깊은 밤 암흑을 틈타 누군가 왕의 애첩에게 입을 맞
췄다. 깜짝 놀란 애첩은 그 사람의 갓끈을 잡아뗀 후 왕에게 고했다.

"폐하, 어떤 놈이 신첩에게 해괴망측한 짓을 하기에 갓끈을 잡아떼어 놓
았습니다. 어서 그놈을 잡아 벌을 주소서."

그런데 노발대발한 왕이 내린 명령이 생각 밖이었다.

"지금 당장 모두 다 갓끈을 떼도록 해라!"

왕의 호령에 신하들은 어리둥절하면서도 모두 갓끈을 떼어냈다. 곧 불을
다시 켜 주위가 밝아졌지만 무례한 신하를 가려낼 방도가 없었다.

"오, 이 무례한 놈을 살려둘 수 없으나, 범인이 누군지 알 수 없으니 없던
일로 하겠다. 그대들은 계속 잔치를 즐기라."

그 후 몇 년이 지나 나라에 전쟁이 일어났다. 이웃의 강대국이 침입해온

것이다. 그때 한 장수가 홀연히 수많은 군사를 이끌고 나타나 적군을 격퇴시켰다. 왕은 감격하여 장군의 손을 잡으며 물었다.

"고맙구려! 장군은 도대체 누구요?"

그러자 그 장수는 왕 앞에 무릎을 꿇고 뜨거운 눈물을 흘리며 말했다.

"몇 년 전 연회에서 폐하의 애첩에게 불측한 짓을 저지른 무뢰한입니다. 폐하의 은혜로 목숨을 보존했으니 어찌 충성하지 않겠습니까? 그래서 위기에 대비해 남 몰래 군사들을 훈련시켜 왔습니다."

왕의 관용이 위기에 처한 나라를 구했다.

이렇듯 작은 관용 하나도 태산보다 더한 보답으로 다가오는 것이 삶의 이치다.

222

어린이는 충분한 단련을 받아야 한다

어린이는 어른의 씨앗이고 수재는 훌륭한 인물의 씨앗이다. 그러므로 만약 어릴 때 화력이 모자라 단련이 완전하지 못하면, 훗날 세상을 살아나가고 조정에 설 때 훌륭한 그릇이 되기 어렵다.

子弟者, 大人之胚胎. 秀才者, 士夫之胚胎.
자 제 자　대 인 지 배 태　수 재 지　　사 부 지 배 태

此時, 若火力不到 陶鑄不純, 他日, 涉世立朝, 終難成個令器.
차 시　약 화 력 부 도　도 주 불 순　타 일　섭 세 입 조　종 난 성 개 영 기

· · · · · ·

채제공은 정조 때의 문신이다. 영조 19년에 급제하여 많은 업적을 쌓아 정조 17년에 영의정에 올랐다. 그가 소년 시절 집안이 극심한 가난에 허덕이고 있었다. 절에서 공부하고 있었는데 식량마저 대주지 못했다. 그러나 부잣집 아이들이 무시해도 채제공은 조금도 기가 죽지 않았다.

'가난 따위에 질 내가 아니다. 무시당해도 이를 악물고 참자.'

새해가 가까워지자 학생들은 설을 쇠러 돌아갈 준비에 바빴다. 아이들은 한 편씩 시를 지어 흥취를 뽐냈는데, 채제공만 묵묵히 앉아 있었다.

"돌아갈 집이 없어? 그럼, 그런 서글픈 마음을 시로 읊어 보라구."

아이들은 조롱하듯 채제공에게 시를 지으라고 독촉했다. 채제공은 붓을 들고 단숨에 한 편의 시를 휘갈기듯 써냈다.

'가을 바람 스산한 고목에서는 매가 알을 까고
차가운 달빛 아래 눈 덮인 산에서는 범이 정기를 키운다.'

이 시를 본 아이들은 채제공을 비웃었다. 그러자 채제공은 벌떡 일어나 먼저 산을 내려가고 말았다.

학생들 속에는 당시 재상의 아들도 있었는데 집에 돌아가 채제공이 지었다는 시 이야기를 하니, 재상이 감탄했다.

"모든 고난을 딛고 공부에 전념하겠다는 무서운 결심을 나타냈구나."

재상의 말대로, 얼마 안 되어 채제공은 과거에 합격해 벼슬에 올랐다. 그리고 가난과 멸시 속에서도 키워 온 꿈을 펼쳐 나가 큰 업적을 쌓았다.

223
외로운 사람에게는 마음을 열라

군자는 환난에 처했을 때는 근심하지 않지만, 즐거운 잔치에서 놀 때면 근심한다. 또한 군자는 권세 있는 사람을 만났을 때는 두려워하지 않지만, 외로운 사람을 대하면 마음 아파한다.

君子處患難而不憂. 當宴遊而惕慮. 遇權豪而不懼, 對惸獨而警心.
군 자 처 환 나 이 불 우   당 연 유 이 척 려   우 권 호 이 불 구   대 경 독 이 경 심

● ● ● ● ●

러시아의 위대한 작가 톨스토이가 어느 날 길을 가고 있을 때 한 거지가 길을 막으며 구걸을 하였다. 톨스토이는 주머니를 뒤져보았지만 돈이 한 푼도 없었다. 그는 미안해 하며 거지에게 말했다.

"미안하구려, 형제여. 안타깝게도 지금 내겐 돈이 한푼도 없소."

그러자 거지가 허리를 구부리며 이렇게 말했다.

"선생님, 누구신지는 모르나, 당신은 제게 돈 이상의 귀한 것을 주셨습니다. 저를 형제라고 불러주신 것입니다. 정말 감사합니다."

진심에서 우러나오는 다정하고 따뜻한 한 마디 말은 상대방의 영혼까지 포근하게 하고 부유하게 만들어 준다.

224

일찍 숙성하는 것보다
대기만성이 낫다

복숭아꽃과 오얏꽃이 비록 곱다 한들 어찌 푸른 소나무의 굳은 절개와 같을 수 있겠는가?
배와 살구가 비록 달다 한들 어찌 노란 유자와 푸른 귤의 맑은 향기와 같을 수 있겠는가?
과연 맞는 말이다. 곱고 일찍 시드는 것은 담백하고 오래가는 것만 못하며, 일찍 숙성하는
것은 늦게 이루어지는 것만 못하다.

桃李雖艷, 何如松蒼栢翠之堅貞?
도 리 수 염　　 하 여 송 창 백 취 지 견 정

梨杏雖甘, 何如橙黃橘綠之馨冽?
이 행 수 감　　 하 여 궁 황 귤 록 지 형 렬

信乎! 濃夭不及淡久. 早秀不如晚成也.
신 호　　 농 요 불 급 담 구　　 조 수 불 여 만 성 야

암행어사 김상휴는 뒤늦게 관직생활을 시작했다. 어사 시절 권력을 믿고
백성을 괴롭히던 홍주 목사를 처분한 일은 대쪽 같은 그의 성품을 보여준
다. 김상휴는 벼슬에 오르지 않고 평범하게 살았다. 어려서부터 학문에 밝
았기 때문에 모두 그의 학식을 아깝게 여겼다.

그의 나이 46세 때, 뒤늦게 과거를 보아 장원급제를 했다. 직언을 하는 충
정을 알아본 순조는 김상휴의 말을 새겨들었다. 재위 5년밖에 안 된 순조는
당색에 물들지 않은 신진관료들이 보좌하면서 임금의 눈과 귀를 밝게 해주
길 바랐다. 임금은 그의 깊은 학식과 연륜을 높이 샀던 것이다.

김상휴는 충청도 암행어사로 임명되자 변장하고 충청도로 내려갔다. 홍
주 목사 한흥유는 몇 년 전까지 임금 곁에서 일하던 영향력이 막강한 신하

였다. 그의 부정을 적발해서 득될 일이 없었다. 그러나 드러난 횡포와 비리를 보고 김상휴는 망설이지 않고 품안에서 마패를 꺼냈다.

"암행어사 출두요!"

홍주 관아에 들이닥친 김상휴는 한흥유의 죄상을 물어 파직시켰다. 이처럼 든든한 뒷배경을 갖고 있어도 그에게는 통하지 않았다. 임금의 은혜에 보답하기는커녕 백성을 괴롭히며 자기 욕심만 채우려는 사또들을 볼 때마다 김상휴는 즉각 '어사 출두'를 외치고 죄를 엄히 다스렸다.

김상휴는 71세에 의정부 좌참찬을 끝으로 세상을 떠났다. 늦었지만 학문에의 끝없는 정진과 강직한 성품은 배울 만하다.

225

고요 중에
인생의 참된 경지를 찾으라

바람 자고 물결 고요한 가운데에서 인생의 참다운 경지가 보이고, 맛이 담담하고 소리가 드문 곳에서 마음의 본래 모습을 알 수 있다.

風恬浪靜中, 見人生之眞境. 味淡聲希處, 識心體之本然.
풍 염 랑 정 중   경 인 생 지 진 경   미 담 성 희 처   식 심 체 지 본 연

어느 해에 좌의정 맹사성은 임금의 허락을 받아서 아산 배방면 고향집을 방문하게 되었다. 맹사성의 고향 방문 소식이 알려지자 인근 고을 수령들이 맹사성에게 잘 보이려고 맹사성의 고향집에 이르는 길을 잘 정비하고 청소를 해 두었다.

그런데 청소를 해 둔 길에 행색이 초라한 사람이 소를 타고 지나가니, 알아보는 자가 없었다. 사람들은 그에게 핀잔을 주며 말했다.

"여보쇼. 이곳은 우리의 좌상 대감이 지나갈 자리인데, 당신같이 초라한 사람이 먼저 지나갈 수 없소."

시골 수령들이 아무리 기다려도 좌상 대감인 맹사성이 지나가지를 않자 이유를 알아본즉, 조금 전에 왔던 행색이 초라했던 자가 바로 맹사성이었다는 것이다.

"아이고, 우린 인제 죽었다!"

수령들의 얼굴이 질려 하얗게 변했다.

맹사성은 평생 안빈낙도를 즐기며 청렴하게 살았다.

더 크게, 더 높이, 더 빠르게…… 모든 것이 너무 신속하게 발전해 어지러울 정도인 오늘날이지만, 마음만은 고요하게 지키며 살 수 있는 내적 힘을 길렀으면 좋겠다. 분주와 한가로움이 다 마음 안에서 조종되기 때문이다.

후집
後集

001

산에서 사는 즐거움에 대해 말하는 사람은 아직도 산에서 사는 맛을 진정으로 얻지 못했기 때문이고, 명예나 이익에 대해 말하기 싫어하는 사람은 아직도 세속 욕심을 다 잊지 못했기 때문이다.

談山林之樂者, 未必眞得山林之趣. 厭名利之談者, 未必盡忘名利之情.
담 산 림 지 락 자   미 필 진 득 산 림 지 취   염 명 리 지 담 자   미 필 진 망 명 리 지 정

002

낚시질은 여유를 즐기는 일이지만 그래도 살생하는 마음이 있는 것이고, 바둑은 깨끗한 놀이지만 또한 전쟁하는 마음을 일으키게 한다. 이로 보아 기쁜 일이란 일을 덜어 마음을 편안하게 갖는 것보다 못하고, 재능이 많은 것은, 무능하여 본래의 마음을 보전하는 것만 못하다는 것을 알아야 한다.

釣水, 逸事也. 尙持生殺之柄. 奕棊, 淸戱也. 且動戰爭之心.
조 수   일 사 야   상 지 생 살 지 병   혁 기   청 희 야   차 동 전 쟁 지 심

可見喜事不如省事之爲適 多能不若無能之全眞.
가 견 희 사 불 여 생 사 지 위 적   다 능 불 약 무 능 지 전 진

003

꾀꼬리가 노래하고 꽃이 피어 산과 골짜기가 아름다운 것은 모두 천지의 한때 거짓된 모습일 뿐이다. 물이 마르고 낙엽이 져서 바위가 앙상하고 벼랑이 드러나야 비로소 천지의 참모습을 볼 수 있다.

鶯花茂而山濃谷艶, 總是乾坤之幻境. 水木落而石瘦崖枯, 纔是天地之眞吾.
앵 화 무 이 산 농 곡 염   총 시 건 곤 지 환 경   수 목 락 이 석 수 애 고   재 시 천 지 지 진 오

004

세월은 본래 길지만 바쁜 자는 스스로 짧게 여기고, 천지는 본래 넓지만 천한 자는 스스로 좁다 하며, 바람과 꽃과 눈과 달은 본래 한가롭지만 악착스러운 자는 스스로 분주하다 한다.

歲月本長, 而忙者自促. 天地本寬, 而鄙者自隘.
세 월 본 장 이 망 자 자 촉 천 지 본 관 이 비 자 자 애

風花雪月本閑, 而勞攘者自冗.
풍 화 설 월 본 한 이 노 양 자 자 용

005

풍광을 즐기는 것은 웅장한 데 있는 것이 아니다. 동이만한 연못과 주먹만한 돌 사이
에도 산수의 경치는 갖추어지는 것이다. 훌륭한 경치는 먼 데 있지 않다. 쑥대로 얽어
놓은 창문과 초가집 아래에서도 맑은 바람과 밝은 달은 스스로 한가롭다.

得趣不在多. 盆池拳石間, 烟霞具足. 會景不在遠. 蓬窓竹屋下, 風月自賖.
득 취 부 재 다 분 지 권 석 간 연 하 구 족 회 경 부 재 원 봉 창 죽 옥 하 풍 월 자 사

006

고요한 밤에 종소리를 듣고는 잠 속의 꿈을 불러 깨우고, 맑은 연못에 어린 달 그림자
를 보고는 몸 밖의 몸을 엿본다.

聽靜夜之鐘聲, 喚醒夢中之夢. 觀澄潭之月影, 窺見身外之身.
청 정 야 지 종 성 환 성 몽 중 지 몽 관 징 담 지 월 영 규 견 신 외 지 신

007

새소리나 벌레소리는 모두 마음을 전해 주는 비결이고, 꽃잎과 풀잎도 진리를 표현하
는 글이 아닌 게 없다. 배우는 사람은 마땅히 마음을 맑게 하고 가슴을 영롱하게 하여,
사물을 대함에 있어 모두 깨닫는 바가 있어야 한다.

鳥語蟲聲, 總是全心之訣. 花英草色, 無非見道之文.
조 어 충 성 총 시 전 심 지 결 화 영 초 색 무 비 견 도 지 문

學者要天機淸澈 胸次玲瓏, 觸物皆有會心處.
학 자 요 천 기 청 철 흉 차 영 롱 촉 물 개 유 회 심 처

008

사람들은 글자 있는 책은 읽을 줄 알되 글자가 없는 책은 읽을 줄 모르며, 줄이 있는 거문고는 탈 줄 알되 줄이 없는 거문고는 탈 줄 모른다. 눈앞의 형체가 있는 것만 사용할 줄 알고 정신을 사용할 줄 모른다면, 어찌 거문고와 책의 참맛을 깨달을 수 있겠는가?

人解讀有字書, 不解讀無字書. 知彈有絃琴, 不知彈無絃琴.
인 해 독 유 자 서 불 해 독 무 자 서 지 탄 유 현 금 부 지 탄 무 현 금

以跡用, 不以神用, 何以得琴書之趣?
이 적 용 불 이 신 용 하 이 득 금 서 지 취

009

마음에 물욕이 없으면 이것이 곧 가을 하늘이나 잔잔한 바다요, 곁에 거문고와 책이 있으면 여기가 곧 신선이 사는 곳이다.

心無物欲, 卽是秋空霽海. 坐有琴書, 便成石室丹丘.
심 무 물 욕 즉 시 추 공 제 해 좌 유 금 서 변 성 석 실 단 구

010

손님과 벗이 구름처럼 모여들어 술 마시고 즐기다가 이윽고 시간이 다하고 촛불도 사위고 향불도 꺼지며 차도 식어 버리면, 자기도 모르게 슬퍼져서 사람을 한없이 처량하게 만든다. 세상 모든 일이 다 이와 같거늘 사람들은 어찌하여 빨리 생각을 돌리지 않는가?

賓朋雲集, 劇飮淋漓樂矣, 俄而漏盡燭殘, 香銷茗冷,
빈 붕 운 집 극 음 임 리 락 의 아 이 루 진 촉 잔 향 소 명 랭

不覺反成嘔咽, 令人索然無味. 天下事率類此, 人奈何不早回頭也?
부 각 반 성 구 열 영 인 색 연 무 미 천 하 사 솔 류 차 인 내 하 부 조 회 두 야

011

사물 속에 깃든 참맛을 깨달으면 모든 호수의 아름다운 풍경도 다 내 마음속에 들어올 것이요, 눈앞의 펼쳐진 기밀을 깨닫는다면 천고의 뛰어난 영웅의 마음도 다 손안에 들어온다.

會得個中趣, 五湖之烟月, 盡入寸裡. 破得眼前機, 千古之英雄, 盡歸掌握.
회 득 개 중 취   오 호 지 연 월   진 입 촌 리   파 득 안 전 기   천 고 지 영 웅   진 귀 장 악

012

산하와 대지도 이미 하나의 작은 티끌이거늘 하물며 티끌 속의 티끌이야 말해 무엇
하겠는가? 피와 살과 몸뚱이도 물거품과 같이 그림자에 지나지 않거늘 하물며 그림
자 밖의 그림자야 말해 무엇하겠는가? 이 이치를 깨닫지 못한다면 밝은 깨달음이 없
을 것이다.

山河大地, 已屬微塵, 而況塵中之塵?
산 하 대 지   이 속 미 진   이 황 진 중 지 진

血肉身軀, 且歸泡影, 而況影外之影? 非上上智, 無了了心.
혈 육 신 구   차 귀 포 영   이 황 영 외 지 영   비 상 상 지   무 료 료 심

013

부싯돌이 번쩍 하는 짧은 불빛 속에서 길고 짧음을 다툰들 그 시간이 얼마나 길겠는
가? 달팽이 뿔 위에서 자웅을 겨룬들 그 세계가 얼마나 크겠는가?

石火光中, 爭長競短, 幾何光陰? 蝸牛角上, 較雌論雄, 許大世界?
석 화 광 중   쟁 장 경 단   기 하 광 음   와 우 각 상   교 자 논 웅   허 대 세 계

014

금방 꺼져 가는 등잔불에 불꽃이 없고, 해진 옷에 온기가 없듯이 사람의 정이 메마르
면 이 모두 삭막한 풍경이요, 몸이 고목과 같고 마음이 식은 재와 같다면 곧 적막 속에
떨어짐을 면치 못할 것이다.

寒燈無焰, 敝裘無溫, 總是播弄光景.
한 등 무 염   폐 구 무 온   총 시 파 농 광 경

身如槁木, 心似死灰, 不免墮在頑空.
신 여 고 목   심 사 사 회   불 면 타 재 완 공

015

사람이 세속의 미련을 떨쳐 버리고 번뇌를 쉬고자 하면 곧 그 자리에서 쉬어라. 만약 따로 쉴 곳을 찾는다면 쉽지 않다. 아들 장가들이고 딸 시집보낸 뒤에도 일은 많은 법이고, 승려와 도사가 된 뒤에도 역시 도를 깨닫기가 쉽지 않다. 옛사람이 이르기를 '당장 쉬면 쉴 수 있으나 만일 끝날 때를 찾는다면 끝날 때가 없으리라.'고 했는데 참으로 옳은 이야기다.

人肯當下休, 便當下了.
인 긍 당 하 휴   변 당 하 료

若要尋個歇處, 則婚嫁雖完, 事亦不少. 僧道雖好, 心亦不了.
약 요 심 개 헐 처   즉 혼 가 수 완   사 역 불 소   승 도 수 호   심 역 불 료

前人云, '如今休去, 便休去, 若覓了時, 無了時', 見之卓矣.
전 인 운   여 금 휴 거   변 휴 거   약 멱 료 시   무 료 시   견 지 탁 의

016

냉정한 눈으로 분주했을 때를 살펴본 뒤에야 그때의 분주함이 무익했음을 알게 되고, 번잡한 생활 속에서 한가로운 생활로 돌아온 뒤에라야 한가한 생활의 재미가 가장 오래간다는 것을 깨닫게 된다.

從冷視熱, 然後知熱處之奔走無益. 從冗入閒, 然後覺閑中之滋味最長.
종 랭 시 열   연 후 지 열 처 지 분 주 무 익   종 용 입 한   연 후 각 한 중 지 자 미 최 장

017

부귀를 뜬구름으로 여긴다고 해서 반드시 산골 깊숙이 살지는 않으며, 굳이 산수를 즐기는 버릇은 없을지라도 늘 자연에 취하고 시를 읊는 취미가 있어야 한다.

有浮雲富貴之風, 而不必巖棲穴處. 無膏肓泉石之癖, 而常自醉酒耽詩.
유 부 운 부 귀 지 풍   이 불 필 암 서 혈 처   무 고 황 천 석 지 벽   이 상 자 취 주 탐 시

018

이익과 명예를 다투는 일은 남들에게 모두 맡겨서 그들 모두가 거기에 취하더라도 미워하지 말고, 마음의 고요하고 담박함은 내가 즐거워하되 홀로 깨어 있음을 자랑하지

말아야 한다. 이것이 이른바 불교에서 이르는, 법에도 매이지 않고 공(空)에도 매이지 않아서 몸과 마음이 더 자유로운 사람이라 할 수 있다.

競逐, 聽人而不嫌盡醉. 恬淡, 適己而不誇獨醒.
경축 청인이불혐진취 염담 적기이불과독성

此釋氏所謂 不爲法纏, 不爲空纏, 身心兩自在者.
차석씨소위 불위법전 불위공전 신심양자재자

019
길고 짧은 것은 한 생각에 달려 있고, 넓고 좁은 것도 한 치의 마음에 매여 있다. 그러므로 마음이 한가로운 자는 하루를 천 년보다 더 여기고, 뜻이 넓은 사람은 좁은 방도 하늘과 땅같이 넓게 여긴다.

延促 由於一念 寬窄 係之寸心 故 機閒者 一日 遙於千古 意廣者 斗室 寬若兩間.
연촉 유어일념 관착 계지촌심 고 기한자 일일 요어천고 의광자 두실 관약양간

020
욕심을 덜고 덜어 마음에 꽃 가꾸고 대나무 심으니 무아의 경지에 있었다는 오유선생이 되어가고, 세상일 잊고 잊어 향 사르고 차 달이니 도연명에게 술을 바쳤다는 백의동자도 부럽지 않구나.

損之又損, 栽花種竹, 儘交還烏有先生.
손지우손 재화종죽 진교환오유선생

忘無可忘, 焚香煮茗, 總不問白衣童子.
망무가망 분향자명 총불문백의동자

021
눈앞에 닥치는 모든 일을 족하다고 여기면 그것이 곧 신선의 경지요, 불만족스럽게 여기면서 보면 그것이 곧 속세이다. 세상에 나타나는 모든 인연을 잘 받아들이면 살리는 계기가 되지만, 잘못 받아들이면 죽이는 계기가 된다.

都來眼前事, 知足者仙境, 不知足者凡境.
도 래 안 전 사   지 족 자 선 경   부 지 족 자 범 경

總出世上因, 善用者生機, 不善用者殺機.
총 출 세 상 인   선 용 자 생 기   불 선 용 자 살 기

022

권력에 아첨하여 얻은 부귀영화에는 재앙이 몹시 참혹하고 빠르게 닥치지만, 고요함
에 살고 편안함을 지키는 맛은 가장 맑고 가장 오래 간다.

趨炎附勢之禍, 甚慘亦甚速. 棲恬守逸之味, 最淡亦最長.
추 염 부 세 지 화   심 참 역 심 속   서 염 수 일 지 미   최 담 역 최 장

023

소나무가 심긴 시냇가에 지팡이 짚고 홀로 걷다 문득 서보니 구름이 해진 누더기에서
일어나고, 대숲 우거진 창 아래 책을 높이 베고 누웠다가 문득 잠에서 깨어나니 달빛
이 낡은 이불에 스며든다.

松澗邊, 携杖獨行, 立處, 雲生破衲. 竹窓下, 枕書高臥, 覺時, 月侵寒氈.
송 간 변   휴 장 독 행   입 처   운 생 파 납   죽 창 하   침 서 고 와   각 시   월 침 한 전

024

색욕이 불길처럼 타오르다가도 그로써 몸이 병든다는 생각에 미치면 문득 그 흥이
식은 재와 같이 사라지고, 재물과 이름이 엿처럼 달다가도 그로써 죽음이라는 재앙
을 낳게 된다는 데 생각이 이르게 되면 문득 그 의욕이 사라진다. 그러므로 사람이 언
제나 죽음을 생각하고 병을 근심한다면 가히 헛된 일을 버리고 마음을 닦을 수 있다.

色慾火熾, 而一念及病時, 便興似寒灰. 名利飴甘, 而一想到死地, 便味如嚼蠟.
색 욕 화 치   이 일 념 급 병 시   변 흥 사 한 회   명 리 이 감   이 일 상 도 사 지   변 미 여 작 랍

故人常憂死慮病, 亦可消幻業而長道心.
고 인 상 우 사 려 병   역 가 소 환 업 이 장 도 심

025

저마다 얻으려고 앞을 다투는 길은 좁으니 한 걸음 뒤로 물러서면 저절로 한 걸음 넓어지고, 입을 사로잡는 강한 맛은 곧 싫증나니 조금만 엷게 하면 그 은은한 맛이 오래갈 것이다.

爭先的徑路窄, 退後一步, 自寬平一步. 濃艷的滋味短, 淸淡一分, 自悠長一分.
쟁 선 적 경 로 착   퇴 후 일 보   자 관 평 일 보   농 염 적 자 미 단   청 담 일 분   자 유 장 일 분

026

바쁠 때 마음을 어지럽히지 않으려면 모름지기 한가할 때에 심신을 맑게 길러야 하고, 죽을 때 마음이 평온하려면 살아 있을 때 사물의 참모습을 간파해야 한다.

忙處不亂性, 須閑處心神兩得淸. 死時不動心, 須生時事物看得破.
망 처 불 란 성   수 한 처 심 신 양 득 청   사 시 부 동 심   수 생 시 사 물 간 득 파

027

숲 속에서 한가롭게 사는 사람에게는 영화도 욕됨도 없고, 도의에 따라 사는 사람에게는 더웠다 차가웠다 하는 인정의 변화도 없다.

隱逸林中, 無榮辱. 道義路上, 無炎凉.
은 일 림 중   무 영 욕   도 의 노 상   무 염 량

028

더위를 없앨 수는 없지만 덥다고 짜증내는 마음을 없앤다면 몸은 항시 서늘한 마루에 있을 것이요, 가난은 쫓을 수는 없지만 가난을 근심하는 마음을 쫓아 버리면 마음은 항상 안락한 집 안에 있을 것이다.

熱不必除, 而除此熱惱, 身常在淸凉臺上.
열 불 필 제   이 제 차 열 뇌   신 상 재 청 량 대 상
窮不可遣, 而遣此窮愁, 心常居安樂窩中.
궁 불 가 견   이 견 차 궁 수   심 상 거 안 락 와 중

029

한 걸음 나아갈 때에 곧 한 걸음 물러설 것을 생각해 두면 뿔이 울타리에 걸리는 재난을 면할 것이요, 일을 시작할 때 먼저 일에서 손을 뗄 경우를 도모해 두면 비로소 호랑이의 등을 타고 달리는 위험에서 벗어날 수 있을 것이다.

進步處, 便思退步, 庶免觸藩之禍. 著手時, 先圖放手, 纔脫騎虎之危.
진 보 처   변 사 퇴 보   서 면 촉 번 지 화   착 수 시   선 도 방 수   재 탈 기 호 지 위

030

욕심이 많은 사람은 금을 나누어 줘도 옥을 얻지 못함을 한탄하고, 공작으로 봉해 주어도 제후가 되지 못함을 원망하며, 부귀하면서도 스스로 거지 노릇도 달게 여긴다. 그러나 족함을 아는 자는 명아주국도 고깃국보다 맛있게 여기고, 베옷도 털옷보다 따뜻하게 여기니 이는 서민이면서도 왕과 같다.

貪得者分金, 恨不得玉. 封公, 怨不受侯, 權豪自甘乞丐. 知足者黎羹,
탐 득 자 분 금   한 부 득 옥   봉 공   원 부 수 후   권 호 자 감 걸 개   지 족 자 여 갱

旨於膏粱. 布袍, 煖於狐貉, 編民不讓王公.
지 어 고 량   포 포   난 어 호 학   편 민 불 양 왕 공

031

이름을 자랑함은 이름을 숨기는 멋만 못하고, 일에 능숙함은 일을 덜어 한가로움만 못하다.

矜名, 不若逃名趣. 練事, 何如省事閑.
긍 명   불 약 도 명 취   연 사   하 여 생 사 한

032

고요함을 즐기는 사람은 흰 구름이나 돌을 보고도 깊은 진리를 깨닫고, 영화를 좇는 사람은 맑은 노래와 묘한 춤을 보고 권태를 잊는다. 오직 스스로 깨달은 사람이라야 시끄러움과 고요함, 번창함과 쇠퇴에 상관없이 가는 곳마다 속박없이 자유로이 산다.

嗜寂者, 觀白雲幽石而通玄. 趣榮者, 見淸歌妙舞而忘倦.
기 적 자 관 백 운 유 석 이 통 현. 추 영 자, 견 청 가 묘 무 이 망 권

唯自得之士, 無喧寂, 無榮枯, 無往非自適之天.
유 자 득 지 사 무 훤 적 무 영 고 무 왕 비 자 적 지 천

033

한 조각 구름이 골짜기에서 피어나 흐르고 머무름에 매임이 없고, 밝은 달이 하늘에
걸려도 고요함 시끄러움을 모두 상관치 않는다.

孤雲出岫, 去留一無所係. 郎鏡懸空, 靜躁兩不相干.
고 운 출 수 거 류 일 무 소 계 낭 경 현 공 정 조 양 불 상 간

034

느긋한 취미는 향기로운 술에서 얻지 못하나 나물 먹고 물 마시는 데서 얻을 수 있다.
그리운 마음은 메마르고 적막한 데서는 생기지 않으나 피리 소리 맞추고 거문고 줄
을 고르는 데서 생기니, 진실로 짙은 맛은 항상 짧지만 담백한 맛은 홀로 참됨을 알
것이다.

悠長之趣, 不得於醲釅, 而得於啜菽飮水.
유 장 지 취 부 득 어 농 엄 이 득 어 철 숙 음 수

惆悵之懷, 不生於枯寂, 而生於品竹調絲.
추 창 지 회 불 생 어 고 적 이 생 어 품 죽 조 사

固知濃處味常短 淡中趣獨眞也.
고 지 농 처 미 상 단 담 중 취 독 진 야

035

불교의 선(禪)에 이르기를 '배고프면 밥을 먹고 고단하면 잠을 잔다.' 고 했다. 또한
시지에 이르기를 '눈앞의 경치를 평범하게 쓰던 말로 표현하라.' 고 했다. 가장 높은
것은 가장 평범한 것에 깃들어 있고, 지극히 어려운 것은 지극히 쉬운 데서 나오는 법
이니, 뜻이 있으면 오히려 멀어지고, 마음에 두지 않으면 절로 가까워진다.

禪宗曰, '饑來喫飯 倦來眠', 詩旨曰, '眼前景致口頭語'.
선종왈 기래끽반 권래면 시지왈 안전경치구두어

蓋極高寓於極平, 至難出於至易, 有意者反遠, 無心者自近也.
개극고우어극평 지난출어지이 유의자반원 무심자자근야

036

물은 흐르면서도 본디 자기 소리가 없으니, 시끄러운 곳에 처해 있으면서도 정적을 보는 맛을 얻어야 할 것이다. 산이 높아도 구름은 거리끼지 않으니, 유에서 나와 무로 들어가는 마음을 깨달을 것이다.

水流而境無聲, 得處喧見寂之趣. 山高而雲不碍, 悟出有入無之機.
수류이경무성 득처훤견적지취 산고이운불애 오출유입무지기

037

산과 숲은 아름다운 곳이나 한번 현혹하여 집착하면 곧 시장판이 되고, 글과 그림은 운치 있는 것이지만 한번 탐내어 혹하게 되면 장사꾼이 된다. 대개 마음이 세속에 물들지 않으면 속세도 곧 선경이고 마음에 집착하는 데가 있으면 선경도 곧 고해 바다가 된다.

山林是勝地. 一營戀, 便成市朝. 書畵是雅事. 一貪痴, 便成商賈.
산림시승지 일영연 변성시조 서화시아사 일탐치 변성상가

蓋心無染著, 欲界是仙都. 心有係戀, 樂境成苦海矣.
개심무염저 욕계시선도 심유계연 낙경성고해의

038

소란스럽고 번잡한 때를 당하면 평소에 기억하던 것도 다 잊어버리고, 깨끗하고 편안한 곳에 있으면 옛날에 잊었던 것도 뚜렷이 기억난다. 이것으로 고요함과 시끄러움이 조금만 갈려도 마음의 어둡고 밝음이 크게 달라짐을 알 수 있다.

時當喧雜, 則平日所記憶者皆漫然忘去.
시당훤잡 즉평일소기억자개만연망거

境在淸寧, 則夙昔所遺忘者又恍爾現前. 可見靜躁稍分 昏明頓異也.
경재청녕 즉숙석소유망자우황이현전 가견정조초분 혼명돈이야

039

갈대꽃 이불을 덮고 눈 위에 누워 구름을 보고 잠들지라도 한 칸 방의 맑은 기운을 다누릴 수 있고, 술을 마시고 바람에 시를 읊조리며 달과 노닐 수 있다면 번잡한 속세의일을 떨쳐 낼 수 있을 것이다.

蘆花被下, 臥雪眠雲, 保全得一窩夜氣.
노 화 피 하   와 설 면 운   보 전 득 일 와 야 기

竹葉杯中, 吟風弄月, 躱離了萬丈紅塵.
죽 엽 배 중   음 풍 농 월   타 리 료 만 장 홍 진

040

높은 벼슬아치의 일행 중에 명아주 지팡이를 짚은 은사가 섞여 있으면 문득 한결 고상한 풍취를 더하겠지만, 고기잡이와 나무꾼이 다니는 길 위에 비단옷을 입은 고관이섞여 있으면 도리어 속된 기운을 더할 뿐이다. 이로써 진실로 짙은 것은 담백한 것만못하고, 속된 것은 고상한 것만 못함을 알게 된다.

袞冕行中, 著一藜杖的山人, 便增一段高風.
곤 면 행 중   저 일 려 장 적 산 인   변 증 일 단 고 풍

漁樵路上, 著一袞衣的朝士, 轉添許多俗氣. 固知濃不勝淡 俗不如雅也.
어 초 로 상   저 일 곤 의 적 조 사   전 첨 허 다 속 기   고 지 농 불 승 담   속 불 여 아 야

041

세속을 벗어나는 길은 곧 세상을 건너는 가운데 있으니, 반드시 사람과 인연을 끊고도망칠 필요는 없다. 마음을 닦는 공부는 곧 마음을 다하는 속에 있으니, 반드시 욕심을 끊어 마음을 식은 재처럼 만들 필요는 없다.

出世之道, 卽在涉世中. 不必絶人以逃世.
출 세 지 도   즉 재 섭 세 중   불 필 절 인 이 도 세

了心之功, 卽在盡心內. 不必絶欲以灰心.
요 심 지 공   즉 재 진 심 내   불 필 절 욕 이 회 심

042

이 몸을 늘 한가한 곳에 둔다면 어느 누가 영욕과 득실로 나를 부릴 것인가? 마음을 항상 고요함 속에 편히 있게 하면 어느 누가 시비나 이해로 어느 누가 나를 속일 수 있겠는가?

此身常放在閒處, 榮辱得失, 誰能羞遣我?
차 신 상 방 재 한 처　영 욕 득 실　수 능 수 견 아
此心常安在靜中, 是非利害, 誰能瞞昧我?
차 심 상 안 재 정 중　시 비 이 해　수 능 만 매 아

043

대나무 울타리 아래에서 홀연히 개 짖고 닭 우는 소리 들으니 황홀하여 구름 속에 있는 듯하고, 서재 밖 매미 우는 소리와 까마귀 지저귀는 소리 들으니 고요한 별천지가 다른 데 있지 않음을 알게 된다.

竹籬下, 忽聞犬吠鷄鳴, 恍似雲中世界. 芸窓中, 雅聽蟬吟鴉噪, 方知靜裡乾坤.
죽 리 하　홀 문 견 폐 계 명　황 사 운 중 세 계　운 창 중　아 청 선 음 아 조　방 지 정 리 건 곤

044

내가 부귀영화를 바라지 않으니 어찌 이익과 복의 미끼를 근심하며, 내가 남 앞에 나아감을 다투지 않거늘 어찌 벼슬살이의 위태로움을 두려워하겠는가.

我不希榮, 何憂乎利祿之香餌. 我不競進, 何畏乎仕官之危機.
아 불 희 영　하 우 호 이 록 지 향 이　아 불 경 진　하 외 호 사 관 지 위 기

045

산 속에서 한가로이 은둔생활을 하노라면 티끌 같은 마음이 점차 없어지고, 시서와 그림 속에 노니노라면 속된 기운이 저절로 사라진다. 그러므로 군자는 비록 사물에 빠져도 본뜻을 잃지 않으며, 또한 항상 청아한 경지의 힘을 빌려 마음을 바로잡아 간다.

徜徉於山林泉石之間, 而塵心漸息. 夷猶於詩書圖畫之內, 而俗氣漸消.
상 양 어 산 림 천 석 지 간　이 진 심 점 식　이 유 어 시 서 도 화 지 내　이 속 기 점 소

故君子雖不玩物喪志, 亦常借境調心.
고 군 자 수 불 완 물 상 지　역 상 차 경 조 심

046

봄날은 화창하여 사람의 몸과 마음을 한껏 나른하게 한다. 이것이 어찌 가을날 흰 구름과 맑은 바람에, 난초는 아름답고 계수나무는 향기로우며, 물과 하늘이 한 가지 빛으로 맑아 사람의 심신을 모두 맑게 하는 것만 하겠는가.

春日氣象繁華, 令人心神駘蕩,
춘 일 기 상 번 화　영 인 심 신 태 탕

不若秋日雲白風淸　蘭芳桂馥　水天一色　上下空明, 使人神骨俱淸也.
불 약 추 일 운 백 풍 청　난 방 계 복　수 천 일 색　상 하 공 명　사 인 신 골 구 청 야

047

단 한 글자도 모를지라도 시를 아는 사람은 시인의 참 멋을 알 것이요, 게송 한 구절 읊지 않았어도 선(禪)을 느끼는 사람은 선의 오묘한 진리를 깨닫는다.

一字不識, 而有詩意者, 得詩家眞趣. 一偈不參, 而有禪味者, 悟禪敎玄機.
일 자 불 식　이 유 시 의 자　득 시 가 진 취　일 게 불 참　이 유 선 미 자　오 선 교 현 기

048

마음이 흔들리면 활 그림자도 뱀으로 보이고 쓰러진 돌도 엎드린 호랑이로 보이니, 이 속에는 모두 죽이는 살기뿐이다. 생각이 가라앉으면 석호도 바다갈매기처럼 되고 개구리 울음 소리도 음악으로 들리니, 듣고 보는 모든 것이 그대로 참됨이 될 것이다.

機動的, 弓影疑爲蛇蝎, 寢石視爲伏虎, 此中渾是殺氣. 念息的,
기 동 적　궁 영 의 위 사 갈　침 석 시 위 복 호　차 중 혼 시 살 기　염 식 적

石虎可作海鷗, 蛙聲可當鼓吹, 觸處俱見眞機.
석 호 가 작 해 구　와 성 가 당 고 취　촉 처 구 견 진 기

049

몸은 매어 놓지 않은 배와 같으니 흘러가든지 멈추든지 완전히 맡겨 둘 일이고, 마음은 이미 재가 된 나무와 같으니 칼로 쪼개든지 향을 칠하든지 무슨 상관이 있겠는가.

身如不繫之舟, 一任流行坎止. 心似旣灰之木, 何妨刀割香塗.
신 여 불 계 지 주   일 임 유 행 감 지   심 사 기 회 지 목   하 방 도 할 향 도

050

사람의 감정이란 꾀꼬리 소리를 들으면 기뻐하고, 개구리 우는 소리를 들으면 싫어하며, 꽃을 보면 가꾸고 싶고, 잡초를 보면 뽑고 싶어한다. 이는 다만 생김새와 그 성질로써만 사물을 보기 때문이다. 만약 마음의 본바탕으로 이를 본다면 무엇이든 천기의 울림이 아닌 게 없고, 스스로 자라나는 뜻을 펼치지 않는 것이 없다.

人情, 聽鶯啼則喜, 聞蛙鳴則厭, 見花則思培之, 遇草則欲去之.
인 정   청 앵 제 즉 희   문 와 명 즉 염   견 화 즉 사 배 지   우 초 즉 욕 거 지

但是以形氣用事 若以性天視之, 何者非自鳴其天機 非自暢其生意也?
단 시 이 형 기 용 사   약 이 성 천 시 지   하 자 비 자 명 기 천 기   비 자 창 기 생 의 야

051

머리카락이 빠지고 이가 성글어지는 것은 헛된 육신이 시들어 감이니 세월에 맡기고, 새가 노래하고 꽃이 피거든 자연 본연의 한결같은 진리를 깨달으라.

髮落齒疎, 任幻形之彫謝. 鳥吟花笑, 識自性之眞如.
발 락 치 소   임 환 형 지 조 사   조 음 화 소   식 자 성 지 진 여

052

마음에 욕심이 가득 찬 사람은 차가운 연못에서 물결이 끓어오르는 것과 같아서 산림 속의 고요함을 보지 못하고, 마음이 텅 빈 사람은 무더위 속에서도 서늘함이 일어 시장 가운데 있어도 그 시끄러움을 모른다.

欲其中者, 波沸寒潭, 山林不見其寂. 虛其中者, 凉生酷暑朝市不知其喧.
욕 기 중 자   파 비 한 담   산 림 불 견 기 적   허 기 중 자   양 생 혹 서 조 시 부 지 기 훤

053

많이 가진 사람은 잃을 것 또한 많기 때문에, 부유한 것은 가난함 속에서 근심 없는 것만 못하다. 높은 곳을 걷는 사람은 넘어지기도 쉬우므로 귀한 것이 가난하면서도 늘 편안함에 머물러 있는 것만 못하다.

多藏者厚亡, 故知富不如貧之無慮. 高步者疾顚, 故知貴不如賤之常安.
다 장 자 후 망   고 지 부 불 여 빈 지 무 려   고 보 자 질 전   고 지 귀 불 여 천 지 상 안

054

새벽 창가에서 책을 읽다가 소나무 이슬로 붉은 빛깔의 먹을 갈며, 한낮에 책상에서 '불경'을 논하다 대나무 숲에서 불어오는 바람결에 실려오는 풍경소리를 듣는다.

讀易曉窓, 丹砂硏松間之露. 談經午案, 寶磬宣竹下之風.
독 역 효 창   단 사 연 송 간 지 로   담 경 오 안   보 경 선 죽 하 지 풍

055

꽃이 화분 속에 있으면 끝내 생기가 없어져 버리고, 새가 새장 안에 있으면 문득 자연의 맛이 줄어든다. 그러니 이것이 어찌 산 속의 꽃이나 새가 한데 멋지게 어울려 자유로이 날아다니며 마음껏 즐거워하는 것과 같겠는가.

花居盆內, 終乏生機. 鳥入籠中, 便減天趣.
화 거 분 내   종 핍 생 기   조 입 롱 중   변 멸 천 취

不若山間花鳥, 錯集成文, 翶翔自若, 自是悠然會心.
불 약 산 간 화 조   착 집 성 문   고 상 자 약   자 시 유 연 회 심

056

세상 사람은 지나치게 자신의 몸에만 집착하여 '나'만이 참된 것으로 알기 때문에 온갖 좋고 싫음과 번뇌가 생겨난다. 옛사람이 말하기를 "내가 있음도 또한 알지 못하면서 어찌 사물의 귀함을 알겠는가?"라고 하였고, 또 "이 몸이 내가 아님을 안다면 어찌 번뇌가 다시 침입하겠는가?"라고 했으니, 참으로 예리한 말이다.

世人只緣認得我字太眞, 故多種種嗜好 種種煩惱. 前人云, '不復知有我,
세인지연인득아자태진 고다종종기호 종종번뇌 전인운 불복지유아

安知物爲貴?' 又云, '知身不是我, 煩惱更何侵?' 眞破的之言也.
안지물위귀   우운 지신불시아 번뇌갱하침   진파적지언야

057

노인의 눈으로 젊음을 바라보면 바쁘게 달리며 서로 다투는 마음을 없앨 수 있고, 쇠락한 처지에서 영화를 누리던 시절을 돌아본다면 사치하고 화려한 생각을 끊어 버릴 수 있을 것이다.

自老視少, 可以消奔馳角逐之心. 自瘁視榮, 可以絶紛華靡麗之念.
자로시소 가이소분치각축지심 자췌시영 가이절분화미려지념

058

인정과 세태는 순식간에 만 가지로 변하는 것이니 지나치게 진지하게 생각지 말아야 한다. 송나라 유학자인 소강절이 이르기를 "어제의 내 것이 오늘은 문득 남의 것이 되었으니, 오늘의 내 것이 내일은 또 누구의 것이 될 것인가?"라고 했으니, 사람이 항상 이런 마음으로 세상을 본다면 능히 가슴속에 얽매인 것들을 풀어놓을 수 있을 것이다.

人情世態, 倏忽萬端, 不宜認得太眞. 堯夫云,
인정세태 숙홀만단 불의인득태진 요부운

'昔日所云我, 而今却是伊, 不知今日我, 又屬後來誰'.
 석일소운아 이금각시이 부지금일아 우속후래수

人常作是觀, 便可解却胸中罥矣.
인상작시관 변가해각흉중견의

059

아무리 바쁜 가운데서도 한 번씩 냉정한 눈으로 바라본다면 문득 괴로운 생각을 덜게 되고, 역경에 처했을 때도 한 번 뜨거운 마음을 지니면 문득 참다운 취미를 얻게 될 것이다.

熱鬧中, 著一冷眼, 便省許多苦心事, 冷落處, 存一熱心, 便得許多眞趣味.
열료중 저일냉안 변성허다고심사 냉락처 존일열심 변득허다진취미

060

한편에 즐거운 경지가 있으면 다른 한편에 즐겁지 않은 경지가 있어 서로 대립되고, 한편에 좋은 광경이 있으면 다른 한편에는 좋지 못한 광경이 있어 서로 엇갈리는 법이다. 오직 집에서 먹는 평범한 식사와 벼슬 없는 생활이 가장 안락한 보금자리이다.

有一樂境界, 就有一不樂的相對待. 有一好光景, 就有一不好的相乘除.
유일락경계 취유일불락적상대대 유일호광경 취유일불호적상승제

只是尋常家飯 素位風光, 纔是個安樂的窩巢.
지시심상가반 소위풍광 재시개안락적와소

061

발을 높이 걸고 창문을 활짝 열어 청산녹수가 구름과 안개를 삼키고 토해냄을 보면 천지의 본디 자유자재함을 알게 되고, 대나무와 나무 우거진 곳에서 제비가 새끼 치고 산비둘기 울음소리를 들으며 계절이 오가는 것을 느끼며 살다 보니 물아를 모두 잊고 사는구나.

簾櫳高敞, 看靑山綠水呑吐雲煙, 識乾坤之自在.
염롱고창 간청산녹수탄토운연 식건곤지자재

竹樹扶疎, 任乳燕鳴鳩送迎時序, 知物我之兩忘.
죽수부소 임유연명구송영시서 지물아지양망

062

이룬 것은 반드시 무너진다는 것을 안다면, 이루기를 구하는 마음에 지나치게 집착하지 않을 것이요, 살아 있는 것은 삶이 반드시 죽는다는 것을 안다면 삶을 보전하는 일에 지나치게 애쓰지 않을 것이다.

知成之必敗, 則求成之心, 不必太堅. 知生之必死, 則保生之道, 不必過勞.
지성지필패 즉구성지심 불필태견 지생지필사 즉보생지도 불필과로

063

옛 고승이 이르기를 '대나무 그림자가 뜰을 쓸되 티끌은 움직이지 않고, 달 그림자가 연못을 뚫되 물에는 흔적이 없다.'고 하였다. 또 옛 선비가 이르기를 '물살이 아무리 빨라도 그 둘레는 언제나 고요하고 꽃의 떨어짐은 비록 잦지만 마음은 스스로 한가롭다.'고 하였다. 사람이 늘 이런 뜻을 가지고 사물을 대한다면 몸과 마음이 얼마나 자유롭겠는가?

古德云, '竹影掃階塵不動, 月輪穿沼水無痕'. 吾儒云,
고덕운   죽영소계진부동   월륜천소수무흔   오유운

'水流任急, 境常靜, 花落雖頻, 意自閑'. 人常持此意, 以應事接物, 身心何等自在?
수류임급 경상정 화락수빈 의자한   인상지차의 이응사접물 신심하등자재

064

숲 사이의 솔바람 소리와 바위틈을 흐르는 샘물 소리를 고요히 듣노라면 천지자연의 음악임을 알 수 있고, 수풀 사이의 안개빛과 물속의 구름 그림자를 한가로이 바라보노라면 그것이 이 세상 최고의 글임을 알게 된다.

林間松韻 石上泉聲, 靜裡聽來, 識天地自然鳴佩.
임간송운 석상천성 정리청래   식천지자연명패

草際烟光 水心雲影, 閒中觀去, 見乾坤最上文章.
초제연광 수심운영 한중관거   경건곤최상문장

065

망하여 한 나라의 수도가 폐허가 된 것을 보면서도 도리어 칼날을 뽐내고, 몸은 북망산의 여우와 토끼 차지가 될 것인데도 도리어 황금을 아까워한다. 옛말에 이르기를 '사나운 짐승은 차라리 굴복시키기 쉬워도 사람의 마음은 항복받기 어렵고, 골짜기는 메우기 쉬워도 사람의 마음은 채우기 어렵다.'고 했는데, 옳은 말이다.

安看西晉之荊榛, 猶矜白刃. 身屬北邙之狐兎, 尙惜黃金.
안 간 서 진 지 형 진   유 긍 백 인   신 속 북 망 지 호 토   상 석 황 금

語云, '猛獸易伏, 人心難降. 谿壑易滿, 人心難滿' 信哉!
어 운   맹 수 이 복   인 심 난 항   계 학 이 만   인 심 난 만   신 재

066

마음속에 흔들림이 없으면 이르는 곳마다 푸른 산 푸른 물이요, 천성 가운데 덕을 기른다면 이르는 곳마다 물고기가 뛰놀고 솔개가 날아다니는 것을 볼 것이다.

心地上, 無風濤, 隨在皆靑山綠水. 性天中, 有化育, 觸處見魚躍鳶飛.
심지상 무풍도 수재개청산록수 성천중 유화육 촉처견어약연비

067

고관대작이라도 어느 날 한가하게 도롱이에 작은 삿갓을 쓰고 일하는 농부와 어부를 보면, 문득 부러워서 탄식하지 않을 수 없고, 백만장자도 발을 드리운 채 책상에 앉아 고요히 책을 읽는 선비를 보면 그리워하는 마음이 간절할 것이다. 그런데 사람들은 어찌하여 성난 소처럼 쫓아 들어가서 빼앗기를 좋아하고, 권력 있는 자에게는 암내 난 말처럼 달라붙어 아부하여 명리만 취하려 하는가. 어찌 자기 본성에 맞게 유유자적 살려고 하지 않는가?

峨冠大帶之士, 一旦睹輕蓑小笠, 飄飄然逸也, 未必不動其咨嗟.
아관대대지사 일단도경사소립 표표연일야 미필부동기자차

長筵廣席之豪, 一旦遇疏簾淨几, 悠悠焉靜也, 未必不增其綣戀.
장연광석지호 일단우소렴정궤 유유언정야 미필부증기권연

人奈何驅以火牛, 誘以風馬, 而不思自適其性哉?
인내하구이화우 유이풍마 이불사자적기성재

068

물고기는 물속에서 헤엄치지만 물의 존재를 잊어버리고, 새는 바람을 타고 날아다니지만 바람이 있음을 알지 못한다. 이 이치를 알면 가히 사물의 얽매임에서 벗어날 수 있고 대자연의 오묘한 법칙을 즐길 수가 있다.

魚得水逝, 而相忘乎水. 鳥乘風飛, 而不知有風.
어득수서 이상망호수 조승풍비 이부지유풍

識此, 可以超物累, 可以樂天機.
식차 가이초물루 가이락천기

069

여우는 무너진 섬돌에서 잠들고 토끼는 황폐해진 궁궐터를 달리니, 이는 다 지난날 노래하고 춤추던 곳이요, 이슬은 국화에 내려 서늘하고 안개는 마른 풀에 감도니, 이는 다 옛날의 전쟁터로다. 성함과 쇠함이 어찌 항상 같을 것이며, 강함과 약함이 그 어디에 있겠는가? 이를 생각하면 사람의 마음이 재처럼 싸늘하게 식는다.

狐眠敗砌, 兎走荒臺, 盡是當年歌舞之地.
호 면 패 체　토 주 황 대　진 시 당 년 가 무 지 지

露冷黃花　烟迷衰草, 悉屬舊時爭戰之場.
노 냉 황 화　연 미 쇠 초　실 속 구 시 쟁 전 지 장

盛衰何常? 强弱安在? 念此, 令人心灰.
성 쇠 하 상　깅 악 안 재　염 차　영 인 심 회

070

영화로움과 욕됨에 놀라지 않고, 한가롭게 뜰 앞에 피고 지는 꽃을 바라보며, 가고 머무는 데 뜻을 두지 않으니, 무심히 하늘 밖에서 구름이 일고 걷힘을 바라본다. 하늘은 맑고 달은 밝으니 어딘들 날지 못할까만 부나비는 홀로 촛불에 몸을 던지고, 샘물 맑고 풀이 푸르니 어느 것인들 먹지 못할까만 올빼미는 굳이 썩은 쥐를 즐겨 먹는구나. 아, 이 세상에 부나비와 올빼미 같지 않은 사람이 그 몇이나 되겠는가?

寵辱不驚, 閒看庭前花開花落. 去留無意, 漫隨天外雲卷雲舒.
총 욕 불 경　한 간 정 전 화 개 화 락　거 류 무 의　만 수 천 외 운 권 운 서

晴空朗月, 何天不可翱翔而飛蛾獨投夜燭?
청 공 낭 월　하 천 불 가 고 상 이 비 아 독 투 야 촉

淸泉綠卉, 何物不可飮啄而鴟鴉偏嗜腐鼠?
청 천 녹 훼　하 물 불 가 음 탁 이 치 효 편 기 부 서

噫! 世之不爲飛蛾鴟鴉者幾何人哉?
희　세 지 불 위 비 아 치 효 자 기 하 인 재

071

뗏목을 타고 강을 건너고 나서 곧 뗏목을 버릴 것을 생각한다면 이는 한가한 도인일 것이나, 만약 나귀를 타고 있으면서도 또 나귀를 찾는다면 끝내 깨닫지 못한 선사가

될 것이다.

繼就筏, 便思舍筏, 方是無事道人, 若騎驢, 又復覓驢, 終爲不了禪師,
재 취 벌　편 사 사 벌　방 시 무 사 도 인　약 기 려　우 부 멱 려　종 위 불 료 선 사

072

권세가들이 용처럼 으르렁대고 영웅들이 호랑이처럼 싸우는 것을 냉정한 눈으로 바라본다면 마치 개미 떼가 비린 것에 모여들고, 파리가 다투어 피를 빠는 것과 같다. 옳고 그름이 벌떼처럼 일어나고 얻고 잃음이 고슴도치의 털처럼 곤두서는 것을 냉정한 마음으로 바라본다면, 마치 풀무로 쇠를 녹이고 끓는 물이 눈을 녹이듯 스러질 것이다.

權貴龍驤英雄虎戰, 以冷眼視之, 如蟻聚羶, 如蠅競血,
권 귀 룡 양 영 웅 호 전　이 냉 안 시 지　여 의 취 전　여 승 경 혈

是非蜂起得失蝟興, 以冷情當之, 如冶化金, 如湯消雪,
시 비 봉 기 득 실 위 흥　이 냉 정 당 지　여 야 화 금　여 탕 소 설

073

물욕에 얽매여 살다 보면 우리 삶이 애달프다는 것을 깨닫게 되고, 천성에 따라 유유자적하게 선을 행하며 살면 삶이 즐겁다는 것을 깨달을 것이다. 그러므로 그 애달픔을 알면 속세의 욕심이 사라지고, 그 즐거움을 알면 저절로 성인의 경지에 이르게 된다.

羈鎖於物欲, 覺吾生之可哀, 夷猶於性眞, 覺吾生之可樂,
기 쇄 어 물 욕　각 오 생 지 가 애　이 유 어 성 진　각 오 생 지 가 락

知其可哀, 則塵情立破, 知其可樂, 則聖境自臻,
지 기 가 애　즉 진 정 입 파　지 기 가 락　즉 성 경 자 진

074

마음속에 작은 물욕도 없다면 집착은 화롯불에 눈이 녹듯, 햇살에 얼음이 녹듯 스러질 것이다. 눈앞에 한 조각 밝은 마음이 스스로 있으면 항상 달은 푸른 하늘에 있고 그 그림자는 물속에 있는 것을 볼 것이다.

胸中, 既無半點物欲, 已如雪消爐焰　氷消日. 眼前, 自有一段空明,
흉중　기무반점물욕　이여설소로염　빙소일　안전　자유일단공명

始見月在靑天　影在波.
시견월재청천　영재파

075

다리 위를 지나다가 불현듯 떠오른 시상을 나직이 읊조리니 숲과 골짜기의 기운이 문득 천지에 가득해지고, 세속을 벗어난 맑은 흥취는 고요한 호숫가에 있으니 혼자서 거닐면 산과 물이 서로 비춘다.

詩思 在灞陵橋上, 微吟就, 林岫便已浩然. 野興在鏡湖曲邊, 獨往時,
시사　재패릉교상　미음취　임수변이호연　야흥재경호곡변　독왕시

山川自相映發.
산천자상영발

076

오래 엎드려 준비한 새는 반드시 높이 날고, 먼저 핀 꽃은 홀로 일찍 진다. 이런 이치를 알면 사람도 가히 발을 헛디딜 근심을 면할 수 있고, 가히 초조한 생각을 없앨 수 있을 것이다.

伏久者, 飛必高. 開先者, 謝獨早. 知此, 可以免蹭蹬之憂, 可以消躁急之念.
복구자　비필고　개선자　사독조　지차　가이면층등지우　가이소조급지념

077

나무는 뿌리만 남은 뒤에야 비로소 꽃과 가지와 잎의 헛된 영화를 알게 되고, 사람은 세상을 떠나 관 뚜껑을 덮은 후에야 비로소 자손과 재물이 쓸데없다는 것을 알게 된다.

樹木至歸根, 而後知花萼枝葉之徒榮. 人事至蓋棺, 而後知子女玉帛之無益.
수목지귀근　이후지화악지엽지도영　인사지개관　이후지자여옥백지무익

078

참된 비어 있음은 비어 있음이 아니고, 형상에 집착하는 것도 진리가 아니며, 형상을 부수는 것 또한 진리가 아니다. 묻노니 세존은 무엇이라 말씀하셨는가? '세상에 있으면서 세상을 벗어나라. 욕망을 따르는 것도 괴로움이요, 욕망이 끊는 것도 괴로움이라.' 우리는 스스로 마음을 잘 닦고 몸을 바르게 가져야 한다.

眞空, 不空. 執相非眞, 破相亦非眞. 問世尊, 如何發付?
진공 불공 집상비진 파상역비진 문세존 여하발부

'在世, 出世. 徇欲是苦, 絶欲亦是苦'. 聽吾儕善自修持.
재세 출세 순욕시고 절욕역시고 청오제선자수지

079

의로운 선비는 천만금도 사양하고, 탐욕스러운 사람은 한 푼의 돈을 놓고도 다투니, 그 인품은 하늘과 땅 차이지만 명예와 이익을 좋아하는 데는 다를 바가 없다. 천자는 나라를 잘 다스리려고 마음을 졸이고, 거지는 조석의 끼니를 구걸하려고 애타게 호소하니, 그 신분은 하늘과 땅 차이지만 애태우는 마음과 목소리는 다를 바가 없다.

烈士讓千乘, 貪夫爭一文. 人品星淵也, 而好名不殊好利.
열사양천승 탐부쟁일문 인품성연야 이호명불수호리

天子營國家, 乞人號饔飧. 位分霄壤也, 而焦思何異焦聲?
천자영국가 걸인호옹손 위분소양야 이초사하리초성

080

세상의 여러 맛을 다 알게 되면 손바닥을 뒤집듯 하는 세태가 눈뜨고 보기도 귀찮아지고, 사람이 마음을 온전히 깨달으면 사람들이 나를 소라고 부르건 말이라 부르건 상관없이 다만 머리를 끄덕일 뿐이다.

飽諳世味, 一任覆雨翻雲, 總慵開眼. 會盡人情, 隨敎呼牛喚馬, 只是點頭.
포암세미 일임복우번운 총용개안 회진인정 수교호우환마 지시점두

081

오늘날 사람들은 오로지 생각을 없애려고 애를 쓰나 결국 없애지 못한다. 그러니 지나간 생각을 마음에 두지 말고, 앞으로 오는 생각도 선불리 추측하지 말며, 오직 현재의 일을 충실하게 처리해 나가면 차츰 무념무상의 경지로 들어가게 된다.

今人專求無念, 而終不可無. 只是前念不滯, 後念不迎, 但將現在的隨緣,
금 인 전 구 무 념   이 종 불 가 무   지 시 전 념 불 체   후 념 불 영   단 장 현 재 적 수 연

打發得去, 自然漸漸入無.
타 발 득 거   자 연 점 점 입 무

082

우연히 뜻에 들어맞아야 아름답게 느껴진다. 모든 물건은 천연 그대로의 것이라야 비로소 참맛을 보게 된다. 만약 조금이라도 인위적으로 고쳐서 늘어놓으면 그 맛이 줄어든다. 당나라 시인 백낙천이 말하기를, '마음은 일이 없을 때 유유자적하고, 바람은 저절로 불 때 맑다' 라고 했으니, 진정 의미 있는 말이로다!

意所偶會, 便成佳境, 物出天然, 纔見眞機. 若加一分調停布置,
의 소 우 회   변 성 가 경   물 출 천 연   재 견 진 기   약 가 일 분 조 정 포 치

趣味便減矣. 白氏云, '意隨無事適, 風逐自然淸', 有味哉! 其言之也!
취 미 변 감 의   백 씨 운   의 수 무 사 적   풍 축 자 연 청   유 미 재   기 언 지 야

083

천성이 맑으면 허기를 면할 정도만으로도 심신을 건강하게 지킬 수 있지만, 마음이 물욕에 빠져 흔들리면 비록 선에 대해 이야기하고 부처님의 진리를 풀이한다 해도 이는 모두가 정신을 희롱하는 일에 그칠 따름일 뿐이다.

性天澄徹, 卽饑喰渴飮, 無非康濟身心.
성 천 징 철   즉 기 식 갈 음   무 비 강 제 신 심

心地沈迷, 縱談禪演偈, 總是播弄精魂.
심 지 침 미   종 담 선 연 게   총 시 파 롱 정 혼

084

사람의 마음에 하나의 참경지가 있으면 거문고와 피리가 아니더라도 저절로 편안하고 즐거우며, 향 사르고 차를 마시지 않더라도 저절로 맑고 향기롭다. 모름지기 생각을 깨끗이 하고, 마음을 비워서 잡념을 버린 채 형체까지도 잊을 정도의 무아경이 되어야 비로소 아집에서 벗어나 한가롭게 노닐 수 있다.

人心有個眞景, 非絲非竹而自恬愉, 不烟不茗而自淸芬.
인 심 유 개 진 경   비 사 비 죽 이 자 염 유   불 연 불 명 이 자 청 분

須念淨境空, 慮忘形釋, 纔得以游衍其中.
수 념 정 경 공   여 망 형 석   재 득 이 유 연 기 중

085

황금은 광석에서 나오고 옥은 돌 속에서 생기니 참다운 깨달음도 현상계를 떠나서는 구할 수가 없다. 술 가운데서 도를 얻고 꽃 속에서 신선을 만났다고 하는 것은 비록 운치는 있지만 현상계를 떠나서는 깨달음이 없다는 진리로 미루어 속세를 벗어날 수는 없을 것이다.

金自鑛出, 玉從石生. 非幻, 無以求眞. 道得酒中, 仙遇花裡.
금 자 광 출   옥 종 석 생   비 환   무 이 구 진   도 득 주 중   선 우 화 리

雖雅, 不能離俗.
수 아   불 능 리 속

086

천지 중의 만물과 사람들 사이의 온갖 정, 그리고 세상 속에서 일어나는 모든 일들을 속된 안목으로 본다면 하나하나가 각각 다르게 보이지만, 깨달은 안목으로 본다면 모두가 같으니, 어찌 번거롭게 분별을 하고 취사선택을 하겠는가?

天地中萬物, 人倫中萬情, 世界中萬事, 以俗眼觀, 紛紛各異. 以道眼觀,
천 지 중 만 물   인 륜 중 만 정   세 계 중 만 사   이 속 안 관   분 분 각 이   이 도 안 관

種種是常. 何煩分別? 何用取捨?
종 종 시 상   하 번 분 별   하 용 취 사

087

정신이 왕성하면 베 이불을 덮고 누워도 천지의 화평한 기운을 얻을 수 있고, 맛에 집착하지 않으면 명아주국과 보리밥을 먹고 살아도 인생의 담백한 참맛을 느낄 수 있다.

神酣, 布被窩中, 得天地冲和之氣. 味足, 藜羹飯後, 識人生澹泊之眞.
신 감 포 피 와 중 득 천 지 충 화 지 기 미 족 여 갱 반 후 식 인 생 담 박 지 진

088

세속의 얽매임과 벗어남은 다 자기 마음에 달려 있으니, 마음에 깨달음이 있으면 푸줏간과 주막도 극락정토요, 그렇지 못하면 비록 거문고와 학을 벗삼고 꽃과 풀을 가꾸어 그 좋아함이 맑을지라도 끝내 악마의 방해가 있을 것이다. 옛말에 이르기를 '능히 버릴 줄 알면 티끌 세상도 선경이 되고 깨달음을 얻지 못하면 절도 곧 속세가 될 것이다.' 라고 했으니, 진리의 말씀이다.

纏脫只在自心. 心了則屠肆糟店, 居然淨土. 不然, 縱一琴一鶴 一花一卉,
전 탈 지 재 자 심 심 료 즉 도 사 조 점 거 연 정 토 불 연 종 일 금 일 학 일 화 일 훼

嗜好雖淸, 魔障終在. 語云, '能休, 塵境爲眞境. 未了, 僧家是俗家'.
기 호 수 청 마 장 종 재 어 운 능 휴 진 경 위 진 경 미 료 승 가 시 속 가

信夫!
신 부

089

비좁은 방에서 살지라도 모든 시름을 다 버린다면, 어찌 호화스런 생활을 탐내어 말할 수 있겠는가. 석 잔 술을 마신 후에 모든 진리를 깨닫는다면, 허름한 거문고를 달 아래서 비껴 뜯고 피리를 불어 맑은 바람에 실려 보내는 것만으로도 족하지 않겠는가.

斗室中, 萬慮都捐, 說甚畵棟飛雲 珠簾捲雨. 三杯後, 一眞自得,
두 실 중 만 려 도 연 설 심 화 동 비 운 주 렴 권 우 삼 배 후 일 진 자 득

唯知素琴橫月 短笛吟風.
유 지 소 금 횡 월 단 적 음 풍

090

만물의 소리가 잠든 가운데 홀연히 한 마리 새 울음소리를 들으면 문득 그윽한 멋이 일어나고, 모든 초목이 시든 다음에 한 가지 빼어난 꽃을 보면 무한한 삶의 기운이 움직임을 느끼게 된다. 이로써 사람의 본성은 항상 메말라 있지 않고, 정신의 활동은 사물과 접해 나타나게 됨을 알 수 있다.

萬籟寂廖中, 忽聞一鳥弄聲, 便喚起許多幽趣. 萬卉摧剝後,
만 뢰 적 료 중　홀 문 일 조 농 성　변 환 기 허 다 유 취　만 훼 최 박 후

忽見一枝擢秀, 便觸動無限生機. 可見性天未常枯槁　機神最宜觸發.
홀 견 일 지 탁 수　변 촉 동 무 한 생 기　가 견 성 천 미 상 고 고　기 신 최 의 촉 발

091

당나라 시인인 백낙천은 말하기를, '몸과 마음을 놓아 버려 눈을 감고, 자연이 되어 가는 대로 맡김이 가장 좋다.' 라고 했다. 이와는 반대로 송나라 시인 조보지는 말하기를, '몸과 마음을 거둬들여 단속을 하고 일체의 잡념을 버리고 선(禪)의 극치에 들어감이 가장 좋다.' 라고 했다. 이 둘의 말은 극단적인데, 전자의 말대로 마음을 놓아 버리면 방종으로 흘러 미치광이가 되고, 후자의 말대로 마음을 지나치게 엄히 단속하면 생기가 없어질 것이다. 그러므로 몸과 마음의 잣대를 잡고, 놓아도 될 때는 놓고 당겨야 할 때는 당기면서 균형을 이루면 모든 것을 원만하게 이끌 수가 있다.

白氏云, '不如放身心, 冥然任天造', 晁氏云, '不如收身心, 凝然歸寂定'
백 씨 운　불 여 방 신 심　명 연 임 천 조　조 씨 운　불 여 수 신 심　응 연 귀 적 정

放者, 流爲猖狂. 收者, 入於枯寂. 唯善操身心的, 把柄在手, 收放自如.
방 자　유 위 창 광　수 자　입 어 고 적　유 선 조 신 심 적　파 병 재 수　수 방 자 여

092

눈이 내린 밤에 달이 떠 있는 하늘을 대하면 마음이 맑아지고, 봄바람의 온화한 기운을 만나면 마음 또한 절로 부드러워지니 자연의 조화와 사람의 마음이 하나로 융합되어 조금의 틈도 없구나.

當雪夜月天, 心境便爾澄徹. 遇春風和氣, 意界亦自冲融. 造化人心, 混合無間.
당 설 야 월 천　심 경 변 이 징 철　우 춘 풍 화 기　의 계 역 자 충 융　조 화 인 심　혼 합 무 간

093

글은 서투름으로써 발전하고, 도는 서투름으로써 이루어지니, 이 '서투름' 한 글자
에 무한한 뜻이 있다. 만일 '복사꽃이 핀 마을에서 개가 짖고 뽕나무밭에서 닭이 운
다.'고 하면 얼마나 순박한가. 그러나 '차가운 연못에 달이 비추고 고목에서는 까마
귀 운다.'고 하면 비록 교묘하게 다듬은 기교는 있지만 그 속에서 문득 처량한 기운
을 느끼게 될 뿐이다.

文以拙進, 道以拙成. 一拙字, 有無限意味. 如桃源犬吠　桑間鷄鳴,
문 이 졸 진　도 이 졸 성　일 졸 자　유 무 한 의 미　여 도 원 견 폐　상 간 계 명

何等淳龐? 至於寒潭之月　古木之鴉, 工巧中, 便覺有衰颯氣象矣.
하 등 순 방　지 어 한 담 지 월　고 목 지 아　공 교 중　변 각 유 쇠 삽 기 상 의

094

스스로 만물의 주인공이 되어 만물을 자기 뜻대로 부릴 줄 아는 사람은 명리를 얻었
다고 해서 기뻐하지 않고, 잃었다 해서 근심하지 않는다. 이는 온 천지가 다 그의 놀
이터가 되기 때문이다. 그러나 만물의 지배를 받는 사람은 물건의 노예가 되기 때문
에 어려운 일을 당하면 싫어하고, 순조로운 환경을 아끼니 털끝만한 일에도 금방 얽
매이게 된다.

以我轉物者, 得固不喜, 失亦不憂, 大地盡屬逍遙. 以物役我者,
이 아 전 물 자　득 고 불 희　실 역 불 우　대 지 진 속 소 요　이 물 역 아 자

逆固生憎, 順亦生愛, 一毛便生纏縛.
역 고 생 증　순 역 생 애　일 모 변 생 전 박

095

본체가 없으면 현상도 없으니 현상을 버리고 본체만 잡으라는 것은 마치 그림자는
버리고 형체만을 남겨두려는 것과 같다. 마음이 비면 경계도 비는 법인데, 경계는 버
리고 마음만 보존하려는 것은 마치 비린내 나는 것을 모아놓고 쇠파리를 쫓으려는
것과도 같다.

理寂則事寂. 遺事執理者, 似去影留形. 心空則境空. 去境存心者, 如聚羶却蚋.
이 적 즉 사 적　유 사 집 리 자　사 거 영 류 형　심 공 즉 경 공　거 경 존 심 자　여 취 전 각 예

096

은거하는 사람의 맑은 흥취는 유유자적하는 데에 있다. 그러므로 술은 권하지 않는 것을 즐거움으로 삼고, 바둑은 승패를 겨루지 않는 것으로 참된 승부를 삼으며, 구멍 없는 피리와 줄 없는 거문고로써 어떤 음악에 얽매이지 않는 것을 높이 여기고, 만남은 뒷날을 기약하지 않는 것을 참됨으로 삼으며, 손님은 마중과 배웅을 하지 않는 것이 서로 스스럼없다고 여긴다. 만약 한 번 겉치레에 사로잡히고 형식에 묶인다면, 곧 속세의 고해 바다로 떨어지고 말 것이다.

幽人淸事, 總在自適.
유 인 청 사   재 재 자 적

故酒以不勸爲歡, 棋以不爭爲勝, 笛以無腔爲適, 琴以無絃爲高,
고 주 이 불 권 위 환   기 이 부 쟁 위 승   적 이 무 강 위 적   금 이 무 현 위 고

會以不期約爲眞率, 客以不迎送爲坦夷.
회 이 불 기 약 위 진 솔   객 이 불 영 송 위 탄 이

若一牽文泥跡, 便落塵世苦海矣.
약 일 견 문 니 적   변 락 진 세 고 해 의

097

시험 삼아 내가 생겨나기 전에는 어떤 모습이었을까를 생각해 보고, 또 죽은 후에는 어떻게 될까를 생각한다면 곧 온갖 헛된 욕심과 근심이 다 사라져서 식은 재와 같아지고, 본성만이 고요히 남아 절로 사물의 묶임에서 벗어나 천지만물이 창조되기 이전의 세계에서 노닐 수 있을 것이다.

試思未生之前, 有何象貌, 又思旣死之後, 作何景色, 則萬念灰冷,
시 사 미 생 지 전   유 하 상 모   우 사 기 사 지 후   작 하 경 색   즉 만 념 회 랭

一性寂然, 自可超物外遊象先.
일 성 적 연   자 가 초 물 외 유 상 선

098

병이 든 뒤에야 건강이 보배인 줄 알고, 어려움에 처해서야 평화가 복된 줄 안다. 이는 일찍 아는 지혜가 아니다. 복을 바라는 것이 재앙의 근본이 된다는 것을 알고, 살기를 탐하는 것이 죽음의 원인이 됨을 아는 것이 탁월한 지혜일 것이다.

遇病而後思强之爲寶, 處亂而後思平之爲福, 非蚤智也.
우 병 이 후 사 강 지 위 보   처 란 이 후 사 평 지 위 복   비 조 지 야

倖福而先知其爲禍之本, 貪生而先知其爲死之因, 其卓見乎!
행 복 이 선 지 기 위 화 지 본   탐 생 이 선 지 기 위 사 지 인   기 탁 견 호

099

연극배우는 얼굴에 분을 바르고 연지를 찍어 붓 끝으로 고움과 미움을 흉내내지만, 이윽고 노래가 끝나고 막이 내리고 나면 그 곱고 미움이 어디에 있겠는가? 바둑을 두는 기사는 흑백으로 앞뒤를 다투어 바둑돌로 승패를 다투지만, 이윽고 판이 끝나고 돌을 거두면 그 승패는 어디에 있는가?

優人傳粉調味, 效妍醜於豪端, 俄而歌殘場罷, 妍醜何存?
우 인 전 분 조 주   효 연 추 어 호 단   아 이 가 잔 장 파   연 추 하 존

奕者爭先競後, 較雌雄於著子, 俄而局盡子收, 雌雄安在?
혁 자 쟁 선 경 후   교 자 웅 어 저 자   아 이 국 진 자 수   자 웅 안 재

100

바람과 꽃의 시원하고 아름다움과 눈과 달의 깨끗하고 맑음은 오직 고요한 사람만이 그들의 주인이 되고, 물과 나무의 무성함과 앙상함, 바위 사이 대나무의 자라남과 사라짐은 오로지 한가로운 사람만 그 권리를 가질 수 있다.

風花之瀟洒   雪月之空淸, 唯靜者爲之主.
풍 화 지 소 쇄   설 월 지 공 총   유 정 자 위 지 주

水木之榮枯   竹石之消長, 獨閒者操其權.
수 목 지 영 고   죽 석 지 소 장   독 한 자 조 기 권

101

시골 사람들은 닭 안주나 막걸리에 대해 말하면 바로 즐거워하지만 고급 요리를 말하면 알지 못하고, 무명 두루마기와 베잠방이에 대해 말하면 슬며시 즐거워하지만 비단옷에 대해 물으면 이를 알지 못한다. 이것은 그 천성이 온전하기 때문에 욕심이 담백한 것이니, 그것이 인생의 제일가는 경계이다.

田夫野叟, 語以黃鷄白酒, 則欣然喜. 問以鼎食, 則不知. 語以縕袍短褐,
전부야수 어이황계백주 즉흔연희 문이정식 즉부지 어이온포단갈

則油然樂. 問以袞服, 則不識. 其天全, 故其欲淡. 此是人生第一個境界.
즉유연락 문이곤복 즉불식 기천전 고기욕담 차시인생제일개경계

102

마음에 망령된 생각이 없다면 어찌 살필 필요가 있겠는가? 부처님이 마음을 보라고
한 것은 도리어 그 장애만 더할 뿐이다. 만물은 본래 하나인데 어찌 가지런하게 할 필
요가 있겠는가? 장자가 말하는 만물을 고르게 한다는 것은 스스로 차별을 두어 같은
것을 갈라놓는 것이다.

心無其心, 何有於觀? 釋氏曰 '觀心'者, 重增其障. 物本一物, 何待於齊?
심무기심 하유어관 석씨왈 관심 자 중증기장 물본일물 하대어제

莊生曰 '齊物'者, 自剖其同.
장생왈 제물 자 자부기동

103

피리 소리와 노랫소리가 한창 무르익을 때, 문득 옷소매를 떨치고 일어나서 나감은
마치 깨달은 사람이 벼랑에서 손을 놓고 거니는 것과 같아서 부러운 일이지만, 시간
이 이미 늦었는데도 오히려 쉬지 않고 밤길을 가는 것은 마치 속인이 몸을 고해에 담
그는 것과 같아서 우스울 뿐이다.

笙歌正濃處, 便自拂衣長往, 羨達人撒手懸崖.
생가정농처 변자불의장왕 선달인철수현애

更漏已殘時, 猶然夜行不休, 嗤俗士沈身苦海.
갱누이잔시 유연야행불휴 소속사침신고해

104

마음을 아직 붙잡지 못했다면 마땅히 시끄러운 속세를 떠나서 내 마음으로 하여금
욕심내는 것을 보지 못하도록 함으로써 마음을 어지럽히지 않도록 하고, 내 고요한
본바탕을 맑게 하라. 마음을 이미 굳게 잡았거든 마땅히 번잡한 속세로 뛰어들어 내

마음으로 하여금 하고 싶은 것을 보더라도 마음이 어지럽지 않도록 하여 내 마음에
원만한 기운을 길러야 한다.

把握未定, 宜絶迹塵囂, 使此心不見可欲而不亂, 以澄吾靜體. 操持既堅,
파악미정　의절적진효　사차심불견가욕이불란　이징오정체　조지기견

又當混跡風塵, 使此心見可欲而亦不亂, 以養吾圓氣.
우당혼적풍진　사차심견가욕이역불란　이양오원기

105

고요함을 좋아하고 시끄러움을 싫어하는 사람은 흔히 사람을 피하여 고요함을 찾나
니, 그 뜻이 사람 없음에 있다면 곧 자아에 사로잡힘이 된다. 마음이 고요함에만 집착
한다면 이것이 바로 어지러움의 뿌리가 된다는 사실을 모르는 것이니, 어찌 남과 나
를 하나로 보고 움직임과 고요함, 둘 다 잊는 경지에 도달할 수 있겠는가?

喜寂厭喧者, 往往避人以求靜. 不知意在無人, 便成我相, 心着於靜,
희적염훤자　왕왕피인이구정　부지의재무인　변성아상　심착어정

便是動根, 如何到得人我一視　動靜兩忘的境界?
변시동근　여하도득인아일시　동정양망적경계

106

산에 살면 마음이 맑고 시원하여 대하는 사물마다 모두 아름다운 생각이 든다. 외로
운 구름과 들에 한가로이 뛰노는 학을 보면 속세를 초월한 듯하고, 바위틈 사이를 흐
르는 샘물을 만나면 때묻은 마음을 씻어 버리고 싶은 생각이 일어난다. 늙은 전나무
와 차가운 매화를 어루만지면 굳센 절개가 솟구치고, 모래밭 갈매기와 사슴들과 노닐
면 번거로운 마음이 다 없어진다. 그러나 만일 한 번 속세로 뛰어들게 되면 사물과 접
촉하지 않는다 할지라도 자기 몸은 무용지물이 되고 말 것이다.

山居, 胸次清洒, 觸物皆有佳思. 見孤雲野鶴, 而起超絶之想,
산거　흉차청쇄　촉물개유가사　견고운야학　이기초절지상

遇石澗流泉, 而動澡雪之思, 撫老檜寒梅, 而勁節挺立, 侶沙鷗麋鹿
우석간류천　이동조설지사　무노회한매　이경절정립　여사구미록

而機心頓忘. 若一走入塵寰, 無論物不相關, 卽此身亦屬贅旒矣.
이기심돈망　약일주입진환　무론물불상관　즉차신역속췌류의

107

때로 흥취가 일어나서 맨발로 향기로운 풀숲을 거닐면 들새도 나를 겁내지 않고 날아와 벗이 되어주고, 경치가 마음에 들어 옷깃을 헤치고 낙화 속에 우두커니 앉아 있노라면 흰 구름도 말없이 곁에 다가와서 한가로이 머문다.

興逐時來, 芳草中, 撤履閒行, 野鳥, 忘機時作伴.
흥 축 시 래   방 초 중   철 리 간 행   야 조   망 기 시 작 반

景與心會, 落花下, 披襟兀坐, 白雲, 無語漫相留.
경 여 심 회   낙 화 하   피 금 올 좌   백 운   무 어 만 상 류

108

인생의 복과 재앙은 모두 마음속에서 만들어진다. 그러므로 부처님께서 말하기를, '욕심이 타오르면 그것이 곧 불구덩이요, 탐욕과 사랑에 빠지면 그것이 곧 고해이다. 마음이 맑으면 불길도 연못이 되고, 마음이 깨닫게 되면 배는 피안에 닿는다.'고 했으니, 생각이 달라지면 이처럼 경계는 갑자기 변하게 된다. 그러니 어찌 삼가지 않을 수 있겠는가?

人生福境禍區, 皆念想造成. 故釋氏云, '利欲熾然, 卽是火坑. 貪愛沈溺,
인 생 복 경 화 구   개 념 상 조 성   고 석 씨 운   이 욕 치 연   즉 시 화 갱   탐 애 침 닉

便爲苦海. 一念淸淨, 熱焰成池. 一念警覺, 船登彼岸'.
변 위 고 해   일 념 청 정   열 염 성 지   일 념 경 각   선 등 피 안

念頭稍異, 境界頓殊, 可不愼哉?
염 두 초 이   경 계 돈 수   가 불 신 재

109

새끼줄로도 톱을 삼아 오래 톱질하면 나무를 자르고, 물방울도 오래 떨어지면 돌을 뚫는다. 도를 배우는 사람은 모름지기 힘써 찾기를 구해야 한다. 물이 모이면 도랑이 되고, 참외는 익으면 꼭지가 떨어지니 도를 얻으려는 사람은 온전하게 하늘에 맡겨야 할 것이다.

繩鋸木斷, 水滴石穿. 學道者, 須加力索. 水到渠成, 瓜熟蒂落.
승 거 목 단   수 적 석 천   학 도 자   수 가 역 색   수 도 거 성   과 숙 체 락

得道者, 一任天機.
득 도 자   일 임 천 기

110

꾸미는 마음을 잠재우면 문득 마음에 달이 뜨고 맑은 바람이 부니, 이 세상이 반드시 고해만은 아니다. 마음이 멀면 수레소리와 말발굽소리가 없으니, 어찌 산을 그리워하여 찾을 필요가 있겠는가?

機息時, 便有月到風來, 不必苦海人世.
기 식 시   변 유 월 도 풍 래   불 필 고 해 인 세

心遠處, 自無車塵馬迹, 何須痼疾丘山?
심 원 처   자 무 차 진 마 적   하 수 고 질 구 산

111

풀과 나무는 시들어 떨어지면 곧 다시 뿌리에서 새싹이 돋아나고, 계절은 비록 얼어붙는 추위가 닥쳐와도 마침내 그 속에서 봄기운이 돌아온다. 만물을 죽이는 기운 가운데에서도 자라나게 하는 뜻이 늘 주인이 되니, 이로써 능히 천지의 뜻을 볼 수 있다.

草木纔零落, 便露萌穎於根柢. 時序雖凝寒, 終回陽氣於飛灰.
초 목 재 영 락   변 로 맹 영 어 근 저   시 서 수 응 한   종 회 양 기 어 비 회

肅殺之中, 生生之意常爲之主, 卽是可以見天地之心.
숙 살 지 중   생 생 지 의 상 위 지 주   즉 시 가 이 견 천 지 지 심

112

비가 갠 뒤에 산빛을 보면 경치가 다시 새롭게 느껴지고, 고요한 밤에 종소리를 들으면 그 울림이 더욱 맑고도 높게 느껴진다.

雨餘, 觀山色, 景象便覺新姸. 夜靜, 聽鐘聲, 音響尤爲淸越.
우 여   관 산 색   경 상 변 각 신 연   야 정   청 종 성   음 향 우 위 청 월

113

높은 곳에 오르면 사람의 마음이 넓어지고, 맑게 흐르는 물을 보면 사람의 뜻도 더욱 깊어진다. 눈비 오는 밤에 글을 읽으면 정신이 맑아지고, 언덕에 올라 시를 읊노라면 시의 흥취가 더 돋우어진다.

登高, 使人心曠. 臨流, 使人意遠. 讀書於雨雪之夜, 使人神淸.
등고 사인심광 임류 사인의원 독서어우설지야 사인신청

舒嘯於丘阜之嶺, 使人興邁.
서소어구부지령 사인흥매

114

마음이 넓으면 아무리 많은 재물도 질항아리와 같고, 마음이 좁으면 한 오라기의 머리카락도 수레바퀴처럼 크게 보인다.

心曠, 則萬鍾如瓦缶. 心隘, 則一髮似車輪.
심광 즉만종여와부 심애 즉일발사차륜

115

바람과 달, 꽃과 나무가 없으면 천지의 조화는 이루어지지 않고, 정욕과 좋고 싫음이 없으면 마음의 본체도 이루어지지 않는다. 다만 나로써 만물을 부리고 만물의 부림을 받지 않는다면 기호와 정욕도 하늘의 작용이 되고, 속세의 인정도 곧 도의 경지에 이를 것이다.

無風月花柳, 不成造化. 無情欲嗜好, 不成心體.
무풍월화류 불성조화 무정욕기호 불성심체

只以我轉物, 不以物役我, 則嗜欲莫非天機, 塵情 卽是理境矣.
지이아전물 불이물역아 즉기욕막비천기 진정 즉시리경의

116

자기 한 몸에 대하여 온전히 깨달은 사람은 능히 만물로써 만물에 맡길 수 있고, 천하를 천하에 돌리는 사람은 능히 속세에 있으면서도 속세를 벗어날 수 있다.

就一身了一身者, 方能以萬物付萬物. 還天下於天下者, 方能出世間於世間.
취일신료일신자 방능이만물부만물 환천하어천하자 방능출세간어세간

117

사람이 너무 한가하면 슬그머니 잡념이 일어나고, 너무 바쁘면 참다운 마음의 본성이
나타나지 않는다. 그러므로 군자는 불가피하게 몸과 마음의 근심을 지녀 잡념을 경계
하고, 또한 풍월의 취미 또한 즐기지 않을 수 없다.

人生太閑, 則別念竊生. 太忙, 則眞性不現.
인 생 태 한   즉 별 념 절 생   태 망   즉 진 성 불 현

故士君子不可不抱身心之憂, 亦不可不耽風月之趣.
고 사 군 자 불 가 불 포 신 심 지 우   역 불 가 불 탐 풍 월 지 취

118

사람의 마음은 종종 흔들려 그 본성을 잃어버리게 된다. 만약 아무 생각도 일어나지
않도록 맑게 하여 조용히 앉아 있다면, 구름이 일어나면 구름 따라 함께 흐르고, 빗방
울이 떨어지면 시원하게 함께 맑아지며, 새가 지저귀면 즐거운 느낌으로 듣고, 꽃이
지면 그 지는 모습에서 스스로 얻는 깨달음이 있을 것이니, 어느 곳인들 참된 경지가
아니며, 어느 것인들 참된 기운이 스며 있지 않겠는가?

人心多從動處失眞. 若一念不生 澄然靜坐, 雲興而悠然共逝, 雨滴而冷然俱淸,
인 심 다 종 동 처 실 진   약 일 념 불 생   징 연 정 좌   운 흥 이 유 연 공 서   우 적 이 냉 연 구 청

鳥啼而欣然有會, 花落而瀟然自得. 何地非眞境? 何物非眞機?
조 제 이 흔 연 유 회   화 락 이 소 연 자 득   하 지 비 진 경   하 물 비 진 기

119

자식이 태어나면 그 어머니가 고단하고 돈이 쌓이면 도둑이 엿보니, 그 어떤 기쁨인
들 근심이 아니겠는가? 가난은 돈을 아껴 절약하게 하고 병은 몸의 소중함을 다시 깨
닫게 하니, 어떤 근심인들 기쁨이 아니겠는가? 그러므로 깨달은 사람은 순경과 역경
을 하나로 보며 기쁨과 근심을 모두 잊어버리는 것이다.

子生而母危, 鏹積而盜窺, 何喜非憂也? 貧可以節用, 病可以保身,
자 생 이 모 위   강 적 이 도 규   하 희 비 우 야   빈 가 이 절 용   병 가 이 보 신

何憂非喜也? 故達人當順逆一視, 而欣戚兩忘.
하 우 비 희 야   고 달 인 당 순 역 일 시   이 흔 척 양 망

120

귀는 마치 회오리바람이 골짜기를 울리게 하는 것과 같으니, 그저 지나가게 하고 담아 두지 않으면 시비도 함께 없어진다. 마음은 마치 연못에 달빛이 비치는 것과 같으니 텅 비게 하고 잡아 두지 않으면 사물과 나를 모두 잊어버리게 된다.

耳根似颷谷投響. 過而不留, 則是非俱謝. 心境如月池浸色.
이 근 사 표 곡 투 향   과 이 불 류   즉 시 비 구 사   심 경 여 월 지 침 색

空而不著, 則物我兩忘.
공 이 불 착   즉 물 아 양 망

121

세상 사람들이 부질없는 것들을 바라는 마음에 얽매여, 이 세상을 가리켜 티끌 같은 세상이요 고통의 바다라고 말하지만, 이것은 모두 구름이 희고 산이 푸르며, 냇물이 흐르고 바위는 우뚝 서고, 꽃이 피어 새를 반기고, 골짜기가 나무꾼의 노랫소리에 화답하는 것을 알지 못해서 그런 것이다. 이 세상은 티끌도 아니고 또한 고통의 바다도 아닌데, 스스로 자기 마음에 티끌이라, 고통이라 하는 것이다.

世人爲榮利纏縛, 動曰 '塵世苦海', 不知雲白山靑 川行石立 花迎鳥笑
세 인 위 영 리 전 박   동 왈   진 세 고 해   부 지 운 백 산 청   천 행 석 립   화 영 조 소

谷答樵謳. 世亦不塵, 海亦不苦. 彼自塵苦其心爾.
곡 답 초 구   세 역 부 진   해 역 불 고   피 자 진 고 기 심 이

122

꽃은 반쯤 피었을 때 보고, 술은 적당히 취하도록 마셔야 그 속에 멋진 흥취가 있다. 만약 꽃이 활짝 피고 술에 흠뻑 취하는 데 이르면 도리어 추해져 재앙의 경지에 이르게 되니, 절정의 상태에 있는 사람은 마땅히 이를 생각해야 할 것이다.

花看半開, 酒飮微醺, 此中大有佳趣. 若至爛漫酕醄, 便成惡境.
화 간 반 개   주 음 미 훈   차 중 대 유 가 취   약 지 란 만 모 도   변 성 악 경

履盈滿者, 宜思之.
이 영 만 자   의 사 지

123

산나물은 사람이 가꾸지 않아도 저절로 자라고, 들새는 사람이 기르지 않아도 절로 자라지만 그 맛은 모두 향기롭고 또한 맑다. 우리 사람들도 능히 세상에 물들지 않는 다면 그 품격이 세속에서 벗어나 각별할 것이다.

山肴不受世間灌漑, 野禽不受世間豢養, 其味皆香而且冽.
산 효 불 수 세 간 관 개   야 금 불 수 세 간 환 양   기 미 개 향 이 차 열

吾人能不爲世法所點染, 其臭味不迥然別乎?
오 인 능 불 위 세 법 소 점 염   기 취 미 불 형 연 별 호

124

꽃을 가꾸고 대나무를 심으며 학을 즐기고 물고기를 바라볼지라도 그 가운데서 무엇 인가 깨닫는 것이 있어야 한다. 만약 헛되이 그 광경에 빠져 겉모습만 즐긴다면 이는 역시 들은 것을 그대로 남에게 전하는 것이 고작인 학문이요, 불교에서 말하는 일체 가 공(空)일 뿐이니, 어찌 참된 진리를 깨달았다고 하겠는가.

栽花種竹   玩鶴觀魚, 又要有段自得處. 若徒留連光景   玩弄物華,
재 화 종 죽   완 학 관 어   우 요 유 단 자 득 처   약 도 류 연 광 경   완 롱 물 화

亦吾儒之口耳   釋氏之頑空而已, 何有佳趣?
역 오 유 지 구 이   석 씨 지 완 공 이 이   하 유 가 취

125

산림에 묻혀 사는 선비는 청빈하게 살지만 고상한 멋은 저절로 넉넉하고, 농사짓는 시골사람도 비록 거칠고 소박하지만 천진난만함을 그대로 지녔다. 만약 이들이 시장 판에서 한 번 몸을 잃어 거간꾼이 된다면 차라리 산골에 묻혀 살다 이름 없이 죽어 몸 과 마음을 깨끗이 지니는 것만 못하다.

山林之士, 淸苦而逸趣自饒. 農野之夫, 鄙略而天眞渾具.
산 림 지 사   청 고 이 일 취 자 요   농 야 지 부   비 략 이 천 진 혼 구

若一失身市井駔儈, 不若轉死溝壑   神骨猶淸.
약 일 실 신 시 정 장 쾌   불 약 전 사 구 학   신 골 유 청

126

분수에 맞지 않는 복과 까닭 없는 소득은 조물주의 낚싯밥이 아니면 곧 세상 사람들이 파놓은 함정이다. 이런 경우에는 눈을 밝게 하여 살피지 않으면 그 꾐에 빠지지 않는 사람이 드물 것이다.

非分之福 無故之獲, 非造物之釣餌, 卽人世之機阱.
비 분 지 복 무 고 지 획   비 조 물 지 조 이   즉 인 세 지 기 정

此處, 著眼不高, 鮮不墮彼術中矣.
차 처   저 안 불 고   성 불 타 피 술 중 의

127

인생은 본디 꼭두각시놀음에 불과하니 오직 그 근본 뿌리를 손에 쥐고 있어야 한다. 한 가닥의 줄도 헝클어짐이 없어야 감고 푸는 데 자유롭고, 나아가고 멈춤이 모두 내게 있게 되니 털끝만큼이라도 남의 간섭도 받지 않는다면 문득 이 놀이마당에서 벗어날 수 있을 것이다.

人生原是一傀儡, 只要根蒂在手. 一線不亂, 卷舒自由 行止在我.
인 생 원 시 일 괴 뢰   지 요 근 체 재 수   일 선 불 란   권 서 자 유 행 지 재 아

一毫不受他人提掇, 便超出此場中矣.
일 호 불 수 타 인 제 철   변 초 출 차 장 중 의

128

한 가지 좋은 일이 생기면 또한 나쁜 일도 생기니, 천하는 항상 일이 없는 것을 복으로 삼는다. 옛 사람의 시에 이르기를 '그대에게 권하노니 높은 자리에 오르는 일일랑 말하지 마오. 한 장수가 공을 이루는 데는 1만 병사의 뼈가 마른다오.' 하였다. 또 이르되 '천하가 항상 평화롭다면 칼이 칼집 속에서 천년을 썩어도 아깝지 않소.' 하였으니 비록 영웅의 용맹스러움이 있을지라도 알지 못하는 사이에 얼음과 눈이 되어 사라질 것이다.

一事起, 則一害生. 故天下常以無事爲福.
일 사 기   즉 일 해 생   고 천 하 상 이 무 사 위 복

讀前人詩云, '勸君莫話封侯事, 一將功成萬骨枯'.
독 전 인 시 운   권 군 막 화 봉 후 사   일 장 공 성 만 골 고

又云, '天下常令萬事平, 匣中不惜千年死'.
우 은   천 하 상 령 만 사 평   갑 중 불 석 천 년 사

雖有雄心猛氣, 不覺化爲氷霰矣.
수 유 웅 심 맹 기   부 각 화 위 빙 산 의

129

음란한 여인이 극단에 이르면 여승이 되기도 하고, 세상일에만 열중하던 사람이 실패
하면 격해져서 승려가 되기도 하니, 맑고 깨끗해야 할 절이 음사(陰邪) 의 소굴이 되는
것이 이와 같다.

淫奔之婦, 矯而爲尼. 熱中之人, 激而入道. 淸淨之門, 常爲婬邪之淵藪也如此.
음 분 지 부   교 이 위 니   열 중 지 인   격 이 입 도   청 정 지 문   상 위 음 사 지 연 수 야 여 차

130

물결이 하늘까지 솟구치면 배 안에서는 두려움을 모르지만 배 밖의 사람은 마음을
졸이고, 제 정신이 아닌 사람이 올바른 사람을 매도할 때 그 자리에 있으나 깨닫지
못한 사람들은 경계할 줄 모르지만 깨달음을 얻어 자리 밖에 있는 사람은 혀를 차는
법이다. 그러므로 군자는 비록 몸은 일 안에 있을지라도 모름지기 마음은 일 밖에 있
어야 한다.

波浪兼天, 舟中不知懼, 而舟外者寒心. 猖狂罵坐, 席上不知警, 而席外者咋舌.
파 랑 겸 천   주 중 부 지 구   이 주 외 자 한 심   창 광 매 좌   석 상 부 지 경   이 석 외 자 색 설

故君子, 身雖在事中, 心要超事外也.
고 군 자   신 수 재 사 중   심 요 초 사 외 야

131

사람이 살아가면서 무슨 일이건 한 푼을 덜어내면 곧 한 푼을 벗어나게 된다. 만약
사귐을 줄이면 줄인 만큼 시끄러움을 면하고, 말을 줄이면 허물이 그만큼 적어지며,
생각을 줄이면 정신이 소모되지 않고, 총명함을 덜면 곧 그만큼의 본성을 지킬 수 있
다. 사람이 날마다 더는 것을 구하지 않고, 날마다 더함을 구함은 스스로 자기 인생
을 얽어매는 것이다.

人生減省一分, 便超脫一分. 如交遊減, 便免紛擾.
인생감생일분 변초탈일분 여교유감 변면분요

言語減, 便寡愆尤. 思慮減, 則精神不耗. 聰明減, 則混沌可完.
언어감 변과건우 사려감 즉정신불모 총명감 즉혼돈가완

彼不求日減而求日增者, 眞桎梏此生哉!
피불구일감이구일증자 진질곡차생재

132

천지 운행의 추위와 더위는 피하기 쉽지만, 인간 세상의 더위와 추위는 피하기 어렵고, 인간 세상의 더위와 추위는 피하기 쉽다고 해도 내 마음의 얼음과 숯불은 버리기 어렵다. 만일 내 마음속의 변덕스러움을 버릴 수만 있다면, 가슴 가득 따뜻한 기운이 가득해 가는 곳마다 마음이 절로 즐거울 것이다.

天運之寒暑易避, 人生之炎凉難除.
천운지한서이피 인생지염량난제

人生之炎凉易除, 吾心之氷炭難去.
인생지염량이제 오심지빙탄난거

去得此中之氷炭, 則萬腔皆和氣, 自隨地有春風矣.
거득차중지빙탄 즉만강개화기 자수지유춘풍의

133

좋은 차만을 굳이 찾지 않는다면 찻주전자가 마를 일이 없고, 술도 향기로운 것만 찾지 않는다면 술단지 또한 비어 있지 않을 것이다. 장식을 안한 거문고는 줄이 없어도 늘 고른 소리가 나고, 단소는 구멍이 없어도 스스로 즐겁다. 비록 중국 고대황제인 복희씨는 뛰어넘기 어려워도 가히 죽림칠현과는 벗할 수 있을 것이다.

茶不求精, 而壺亦不燥. 酒不求冽, 而樽亦不空. 素琴無絃, 而常調.
차불구정 이호역부조 주불구열 이준역불공 소금무현 이상조

短笛無腔, 而自適. 終難超越羲皇, 亦可匹儔嵆阮.
단적무강 이자적 종난초월희황 역가필주혜완

134

불교에서 말하는 '세상의 모든 일은 모두 인연을 따라 이루어진다.'는 수연과 유교에서 말하는 '자기의 본분을 지키며 살아가라.'는 소위, 이 네 글자는 곧 바다를 건너는 구명대이다. 대개 세상살이는 아득하게 멀기 때문에 한 생각에 완전함을 구한다면 곧 만 갈래 마음의 실타래가 어지럽게 일어나는 법이다. 그러므로 자기의 인연에 따라 편하게 살면 이르는 곳마다 안심입명을 얻지 못함이 없을 것이다.

釋氏隨緣 吾儒素位四字, 是渡海的浮囊.
석 씨 수 연 오 유 소 위 사 자   시 도 해 적 부 낭

蓋世路茫茫, 一念求全, 則萬緒紛起.
개 세 로 망 망   일 념 구 전   즉 만 서 분 기

隨寓而安, 則無入不得矣.
수 우 이 안   즉 무 입 부 득 의